August der Starke hatte mit Gräfin Cosel eine Frau an seiner Seite, die ihn zum Missfallen seiner Ratgeber mit Rat und Tat unterstützte. Giuseppe Verdi fand mit seiner Giuseppina eine Frau, die die Musik so sehr liebte wie er. Monika Mann begegnete ihrer großen Liebe erst sehr spät, es war ein Caprifischer. Annemarie Schwarzenbach hingegen hat die Liebe ihr Leben lang gesucht. Alle die hier vorgestellten Porträts zeigen uns Frauen, die auf ihre Weise ihren Weg gegangen sind: sei es an der Seite eines Mannes oder auf sich allein gestellt.

Annette Seemann, 1959 in Frankfurt am Main geboren, studierte Germanistik und Romanistik an der Universität Frankfurt sowie in Poitiers. Nach ihrer Promotion begann sie als freie Übersetzerin aus dem Französischen und Italienischen sowie als Autorin zu arbeiten. Zu ihren Buchveröffentlichungen zählen die Biographien «Ich bin eine befreite Frau. Peggy Guggenheim», «Ich bin alles. Gala Dalí», «Frida Kahlo. Ich habe mich in eine Heilige verwandelt» sowie der satirische Roman «Das falsche Kind». Annette Seemann ist verheiratet und Mutter von drei Kindern.

Annette Seemann

●

Sinnlichkeit

und Eigensinn

Außergewöhnliche

Frauenleben

●

Rowohlt Taschenbuch Verlag

Originalausgabe

Veröffentlicht im Rowohlt Taschenbuch Verlag GmbH,
Reinbek bei Hamburg, November 2002
Copyright © 2002 by Rowohlt Taschenbuch Verlag GmbH,
Reinbek bei Hamburg
Umschlaggestaltung any.way, Cathrin Günther
(Foto: defd/movies)
Gesetzt aus der Janson bei Pinkuin Satz und Datentechnik, Berlin
Druck und Bindung Clausen & Bosse, Leck
Printed in Germany
ISBN 3 499 23319 3

Die Schreibweise entspricht den Regeln der
neuen Rechtschreibung.

Inhalt

Die Eigensinnigen

Vorwort

Sinnlichkeit und Eigensinn zeichnen alle die in diesem Band porträtierten Frauen aus, und Sinnlichkeit und Eigensinn führen auch dazu, dass die Lebenswege und die menschlichen Erfahrungen dieser Frauen so unterschiedlich sind, wie man sie sich nur vorstellen kann. Sie erzählen von Liebe und Hass, Betrug, Lüge und Mord, Mitleid und Barmherzigkeit, Neid, Wahnsinn und Fanatismus, Freundschaft und Kreativität. Und diese Geschichten haben den erfundenen Geschichten eines voraus: Sie sind alle wahr.

Mein Anliegen war es, den Leben verschiedenster Frauen nachzuspüren, sie uns nahe zu bringen, Wichtiges ans Tageslicht zu fördern, aber auch den Mut zur Lücke oder zum Fragezeichen zu behalten, um jeder Frau ihre Würde zu lassen.

Die vorliegende Sammlung verdankt sich vornehmlich den Serien «Historische Liebesgeschichten» und «Schwarze Schafe» im Magazin der «Frankfurter Allgemeinen Zeitung», das bereits Geschichte ist.

Die Porträts lassen sich in zwei Gruppen unterteilen. Zunächst geht es in chronologischer Ordnung um Frauen, die sich durch eine besondere Liebesfähigkeit oder Sinnlichkeit auszeichnen. Sie sind die Heldinnen der ersten acht Geschichten. Diese Frauen gestalten ihr Leben in Partnerschaften, die sie ausfüllen, aber auch fordern.

Die in der zweiten Abteilung betrachteten Frauen haben ihr Leben vornehmlich jenseits von festen Beziehungen geführt, sodass ihre Familien und die Gesellschaft sie oft genug als «schwarze Schafe» betrachteten.

Diese grobe Einteilung soll jedoch nicht darüber hinwegtäuschen, dass alle hier beschriebenen Frauen, die «Integrierten» und die Außenseiterinnen, eine große Gemeinsamkeit aufweisen: Sie alle liebten und wurden geliebt.

Anfänglich haben wir in den entlegenen Jahrhunderten naturgemäß Kenntnis über solche Frauen, die ihre Rolle in den jeweiligen politisch-dynastischen Gefügen spielen. Inês de Castro etwa, die ihrem Don Pedro noch weit über ihren gewaltsamen Tod hinaus Rachegelüste und gar den Wunsch eingibt, sie als Leiche vor aller Welt zu ehelichen und krönen zu lassen. Oder die Gräfin Cosel, die in den Augen der Ratgeber Augusts des Starken zu viel Macht besitzt, als dass man ihre öffentliche Existenz weiter dulden könnte.

Diese beiden Geschichten enden tragisch. In einem Fall bleibt die Liebe bestehen, ja, verändert die Persönlichkeit des Herrschers sogar bis in den Wahn. Im anderen erstirbt sie auf der Seite des Mannes, der seinen Ratgebern schließlich mehr vertraut als der Geliebten und sie wegschließt, sie quasi lebendig einmauert.

Drei Liebesgeschichten von Frauen aus dem 19. Jahrhundert folgen. Zu Beginn die der Sophie von Hatzfeldt, die an der Seite von Ferdinand Lassalle lange und ausdauernd für ihre und die Rechte der Unterdrückten insgesamt kämpft. Giuseppina Strepponi und Giuseppe Verdi hingegen reichen einander die Hand, als hinter beiden schon eine erste Lebensphase voller tragischer Vorfälle liegt. Die Karriere der

Strepponi ist vorbei, die Verdis geht ihrem Höhepunkt entgegen. Ihre Liebe zueinander kulminiert in ihrer gemeinsamen Liebe zur Musik und ermöglicht vielleicht sogar einige Werke Verdis, selbst große Klippen vermag sie zu umschiffen. Alice Hoschedé schließlich, Monets zweite Ehefrau, ist außergewöhnliche Herzensgröße zu bescheinigen. Sie vermochte acht Kinder und zwei Männer zu lieben. Reich geboren, nahm sie mit der Liebe zu einem mittellosen Künstler ein jahrelanges Leben in Armut in Kauf, allein der Glaube an die Kraft der Kunst ihres Geliebten ließ sie ihm beistehen. Und sie behält Recht, das Blatt wendet sich plötzlich und ermöglicht ihr, das äußere Lebenschaos zu beseitigen und alle ihre Schutzbefohlenen in den Schoß der katholischen Kirche zurückzuführen.

Diese Geschichten sprechen von großen Gefühlen und zeitweiligen Krisen, am Schluss erfolgt jedoch immer die erneute Einbettung in traditionelle Lebensmuster.

Das 20. Jahrhundert hingegen bringt, die Geschichten spiegeln es, die Auflösung überkommener Moral- und Liebesvorstellungen. In der Liebe Frieda von Richthofens zu D. H. Lawrence wird die Freude am Sexus gefeiert – das ist zeittypisch und durch die Rezeption von Sigmund Freuds Lehren in intellektuellen Kreisen geradezu en vogue. Die Liebe dieses Paars kennt Raserei, Kämpfe und friedliche Versöhnung, Macht und Unterwerfung, sie ist wetterwendisch wie ein Apriltag, hält aber dennoch bis zum frühen Tod des Schriftstellers. Im Vergleich dazu ist die Liebe der jungen Claretta Petacci zu ihrem Duce hingegen wie ein Rückfall in Zeiten, da sich die Frau ausschließlich anbetend, wartend und leidend hingab. Claretta hält treu bis zum Tode an «Ihm» fest – eine gespenstische Liebe. Der absolute Gegenentwurf wird nur wenige Jahre später von

Giulietta Masina und Federico Fellini realisiert: Obwohl hier ebenfalls viele Widerstände zu überwinden sind und der italienische «Macho» nicht monogam lebt, ist hier die Frau nicht untergeordnet und ausharrend, sondern gestaltend, klug, kreativ – diese Liebe bricht sich in den Filmen Fellinis vielfach, wird immer wieder neu erfunden und besungen und bleibt gerade deshalb eigentlich geheimnisvoll.

Es folgt der zweite Abschnitt, die «schwarzen Schafe»: Eigensinnige Frauen sind das, die sich mutig absetzen von den Erwartungen ihrer Familien, ihres Standes oder Clans. Sie enttäuschen die jeweiligen Erwartungen und Vorstellungen und liefern die geforderten Verhaltensweisen nicht. Auch sie sind sämtlich Geschöpfe des Übergangs zum 20. Jahrhundert. Für sie gibt es das Konzept der «großen» einzigen wahren Liebe nicht mehr. Sie sind alle vielfach oder wiederholt Liebende, das ist das notwendige Ingrediens für eine Karriere als «schwarzes Schaf» im 20. Jahrhundert, wie es an dessen Schwelle exemplarisch Franziska zu Reventlow alias «Aspasia» demonstriert. Sie ist zweifellos die großzügigste der beschriebenen Frauen, ihre Stärke ist die Vorurteilslosigkeit und Ehrlichkeit auch und gerade mit sich selbst.

Peggy Guggenheim ist hingegen sicherlich die Exzentrischste. Ihr ererbtes Geld macht ihr die Kultivierung dieses Charakterzugs möglich. Annemarie Schwarzenbach ist dafür die Begabteste und Schwierigste, die Gefährdetste auch, die Lösung von der Familie ist ihr fast unmöglich. Das gilt ebenso für Monika Mann, deren Familie für sie zum traurigen Schicksal wird. Mit ihren guten, wenn auch nicht exorbitanten Fähigkeiten wäre sie in einer anderen Familie als der ihren zweifellos zufriedener gewesen.

Das Buch endet schließlich mit der Geschichte einer Frau, die beide Facetten in sich vereint, die der großen Liebenden und der Außenseiterin: Das Porträt der Malerin Frida Kahlo ist die Geschichte der Liebe, des Leidens und der Kunst der Frau, die durch ihre Selbstbildnisse zu einer Ikone der Frauenbewegung wurde.

•

Die

Sinnlichen

•

Wahn, der uns beglückt.
Leid, das uns erdrückt.

Inês de Castro und Don Pedro

Die Cortes und Granden Portugals betreten zu Sankt Johanni im Jahre 1361 die Kathedrale von Coimbra, im Vorgefühl des Schreckens. Geladen sind sie zur feierlichen Eheschließung ihres Königs Pedro und der Krönung der königlichen Gemahlin. Schon vom Eingang aus sind die beiden Thronsessel zu erblicken, hinten im Chor, im Schein Dutzender flackernder Kerzen. Die alten Mauern, einst als Wehrkirche erbaut, liegen im Halbdunkel. An diese Mauern drücken sie sich, die hohen Herren Portugals. Dort im Licht, das ist der König, neben ihm seine Gemahlin. Sie scheint in Rot und Weiß herüber. Reglos wie der König erwartet sie die Huldigung. In der Mitte des Schiffes bleiben die Granden stehen, die schon manche Schlacht geschlagen haben und dem Tod ins Auge sahen. Sie zögern wie vor einer Falle. Entschieden hebt der König seine Hand; er winkt sie näher. Wie unter Seufzern setzt sich der Zug in Bewegung. Keine zehn Meter trennen die Edlen von den Stufen zum Chor. In diesem Moment, als sie schon dicht vor dem Paar stehen und es kein Zurück mehr gibt, erkennen sie, dass die in weißen Atlas gekleidete Gestalt mit dem Purpurmantel neben König Pedro – sie ist über und über mit Juwe-

17

len geschmückt – keine blühende Schönheit ist, sondern ein einbalsamierter Leichnam.

Die Cortes und Granden wissen schon im Moment ihres Entsetzens, dass Pedro, ihr König, keinen Scherz in Szene gesetzt hat. Das makabre Zeremoniell ist ernst gemeint, versteht sich als eine Demonstration seiner Liebe.

Wie kam es zu der Hochzeit zwischen der Leiche und dem König, der gerade siebenunddreißig Jahre alt ist?

Zurück in das Jahr 1340. Seite an Seite mit Alfonso IV. von Portugal kämpft der Kastilier am Rio Salado gegen die Muselmanen. Gemeinsam siegen sie, zum letzten Mal sollte Portugal hier auf spanischem Boden gegen die Araber kämpfen.

Portugal, Lusitanien, Lusus' Land ist noch nicht lange ein eigener Staat. Es gilt, sich gegen fremden Einfluss zu behaupten. Die Hauptstadt ist erst seit 1260 Lissabon, vorher war es Coimbra, die Ehrwürdige, die auch eine Universität beherbergt. Dort oben auf dem Hügel krönt sie die Stadt, ist an ihrem Zedernhof zu erkennen. Coimbra mit den steilen, auf- und niedersteigenden Gassen und das Umland, das Land am Rio Mondego, sind der Schauplatz dieser Geschichte von Pedro und Inês, einer ganz und gar portugiesischen Geschichte. Noch heute wird sie gern im Fado besungen, denn sie sagt, was ein Portugiese unter wahrer Liebe versteht: Liebe ist schön und schrecklich, einfach und schwierig, und sie braucht den Tod, um sich zu erfüllen. Fado kommt von «fatum», und schicksalhaft muss eine Liebe sein, soll sie einen Portugiesen rühren. Mit Wehmut denkt er zurück an die Zeit, als Pedro und Inês einander liebten, und er nennt diese Wehmut «saudade».

Wenn man am Mondego steht, er hell und grün durch sein Tal fließt, zu beiden Seiten lang gezogene Bergrücken und wildreiche Kiefernwälder, zuweilen bestückt mit Burgen, die rauen Fadoklänge im Ohr, Coimbra vor Augen, dann fällt es nicht schwer, sich zurückzuversetzen in die Zeit, als der gotische Baustil das Neue, Unerhörte war, als die Ritter in den Kampf gegen die «Ungläubigen» zogen und die Damen einsam verharrten, bis sie die Botschaft erhielten, der stolze Herr sei im Kampfe gefallen.

Am Rio Salado fiel kein Prinz, im Rausch des Sieges vergaßen die frisch Verbündeten auch, dass der Kastilier erst vier Jahre zuvor seine Frau, die Tochter Alfonsos IV. von Portugal, verstoßen hatte. Wie üblich hatte man sich kriegerisch gerächt, dann jedoch das Unrecht rasch vergessen oder, der besseren Einsicht folgend, versucht, durch neue Bande den Frieden zu stärken. Und Alfonso verheiratete seinen ältesten Sohn, den Infanten Don Pedro, noch im gleichen Jahr, 1336, mit Constanca de Penafiel, einer kastilischen Prinzessin.

Verheiratetwerden, das war für damalige Zeiten nichts Ungewöhnliches. Ungezählt sind die Ehen zwischen Angehörigen hoher Häuser, die einander nicht liebten. Liebesheiraten sind im dynastischen Geschäft die Ausnahme, und Liebe wird ein Fremdwort für Pedro gewesen sein, ein Kunstbegriff der Troubadoure, nichts, was zum wirklichen Leben gehört.

Er war jung, das verging ohnehin, er war heftig, das würden ihm die Umstände austreiben, er liebte die Gerechtigkeit, nun gut: eine angemessene Tugend für einen künftigen Herrscher.

Und Constanca? Fernão Lopes, dessen um das Jahr 1400 entstandene «Chronica del Rey Don Pedro I» die unmittelbarste Quelle ist, schweigt sich über sie aus. Jung wird sie gewesen sein, auch wird sie die dynastischen Notwendigkeiten ihrer Verbindung mit dem Lusitanier überblickt haben. Sie reiste in das fremde Land mit einer Anzahl guter Vorsätze und, wie es die gute Sitte gebot, mit einem kleinen Gefolge, adligen Damen, Freundinnen zum Teil, mit denen sie Kindheit und Jugend verbracht hatte. Darunter war auch Inês de Castro, eine Galicierin. Als «Inês mit dem Schwanenhals», «Inês mit den rosigen Wangen» wird sie von Lopes mit zeittypischen Epitheta, die ihre außergewöhnliche Schönheit bezeichnen sollen, beschrieben.

Inês de Castro ragt heraus unter dem Staat der Dame Constanca. Sie hat vertrauten Umgang mit ihrer Herrin, sie ist nicht nur bei höfischen Anlässen zugegen, sondern auch dann, wenn Constanca mit ihren Frauen den Gesängen der Troubadoure lauscht, wenn die Frauen selbst musizieren, abends spinnen, einander erzählen, zuweilen träumen. Inês wird von Constanca vorgezogen, sie darf ihr beim Auskleiden behilflich sein, berät sie bei der Wahl ihrer Gewänder, sitzt mit ihr im Bade.

Inês kennt Constanca, liebt sie sogar. Und umgekehrt? Inês war, so schreibt der Chronist, liebreich, gebildet, charmant. Mit Inês an der Seite mag das Abenteuer der Fremde für die etwas furchtsame Constanca weniger erschreckend gewesen sein – Inês, das steht fest, spielt jedenfalls eine glanzvolle Rolle am portugiesischen Hof, während Lopes über Constanca nichts zu berichten hat. Sie ist nur deshalb an den Hof geholt worden, um Portugal den Thronfolger zu gebären.

Natürlich weiß Constanca, was gespielt wird. Sie bemerkt gleich bei der Begrüßung im Lissaboner Palast, dem ersten zeremoniellen Zusammentreffen mit dem Infanten, dass Inês und Don Pedro Blicke tauschen, dass der «Coup de foudre» sie getroffen hat. Das Lächeln auf ihren Lippen ge-

friert. Sie, die eben vor Glück wie eine Rose erblühen wollte, denn sie fand in Don Pedro, dem ihr zugedachten Ehemann, einen stattlichen Mann mit scharf geschnittenen Zügen, hatte gerade erst beschlossen, ihm nicht nur ihre Hand,
sondern auch ihre Liebe zu schenken.

Nun nimmt sie wahr, dass der sonst so schlagfertigen Inês
auf einmal die Worte fehlen, die die Sitte des Hofes von ihr
fordert. Sie sieht, wie die Höflinge, junge Männer in Pedros
Alter, einander Rippenstöße versetzen: «Habt Ihr gesehen?
Pedro hat es erwischt, und es ist die Falsche, die Kastilierin
linker Hand – he, unser hartgesottener Ritter schmilzt dahin wie ein Stück Butter an der Sonne!» Constanca bewahrt
ihre Haltung, wenn auch ihr Herz sich zusammenkrampft
und sie Tränen aufsteigen fühlt. Die Jahre der Erziehung,
die sie nur darauf vorbereitet hatten auszuhalten, was ihr
nun zugemutet wird, sind nicht umsonst gewesen: Constanca beweist Stehvermögen. Später spürt sie, dass die sonst so
kühle Hand ihrer Hofdame heiß ist, als sie ihr beim Auskleiden hilft. Inês ist schweigsam bei ihren Verrichtungen, un-
beholfen fast, und es ist nicht allein die fremde Umgebung,
die daran schuld ist. Bald gleitet ihr ein Band aus der Hand,
bald stolpert sie über einen Schuh. Constanca schweigt
ebenfalls, und der Grund dafür ist nicht allein der fremde
Palast, der ihr künftiges Heim werden soll und ihr nun
schon verhasst ist.

Die Maschinerie königlicher Hochzeitsvorbereitungen
ist, einmal in Gang gesetzt, nicht mehr zum Stillstand zu
bringen, und auch Constanca, die sich vom ersten Augenblick an jedes zarte Gefühl für ihren künftigen Mann verbietet, denkt nicht an Abreise oder Szenen. Am Hof herrscht
Hochstimmung. Dass Portugal im Krieg mit Kastilien steht,
kümmert keinen: Wenn erst einmal ein Thronfolger da sein

wird, ein halber Kastilier, wird der Feind schon klein beigeben: Hoch leben Don Pedro und Dona Constanca!

Don Pedro, so behauptet Lopes, der Chronist, habe Constanca nie geliebt, es sei ihm bei der Heirat einzig darum gegangen, der Forderung seines Vaters nachzukommen. Mehr noch: Der zwanzig Jahre junge Mann habe eingewilligt in eine Ehe mit einer ungeliebten Frau, obwohl er eine andere flammend liebte – Inês de Castro. Natürlich war dies nicht unausweichlich die Exposition eines Dramas, denn wie rigide die Heiratspolitik auch gehandhabt wurde, so gern tolerierte man die Nebenfrau(en) eines Fürsten.

Am Vorabend der Hochzeit, die Damen haben sich schon zurückgezogen, nutzt Don Alfonso die Gelegenheit, seinem Sohn ins Gewissen zu reden. Alfonso stellt Pedro vor Augen, wie wichtig diese Heirat ist: «Du darfst nicht an dich selbst, sondern nur an das Land, an den Thronfolger denken!»

«Sire, ich liebe Constanca nicht, ich kann und will sie nicht heiraten, ich liebe allein und von Herzen Inês de Castro!»

«Wie kannst du es wagen, so etwas auch nur zu denken, geschweige denn auszusprechen – Inês de Castro. Ein Bastard. Liebe, gut und schön, aber nicht zu einer Fremden, Hergelaufenen, die es nur auf Macht abgesehen hat!»

Plötzlich fällt Pedro in sich zusammen. Eben noch himmelstürmender Liebender, versagen ihm nun die Kräfte. Und hier zeigt sich ein zweiter wichtiger Charakterzug des Infanten, den Lopes beschreibt: seine Neigung zu widersprüchlichen, dicht aufeinander folgenden Gefühlsäußerungen, eine extreme Launenhaftigkeit also, ein Schwanken zwischen Stärke und Schwäche, Grausamkeit und Milde, Liebe und Hass, Wunsch nach Zurückgezogenheit und höchstem Geselligkeitsbedürfnis. Don Pedro, das weiß der Vater, hat kein ausgeglichenes Wesen, und daher lenkt er schließlich ein: «Hör mich an. Du musst auf Inês nicht verzichten. Du heiratest Constanca, wie es beschlossen wurde, hast Kinder mit ihr, ansonsten sei frei. Im Minho gibt es viele Schlösser. Du bist Jäger, wen wundert's, wenn du häufig auf der Jagd weilst? Versteh mich! Soll alles umsonst gewesen sein, mein Kampf gegen meinen Vater, der seine Bastarde mir, dem legitimen Sohn und Thronerben, vorziehen wollte? Als Sohn der heiligen Isabel musste ich um meine Rechte kämpfen. Und du stehst nun im Begriff, alles zu verschleudern, was wir mit Kastilien mühsam erreicht haben? Pedro, du hast zwei Brüder. Ich warne dich! Heirate Constanca, tritt dein Erbe an, erfülle deine Pflicht!»

Pedro kocht. Er soll seine Inês verraten, soll wie diese vielen anderen doppeltes Spiel treiben. Und doch, er weiß um des Vaters alte Wunde, er liebt den alten Fuchs auf seine Art, ihn, der so ganz anders ist als sein Großvater Dinis, der «Landbauerkönig» und Liebhaber der Musen, der nur Interesse für Politik und Diplomatie hat.

Pedro weiß, hört und gehorcht. Er heiratet Constanca – und liebt daneben Inês. Inês liebt ihn, sie haben ein Kind, bald ein zweites, schließlich vier Kinder. Sie leben auf einem Schloss im Minho. Inês ist Pedros Frau. Pedro ist glücklich, Coimbra weit. Constanca, die ihm Angetraute, hat er fast vergessen. Keine Wolke, die den Himmel dieser Liebe trübte. Alfonso jedoch, der den Thronfolger ersehnt, Constancas Kind, verliert allmählich die Geduld. Er fürchtet, Inês' Macht über Pedro sei durch die Kinder zu stark geworden, Pedro könnte, wie sein Vater Dinis einst, zu haltlosen Entschlüssen kommen. Er berät sich mit seinen murrenden Cortes, die gegen die «Überfremdung» des Throns aufbegehren, und befiehlt am Ende, Inês habe das Land zu verlassen. Pedro soll sie zurückbringen nach Kastilien, Inês und ihre vier Kinder.

Der Infant hat ein zweites Mal nachgegeben. Nach außen ist alles in bester Ordnung: Der junge Prinz opfert seine Liebe, wie es sich gehört, der Staatsraison. Bei so viel Willfährigkeit erheben sich Zweifel, verträgt sich doch aus heutiger Sicht wahre Liebe niemals mit Verstellung oder diplomatischem Sichfügen, und sei es auch nur zum Schein. Vor dem Hintergrund der späteren Ereignisse wird jedoch deutlich, dass dieser Mensch des 14. Jahrhunderts wahrhaft liebte, dass seine einzige Wahrheit in dieser Liebe bestand, dass alles Übrige, die so genannte Realität, sich, als die Zeit gekommen war, der Wahrheit dieser Liebe unterzuordnen hatte. Doch mittlerweile war auch diese Wahrheit nur noch eine Fiktion. Pedros Kunst und Tragik bestand in der Fähigkeit, aufschieben zu können. Das tut er nun, kühl überlegend, dass auch sein Vater Alfonso nicht unendlich leben werde.

Nach einigen Jahren ist Constanca endlich guter Hoffnung, sie erfüllt den Wunsch nach dem Thronfolger. Sie stirbt im Kindbett; der Kleine, Fernando, überlebt. Wir schreiben das Jahr 1345. Keine ungewöhnliche Geschichte bis hierher: Ein Königssohn, der sich verguckt, den dann jedoch Argumente der Staatsraison überzeugen, eine junge Ehefrau, die stirbt, was weiter?

Erst jetzt zeigt sich der wahre Charakter der Liebe von Don Pedro zu Inês: maßlos, unvernünftig, anarchisch bis zur Blindheit, stark bis zum Wahn. «Die Liebe», so singt Jean de Meung im zweiten Teil des Rosenromans, der weit über das 13. Jahrhundert hinaus das am meisten gelesene Buch war, «die Liebe ist feindseliger Friede, die Liebe ist liebende

Feindseligkeit, sie ist treulose Treue, sie ist Furcht voller Zuversicht, verzweifelte Hoffnung, wahnsinnige Vernunft und vernünftiger Wahnsinn, die süße Gefahr des Ertrinkens und die schwere Last, die leicht zu bewältigen ist. Sie ist die gefahrvolle Charybdis, die zugleich abscheulich und liebenswürdig ist. Sie ist Mattigkeit voller Gesundheit, die kränklich ist; sie ist am Überfluss gestillter Hunger … sie ist ein Aussatz, der nichts verschont, der Purpurroben und Bettelkleider durchdringt, denn die Liebe wohnt ebenso gut im Bettelkleid wie im Messgewand.»

Don Pedro weigert sich, dem Wunsch seines Vaters nach einer zweiten ebenbürtigen Ehe nachzukommen, er ruft stattdessen Inês de Castro nach Portugal zurück. Inês mit dem Schwanenhals. Pedro und Inês sind glücklich wie am ersten Tag ihrer Liebe. Nichts trennt sie mehr. Sie leben zunächst wiederum im Minho, im nördlichen Portugal, fern von Coimbra und dem Vater. In Lissabon schlagen die Wellen hoch. Die engsten Berater Alfonsos, Diego Lopes Pacheco, Alvaro Goncalves und Pedro Coelho, suchen den König auf, um ihm die großen Befürchtungen der Cortes vorzutragen:

«Sire», lässt sich Goncalves vernehmen, «Ihr wisst, wie schwach wir sind in Portugal, wie sehr wir unser Land beschützen müssen vor jedwedem fremden Einfluss. Steht nicht zu befürchten, dass Don Pedro jene Fremde ehelicht? Vier Kinder, hörten wir? Fernando hingegen, der rechtmäßige Sohn aus seiner Ehe, wird hintangestellt. Sein Vater kennt ihn nicht. Wir fürchten sehr, bald kennt auch uns Don Pedro nicht mehr und gibt Macht und Ämter Portugals den Brüdern dieser Frau!»

«Jawohl, so ist's – Don Pedro, wurde mir berichtet», schnarrt Coelho beflissen, «kennt nichts als Jagen, wildes

Leben mit dem Anhang seiner Buhlen, der Thron ist ihm gleichgültig, er wird ihn für ein Linsengericht verschenken an Kastilien!»

«Ich hörte von dem kleinen Pagen, der ihnen dient im Minho», beeilt sich Pacheco einzuwerfen, wissend, dass dies Alfonsos Wut gegen Pedro und Inês auf den Höhepunkt bringen wird, «der Bischof von Guarda hat sie heimlich getraut!»

Atemlose Stille unter den vier Männern. Hier hat sich Pacheco zu weit vorgewagt, sagen die nervösen Blicke, die Goncalves Coelho zuwirft. Der hüstelt und murmelt in seinen Bart, dass eine Ehe nicht bewiesen sei.

Briefe werden von reitenden Boten hin und her getragen. Alfonso bittet Pedro zuerst, dann ermahnt er ihn. Stolz bestätigt der Infant die vollzogene Ehe und jagt weiter im Minho. Als dieses Lotterleben anhält, droht der König seinem Sohn.

Seine Forderung, Pedro müsse sich mehr zeigen, da niemand im Volke ihn kenne, nimmt dieser ernst. Er gibt sein Schloss im Minho auf, Inês allerdings keineswegs. Er begibt sich ganz in die Nähe Alfonsos, an seiner Seite Inês.

Es fällt schwer, sich diese Jahre als die glücklichsten in Inês' Leben vorzustellen, undenkbar, dass sie nicht vernimmt, wie man über ihren Geliebten urteilt. Und was sind die Gründe für die geographische Annäherung von Vater und Sohn? Will Pedro den alten Vater mit den Fakten konfrontieren, will er erreichen, dass dieser das Bestehende als das Rechtmäßige anerkennt? Mit seiner Familie bezieht Pedro auf der linken Seite des Mondego, Coimbra direkt gegenüber, ein Landhaus in der Nähe des Alterssitzes seiner Großmutter Isabel, des von ihr gegründeten Klosters Santa Clara-a-Velha. Ebenfalls in der Nähe von Coimbra erhebt sich auch Alfonsos Lieblingsschloss: Montemaro-Velho.

Zehn Jahre nach Constancas Tod ist Alfonso mürbe geworden. Er ist nicht heftig wie Pedro, er ist alt und besonnen. Doch vermag die Besonnenheit nicht jene andere Kraft zu ersticken, die seine Besessenheit ist. Auch Alfonso ist ja besessen, nicht von der Liebe, sondern von einer Idee: Er will, wenn er von der Bühne des Lebens abtritt, und dieser Zeitpunkt rückt näher und näher, das spürt er, dem Sohn ein geordnetes Land mit klaren Herrschaftsverhältnissen hinterlassen, das ist das eine; dem Volk aber will er nicht irgendeinen passionierten, in einer schandbaren Verbindung gefesselten Jäger als Thronfolger anbieten, sondern einen würdigen Prätendenten, der von den Cortes und Granden, besonders aber vom Volk anerkannt ist.

Alfonso grübelt, wägt ab, geht mit sich und seinen Grundsätzen zurate und wird mehr und mehr schwankend. Gegen Inês de Castro als Person hat er nichts einzuwenden, im Gegenteil, er beginnt, Pedro zu verstehen. Aber es geht eine Gefahr für die Autonomie Portugals von dieser Frau aus, und deshalb ist Inês de Castro ihm entsetzlich. So muss es dahin kommen, dass Diego Pacheco, Alvaro Goncalves und Pedro Coelho den Ausschlag geben. Die drei Minister sind schlau, sie kennen ihren König, kennen die tiefsten Ängste, die ihn beherrschen, und in ihren Worten lebt vor Alfonsos Augen das Schreckbild seiner eigenen Jugend wieder auf, sein Kampf gegen die Bastarde seines Vaters, eine grauenhafte Wiederholung. Alfonso spürt, wie der Hass in ihm hochsteigt gegen diese Frau, diese Hexe, die Pedro verzaubert hat. Sie ist schön, klug, sie ist womöglich zu klug. Alfonso traut seinen Gefühlen und Gedanken nicht mehr, er muss abgewogene Urteile hören und wendet sich in seiner Not an den Kronrat. Hier kennt man kein Zögern, kein Überlegen: Einstimmig beschließen die missgünstigen

Granden zusammen mit dem König das Todesurteil gegen Inês de Castro, die Fremde. Der Grund: «verbrecherisches Verhalten».

Camões, Lusitaniens größter Sänger, glaubt nicht an politische Motive für den Mord, für ihn ist allein die Tatsache, dass hier wirklich geliebt wurde, ausschlaggebend:

«Nur reine Liebe, du, die grausen Zwanges / Bewältigend die Menschenherzen fasst, / Warst Ursach ihres bösen Unterganges, / Als hättest du sie ränkevoll gehasst …»

Schlau war alles ausgeklügelt. Eine Abwesenheit Don Pedros, der mit Freunden jagte, wurde ausgenützt. Gedungene Höflinge Alfonsos drangen am 7. Januar 1355 in den Landsitz beim Kloster Santa Clara-a-Velha ein, der später den Namen «Quinta das Lagrimas», Tränenpalast, erhalten hat. Alfonso soll, doch das ist unzureichend belegt, selbst anwesend gewesen sein und Inês das Todesurteil vorgelesen haben, sich bei der Exekution jedoch zurückgezogen haben. Inês mit dem Schwanenhals wurde enthauptet. Wie alt sie war zu diesem Zeitpunkt? Wohl so alt wie Don Pedro, fünfunddreißig und noch immer schön.

Pedro findet die ermordete Geliebte bei seiner Rückkehr im verlassenen Palast, und nun entlädt sich der so lange in ihm angestaute Hass gegen den Vater, gegen die Minister, gegen das dumpfe Schicksal, das ihn an diese Stelle der Geschichte gesetzt hat, gegen den Vater, tausendmal gegen den Vater. Was weiß dieser kalte Rechner von der Liebe, was von ihr, von Inês, ihrer Sanftheit, ihrer Güte? Grausame Rache muss geübt werden, und das sofort. Pedro sammelt seine Hausmacht und zieht gegen die Mannen Alfonsos zu Kriege. Ein Bürgerkrieg bricht aus, der in den nördlichen Provinzen Portugals große Schäden anrichtet und viel Blut kostet. Des Vaters Hoffnung, der immer noch junge Infant werde sich rasch trösten, trügt. Nur mit Mühe bringen die Stände durch den Erzbischof von Braga im Verein mit der Mutter des Infanten, Beatriz von Kastilien, eine Versöhnung zustande, und neue Hoffnung belebt Alfonso: Noch kann sich alles zum Besten wenden für Portugal.

Denn wiederum überrascht die Natur der Liebe Don Pedros, die Halbheit seines Gefühls: Er fügt sich zum dritten Mal. Übergangslos nimmt er sich eine neue Geliebte, Teresa de Lourenco, und hat auch mit ihr einen Sohn, João, den späteren Begründer der zweiten portugiesischen Dynastie und Großmeister von Aviz. Fast muss man Pedro bis zur Gefühlskälte pragmatisch nennen. Es ist, als habe er seine Inês vergessen – hat er sie verraten?

Pedro hat nicht vergessen. Seine Liebe zu Inês, das sagt er sich Tag für Tag, Nacht für Nacht in seinen immer länger währenden Selbstgesprächen, überwindet alles, selbst den Tod. Tod? Inês ist ja gar nicht tot, er, Pedro, spricht mit ihr, und sie rät ihm, sie sagt ihm, was er zu tun habe, wie er es bewerkstelligen könne, sie zu rächen. Sie sagt ihm, er müsse noch mehr Geduld haben, müsse sein wie die Schlange, die warten kann, bis sie zuschnappt. Verwirrt sind Pedros Diener, die erleben, wie ihr Herr immer wilder wird von Angesicht und Gebaren, die ganz normalen Verrichtungen wie Essen, Trinken, Sichwaschen und Ankleiden verweigert. Immer steht er am Fenster in demselben Wams, demselben Mantel; es sind die Kleidungsstücke, die er am Tage trug, als er von der Jagd nach Hause kam, und er wartet, wartet, schläft nicht.

Zwei Jahre gehen ins Land, da reiten Boten vor Pedros Fenster, sie tragen schwarzen Flor: Alfonso ist tot! Es lebe König Pedro! Mit siebenunddreißig Jahren besteigt Don Pedro als Pedro I. den portugiesischen Thron. Wie ausgewechselt scheint er wieder, er ist ein gestandener Mann und übernimmt die Herrschergewalt. Anfangs glauben alle, die düsteren Rachepläne hätten sich verflüchtigt. Nur drei Männer misstrauen der Ruhe, und sie haben ihre Gründe – Diego Lopes Pacheco, Alvaro Goncalves und Pedro Coelho sind ihre Namen. Sie fliehen und finden Aufnahme am kastilischen Hof.

Es gibt wieder Spannungen zwischen Portugal und Kastilien, doch König Pedro arbeitet unermüdlich an einem Bündnis. Er ist nicht mehr jung, das ist vergangen, nicht mehr heftig, da hatte sein Vater wohl Recht, ja, er ist verbissen wie einst Alfonso. Ist er gerecht? Lopes schildert ihn als zutiefst zerrissenen Menschen, der bald gerecht bis zum Exzess war, hoch und niedrig nach Verdienst behandelte, bald harte Urteile fällte und selbst unerbittlich vollstreckte, bald ausgelassen mit dem Volk durch die Straßen tanzte und lärmte. Das Volk gibt ihm den Beinamen Pedro O Justiceiro, Pedro der Richter.

Was die Cortes und Granden nicht wissen und das Volk allenfalls ahnt: Es geht Pedro nicht um ein politisches Ziel, um Portugals Einheit und Sicherheit, es geht ihm ausschließlich um das, was Inês de Castro tagaus, tagein von ihm erfleht: Rache. Pedantisch, unter Aufbietung aller Kräfte plant Pedro ein Strafgericht über alle in Portugal, die gegen ihn und Inês gestanden haben, denn Inês quält Pedro allnächtlich mit ihren sich immer wiederholenden Forderungen: «Wo sind sie, Diego Pacheco, Alvaro Concalves, Pedro Coelho? Sie, die die Strafe am meisten verdienen. Hol sie mir!» Pedro wacht weiter und wartet, er einigt sich mit Kastilien, erreicht das Bündnis, lässt viele Menschen hinrichten, und alle müssen sie an seinem Fenster vorbei: «Da, Inês, hier bringe ich dir neues Blut! Musik! Licht! Taghell soll es sein!»

Hunderte von Fackeln erleuchten den nächtlichen Palast, mit lauten Saitenklängen und Trommelwirbeln zelebriert Pedro jede Hinrichtung, für Inês. Der Chronist beschreibt uns Pedros lange, hagere Gestalt, sein asketisches Gesicht und den langen, zugespitzten Bart, er ähnelt mehr einem Priester oder Arzt als einem König, und noch immer trägt er denselben Mantel, dasselbe Wams. Der Wechsel der Tage und Nächte berührt ihn nicht mehr, die Zeit der anderen ist nicht mehr die seine.

Zuletzt wenden sich die Gefangenen immer an ihn, den König, und erflehen seine Gnade. Nie erhalten sie Antwort, stattdessen erwägt er laut und ausführlich, welche Todesart dem jeweiligen Opfer gemäß sein könnte. Inês rät, Pedro lacht, ein Lachen wie aus dem Grab.

Schließlich kommt es im Jahr 1360 an der portugiesisch-kastilischen Grenze zum Erfolg der Verhandlungen mit dem Nachbarland. Im Austausch gegen vier kastilische Hidalgos werden zwei Männer ausgeliefert, ihre Namen: Alvaro Goncalves und Pedro Coelho. Diego Pacheco ist entflohen. Inês jubelt, sie hat sich eine besondere Grausamkeit ausgedacht: Sie will, dass Coelho, das Kaninchen, auf dem Rost gebraten wird, nachdem ihm vorher, wie allen anderen zuvor auch, das Herz bei lebendigem Leibe aus der Brust gerissen wurde. Zufrieden steht Pedro heute am Fenster, zufrieden, denn auch Inês ist froh. Pacheco will sie gnädig vergessen. Stattdessen steht ihr der Sinn nun nach einer anderen Form der Rache, sanft schmeichelnd spricht sie anfangs davon, dann immer lauter, und ihr neuer Wunsch bewirkt, dass Pedros Schlaflosigkeit fortdauert.

Mit der Erfüllung von Inês' erstem Wunsch hatte sich Pedro zu Recht einen zweiten Beinamen erworben: Das Volk nannte ihn nun Pedro O Cruel, Pedro der Grausame.

Pausenlos konferiert der König mit Inês am Fenster. Alle Kräfte bietet er auf, um auch ihre zweite Forderung zu erfüllen, die sie ihm täglich klagend wiederholt, sodass er, um ihr Lamento zu übertönen, Trommelwirbel über Trommelwirbel anordnet: Inês, es wird alles gut werden, du wirst zufrieden sein: Es leben König Pedro und seine Königin – Inês!

Wir sind im Jahr 1361, seit sechs Jahren ist Inês tot: «Der König an alle Granden – Aufruf Eures Königs: Zu Sankt Johanni sollt Ihr Euch nach Coimbra wenden. Dort, in der ehrwürdigen Kathedrale, werden Euer König und die ebendort zur selben Stunde gekrönte Königin feierlich den Bund der Ehe eingehen. Nach Euer aller Huldigung wird die Königin nach Alcobaça geleitet. Ihr steht für alle Untertanen, dass sie am Straßenrand nach ihrer Schuldigkeit das Knie uns beugen. Dem verzeiht der Tod, der fehlt. Pedro.»

Wie es das Zeremoniell fordert, defilieren die Granden Portugals, einer nach dem anderen, an dem königlichen Paar vorbei, sinken ehrerbietig erst vor dem Leichnam in die Knie, küssen ihm die Hand oder was von dieser übrig geblieben war, dann vor König Pedro, um danach die ihnen zugedachten Plätze aufzusuchen und der Krönungszeremonie beizuwohnen. Nachdem auch der Bischof von Guarda beeidigt hat, dass er Inês und Pedro zuvor schon heimlich getraut hat, kann kein Mensch mehr gegen die Rechtmäßigkeit der ehelichen Verbindung Einspruch erheben: Inês de Castro ist nach kirchlichem wie weltlichem Recht Pedros königliche Gemahlin, was gilt es da, dass sie schon tot ist?

Die Hochzeitsreise, der «Pompe funèbre et macabre», führt das königliche Paar in das achtzig Kilometer entfernte Alcobaça. Hier, am Zusammenfluss von Alcoa und Baça, hatte Alfonso I. im Jahre 1152 als Dank für seine Hilfe bei der Wiedererringung der Stadt Santa von den Mauren dem Bernhard von Clairvaux ein Kloster versprochen, das im Laufe kurzer Zeit viele Zisterzienser anzog. Die Abtei Santa Maria de Alcobaça war stets von «einem weniger als tausend», also von 999 Mönchen bewohnt und eines der bedeutendsten Geisteszentren Portugals: Die erste Apotheke des Landes, die erste öffentliche Schule entstanden, auch die berühmte «Prosa von Alcobaça» blühte hier, die Bibliothek war die größte des Landes. Vielleicht war auch der Chronist Fernão Lopes Mönch in Alcobaça. Der Abt des Klosters zählte als «Rat Seiner Majestät und Generalgouverneur» zu den höchsten und einflussreichsten Würdenträgern des Königreichs und befahl über dreizehn Städte, drei Seehäfen und zwei Schlösser. Einen würdigeren Ort konnte es für die portugiesischen Könige als Grablege nicht geben. Pedro, so schreibt der Chronist, legte den Weg nach Alcobaça, zu Fuß hinter dem Sarg herschreitend, in einer Nacht zurück. Dort ließ er Inês in einem prunkvollen Flamboyant-Sarkophag, auf dessen Deckel sie als steinernes Bild nur zu ruhen scheint, beisetzen. Die berühmtesten Bildhauer der Zeit arbeiteten an einem Pendant des Sarkophags, auf dessen Deckel Pedros steinernes Bild nur zu ruhen scheint. Nach dem Willen des Königs wurden die beiden Sarkophage im Querschiff der Kathedrale mit den Fußenden einander gegenüber so aufgestellt, dass sich die Liebenden am Tag der Auferstehung sofort in die Augen blicken.

Inês de Castro war es zufrieden und legte sich gern dort nieder. Pedro O Cruel musste noch einige Jahre warten, bevor ihm sein Ruheplatz zuteil wurde. Das Schlafen erlernte er vor seinem Tod nicht wieder. Er starb mit siebenundvierzig Jahren.

Mätresse!
Wenn sie das Wort schon hört!

August der Starke und
Gräfin Cosel

Dresden, den 30. November 1704: Der König ist überraschend aus Krakau gekommen, die Bürger flüstern einander zu, im Krieg gegen den jungen Schwedenkönig Karl sehe es endlich nach Waffenstillstand aus. Nach dem langen Heerlager genießt der König Dresden, er geht von einer Assemblée zur anderen, von üppigen Essen zu Bällen. Am 7. Dezember will er soeben an einer Festtafel Platz nehmen, als der Klang der Feuerglocke zu hören ist. Der König lässt sich, guter Landesvater, der er ist, sofort zu dem Brand fahren, im Kreuzkirchviertel stehen fast nur alte Holzhäuser.

Das Haus des Kammerpräsidenten von Hoym in der Kreuzgasse brennt. Kein einfaches Bürgerhaus also, sondern ein stattliches Gebäude, in welchem der alte Kammerpräsident mit seinem Sohn, dem Direktor des neuen Accis-Collegiums, und der frisch gebackenen holsteinischen Schwiegertochter wohnt.

Sie, die Madame Hoym, ist es auch, die August in dem Flammenschein als Erste wahrnimmt: Eine hoch gewachsene Gestalt von untadeliger Haltung in Hofkleidern steht da, zum Ausgehen geschmückt, mit schwarzem Haar, funkelnden Augen und blendend weißen Zähnen. Ein überirdischer

Eindruck, wie sie in dem roten Feuerlicht erscheint. Dabei ist sie ganz ruhig, erteilt mit fester Stimme den zum Löschen herbeigeeilten Handwerkern ihre Befehle, die jedermann befolgt. Das Feuer ist endlich unter Kontrolle, doch das große Haus ist ausgebrannt. Jetzt tritt August auf Madame von Hoym zu, sie begrüßt ihn mit tiefem Hofknicks. Ein Gespräch entwickelt sich, in dessen Verlauf die Dame in des Königs Kutsche eingeladen wird, welche den Augen der verblüfften Helfer entschwindet. Die besser Informierten kennen das Ziel der Karosse: das Haus der Gräfin Reuß, wo heute Ballabend ist. Im Hoymschen Haus war seit frühmorgens von nichts anderem mehr die Rede, von der Auszeichnung, die es bedeute, eingeladen zu sein, was man tragen solle, wann man tunlichst erscheine ... Vielleicht auch hatte die Zofe das Wachslicht nur deshalb vergessen, weil sie so viel mit Garderobe und Frisur der Madame zu tun gehabt hatte?

Die Brandnacht und die romanhafte Begegnung mit der wunderschönen Frau seines Geheimen Rats haben in August, dem leicht Entflammbaren, neues Feuer angefacht. Persönlich kümmert er sich um ein Unterkommen für das Ehepaar von Hoym, indem er das Fraumutterhaus gegenüber der Brandruine räumen lässt. Persönlich sucht er zwei Tage darauf Constantia von Hoym daselbst auf. Auf seinen Wunsch folgt bei der Gräfin Reuß, die den Braten als Erste gerochen hat, eine Abendgesellschaft auf die andere, und immer ist neben dem König auch das Ehepaar Hoym eingeladen, immer bemüht sich der König bis in die Morgenstunden hinein um die schöne Dame, immer sitzt der Geheime Rat im Vorsaal beim Spiel, gewinnt hoch und tut, als ginge nichts ihn an. Seit langer Zeit fühlt sich Constantia von Hoym jetzt wieder einmal wohl, belebt. Ihre Ehe besteht zwar noch nicht lange, doch der kurze Weg ist gesäumt von Leiden, hat den Verlust jeglicher Illusionen bei ihr bewirkt, ja, tiefe Resignation und das Gefühl, die Liebe bringe ihr nur Unglück.

August zieht Erkundigungen ein über seine Angebetete, die gut zehn Jahre jünger als er selbst ist. Auf dem Gut Depenau in Holstein wurde Anna Constantia von Brockdorff am 17. Oktober 1680 geboren und in traditioneller Weise aufgezogen. Der Reichtum des Rittergeschlechts Brockdorff ist in den schwedisch-dänischen Kriegen dahingeschmolzen. Ihre Erziehung umfasst neben Unterricht im Französischen, Musizieren und der gutsherrschaftlichen Haushaltsführung auch Dinge, die für junge Damen mittlerweile nicht mehr auf dem Unterrichtsplan stehen.

So lernt sie, ebenso wie ihre Brüder, das Schießen mit Pistolen und Gewehr, das Degenfechten und Reiten, auch im Herrensattel. Sie gilt als unerschrockenes, wildes Mädchen und hegt von früher Jugend an eine Vorliebe für die Jagd. Die Mutter lässt Constantia vieles lesen, unterrichtet sie in der Heilkunde sowie in der Kunst der Herstellung von Mitteln für die Schönheitspflege.

Mit der Zusage der Herzogin in Gottorf, das vierzehn Jahre alte Mädchen als Hoffräulein für die Prinzessin Sophie Amalie aufzunehmen, ist Constantias Abschied von der freien Welt in Depenau gekommen. Kein Herrensattel mehr, keine Reithosen – von nun an trägt sie steife Hofkleider. Lernen muss sie jetzt die Hofordnung wie auch die geistvolle Konversation, die nur beherrscht, wer in Geschichte und Politik bewandert ist. Zu diesem Zweck wird im Zirkel um Sophie Amalie täglich eine Zeitung verlesen und gemeinsam kommentiert. Schließlich darf sich Constantia im höfischen Tanz vervollkommnen. Mit Anmut führt Constantia Menuett, Gaillarde und Courante aus. Kein Zweifel: Das komplizierte und aufwendige Erziehungswerk gelingt, dereinst wird es ihr und ihrer Familie Ehre einbringen, wenn sie den passenden Ehemann findet.

Nach der Vermählung von Sophie Amalie mit dem Erbprinzen von Wolfenbüttel, August Wilhelm, kommt Constantia an den Wolfenbütteler Hof. Im Umkreis des kunstsinnigen Herzogs wird sie fast acht Jahre verbringen. Hier wächst sie zu der viel beachteten Schönheit mit dem länglichen Gesicht, dem kleinen Mund, dem weißen Teint und schwarzen Haar heran, zu der majestätischen Erscheinung mit den vollendet geformten Händen. Sie wird hier zu der geistvollen Frau, die Bücher in mehreren Sprachen liest und als Spötterin gefällt. In Wolfenbüttel verliebt sich Constantia zum ersten Mal. Des Nachts trifft sie sich mit ihrem Liebsten in einem der Gartenpavillons. Ist es wirklich Ludwig Rudolf, der jüngere Sohn Anton Ulrichs, den sie erhört hat? Constantias Schwangerschaft wird sichtbar, die Liebe ist aus und ihre Relegation vom Hof beschlossene Sache. In Depenau nimmt man sie nicht gerade erfreut auf, aber sie kann zumindest hier ihr erstes Kind, von dem kein Dokument zeugt, zur Welt bringen.

Im Mai 1703 ist, so scheint es, der böse Traum dann vorbei, und als Constantia von einem ihrer geliebten Waldritte heimkommt, vernimmt sie mit Erstaunen, dass Adolf Magnus von Hoym, der sie im vorigen Karneval in Wolfenbüttel sah und sich dort in sie verliebte, um ihre Hand anhält. Eine gute Partie ist dieser große, fette Mann, der in Diensten des sächsischen Kurfürsten und Königs von Polen, Friedrich August, steht, das reden ihr alle auf Depenau ein. Constantia hat keine Wahl. Die verlorene Ehre wiederzugewinnen ist auch ihre Absicht, dies ist die Chance, und so tut sie das

Ihrige, um den verliebten Mann an sich zu fesseln. Am 2. Juni findet die Hochzeit auf Depenau statt. Gleich darauf reist das junge Paar nach Dresden ab.

Dort angekommen, muss sie feststellen, dass neben dem alten Schwiegervater noch jemand in dem Haus in der Kreuzgasse wohnt, eine Frau. Diese Frau ist Hoyms Geliebte. Sie will nicht weichen, und nach dem Willen Hoyms soll sie das auch gar nicht. Constantia von Hoym wird mit den offen ausgetauschten Zärtlichkeiten des Paares konfrontiert, sie selbst muss sich jede Brutalität ihres sich als Grobian entpuppenden Gatten gefallen lassen. Im folgenden Frühling erfährt Constantia durch eine Dienerin, die «Frau» habe ihr Zimmer, Bett und Kleider, auch die Kleider Hoyms, «mit Zaubermitteln und Gift» ausgeräuchert. Sie ist entsetzt, und ihr Widerwillen gegen Hoym wächst, sie verweigert ihm die ehelichen Rechte. Hoym rast, droht mit Scheidung, sollte sie sich nicht fügen.

So steht es also um Constantia im Dezember 1704, als der König sich in sie verliebt. Ist nicht ihre gescheiterte Ehe der ideale Nährboden für die Avancen des verliebten Königs? Das meinen auch die vertrauten Diener ihres Herrn, Statthalter Fürstenberg und Stallmeister Vitzthum, die bei Constantia vorsprechen – und eine tüchtige Abfuhr erhalten. Constantia ist empört über das Ansinnen, die Bedingungen auszuhandeln, unter denen sie die Mätresse des Königs werden könne. Mätresse! Wenn sie das Wort schon hört! Als sie noch dazu vernimmt, Hoym habe beim König um ein Darlehen von fünfzigtausend Talern nachgesucht, welches der König geneigt sei zu gewähren, im Falle dass Constantia …, kann sie nur noch mit Mühe Haltung wahren und den königlichen Antrag mit höflichen Worten ablehnen.

Constantia kennt wie jede Dame in Dresden die Geschichte all seiner Amouren en détail. Da war Sibylla von Neidschütz, die er allerdings recht bald an seinen älteren Bruder abtreten musste, dann kamen Fräulein von Kessel und Aurora von Königsmarck, mit der er einen Sohn hat. In Wien liebte August die Gräfin Esterle, die anspruchvollste aller seiner Mätressen, in Warschau die Lubomirska, dann aber fand er die Gesellschafterin der Gräfin Königsmarck anziehend, die junge Türkin Fatime, die er später mit seinem Kammerherrn von Spiegel verheiratete. Und das waren nur die «großen» Beziehungen. Jetzt begehrt der König sie selbst, Anna Constantia von Brockdorff, verheiratete Hoym. Wie lange hält man sich wohl in der königlichen Gunst? Ein halbes Jahr, eines, gar zwei? Und dann? Abtreten in die zweite Reihe, sich fügen in die Kunst ewig lächelnder höfischer Klug- und Bescheidenheit, wie Aurora das vermocht hatte, oder gleich im hohen Bogen weg vom Hof wie die Gräfin Esterle, die sich zu laut beschwert und wahrscheinlich nicht einmal eine Abfindung bekommen hatte. Constantias Furcht vor einem dieser ihr bekannten Schicksale ist groß.

Anfang 1705 reicht Hoym die Scheidungsklage ein. Wegen böswilligen Verlassens seiner Frau verlangt er die Aufhebung der Ehe. Constantia, die an allen Hoffesten teilnimmt, weiß jetzt, dass August sie liebt. Und auch sie liebt. Sie liebt seine Gestalt, seinen energischen Blick, sein Auftreten, aber vor allem sein tatkräftiges und zugleich kunstsinniges Wesen. Sie hält ihn für einen idealen König. Großzügig zeigt er sich ihr gegenüber, mutig, klug, stark und dabei romantisch. Sie liebt auch seine Pläne und Hoffnungen, die er mit ihr erörtert. Aus Dresden will er mit großartigen baulichen Veränderungen sein Elbflorenz machen, will herrliche Feste feiern, auf denen sie neben ihm strahlen soll, denn August liebt in Constantia ebenso die glänzende Gestalt, die an seiner Seite Furore machen soll. Von einem Königtum, das sich in Pracht und Schönheit verwirklicht, träumt er. Eine Schwäche in Constantias Augen ist, dass August nicht an Gott glaubt – die Erde ist für ihn Anfang und Ende der Schöpfung, sie soll in ein Paradies verwandelt werden, hier und jetzt, so fordert es die sinnenfrohe Stiernatur. Hat er nicht bedenkenlos, ja lachend sein Luthertum geopfert, um als Katholik in Polen König werden zu können? Auch in den Fragen der Treue fühlt Constantia ganz anders als der Mann, den sie liebt und der sie seit der Brandnacht umwirbt (was ihn keineswegs hindert, sich nach wie vor eine bunte Schar von Bürgersfrauen, Grisetten, Dirnen oder Adligen zuführen zu lassen). Constantia liebt, aber sie zögert noch.

Am 12. Mai 1705 feiert der König in Leipzig seinen fünfunddreißigsten Geburtstag. Zu diesem Anlass ist auch Augusts schwerblütige Gattin Christiane Eberhardine angereist. Es erfüllt sie mit neuer Hoffnung, dass der König seine vormalige Mätresse, die Fürstin Teschen, entlassen hat und dass seine Flamme, die Hoym, stand- und tugendhaft geblieben ist. Zeigt sich der König nicht besonders freundlich zu ihr, der Königin? Dann flüstert man ihr zu, der König sei so aufgeräumter Stimmung, weil Madame Hoym endlich nachgegeben habe, und sie zieht sich enttäuscht zurück.

Der König lässt nach Hoym schicken. Der warnt seinen Herrn und König vor Constantia, ihrem Jähzorn, ihrer Trunksucht, ihrer höllischen Bosheit. Der König lacht und bittet seinen Geheimen Rat, auf die Ehefrau zu verzichten. Aber immer noch hält Constantia den Status der Mätresse für unvereinbar mit ihrer Ehre. Sie begleitet zwar den Hof nach Karlsbad zur Brunnen- und Badekur, sie teilt Augusts Leben, sie lässt sich beschenken, aber sie zögert noch, gewisse Formalien zu erfüllen. Der König legt sich ins Zeug. Das Haugwitzsche Haus neben dem Schloss soll Constantias Palast werden. Langsam wird Constantia mürbe, übernimmt Augusts Auffassung von der «öffentlichen Liebe». Im Stillen glaubt sie, sie werde es besser machen als die Mätressen vor ihr.

Und endlich kommt ihr die Idee, wie sie Augusts Wünschen und ihren Befürchtungen zugleich gerecht werden kann. Sie greift auf das alte Institut der Ehe zur linken Hand zurück, für das selbst ein Martin Luther eintrat. August wehrt den Vorschlag ab, indem er ihn modifiziert. Da die Zeichen auf Krieg in Polen deuten und er sich keinen Disput mit der Geistlichkeit im Lande leisten will, schlägt er ihr ein zweiteiliges Abkommen vor. Nach außen soll sie die offizielle Mätresse sein, insgeheim soll jedoch ein Vertrag geschlossen werden, durch den sie seine Ehefrau zur Linken wird. Constantia arbeitet drei Bedingungen aus, unter denen sie Augusts Vorschlag akzeptieren will. Erstens: Die Fürstin Teschen soll vollkommen aus Augusts Leben verschwinden. Zweitens: Hunderttausend Taler im Jahr – fast ebenso viel wie die Königin – will sie als Pension erhalten. Drittens: Sie will nach dem Tode von Christiane Eberhardine als Kurfürstin von Sachsen und Königin in Polen anerkannt werden, etwaige Kinder aus ihrer Verbindung mit August wären als legitime Prinzen und Prinzessinnen zu behandeln.

August, der Constantia zur Gräfin Cosel gemacht hat, wundert sich über die Höhe der Ansprüche, doch er stimmt allen Punkten zu. Er kann auf Constantia nicht verzichten. Sie erlaubt sich, was keine Mätresse vor ihr noch nach ihr durfte. Sie teilt sein Leben und seine Gedanken wie kein anderer Mensch.

Constantia ist glücklich – sie hat ihr Eheversprechen, sie fühlt sich geliebt, sie bezieht ihr Haus auf dem Taschenberg neben dem Schloss. Sie erhält zur Einrichtung Leihgaben aus dem Grünen Gewölbe, große silberne Tische, Schalen, Spiegel mit Silberrahmen, wertvolle Gobelins, türkische Teppiche und kostbare Spitze. Vor ihrem Palais bezieht eine doppelte Ehrenwache Posten, eine Auszeichnung, die keiner anderen Person in Dresden zuteil wird. Ihre Erhebung zur Reichsgräfin wird von August betrieben. Kometengleich ist Constantias Aufstieg, strahlend sonnt sie sich in dem Gefühl, der erlesensten Tafel Dresdens vorzustehen, die wertvollsten Juwelen zu tragen, die glanzvollsten Gäste um sich zu versammeln. Darüber hinaus ist sie als offizielle Mätresse des Königs von nun an ein bedeutender Machtfaktor in Sachsen, sie steht im Rang über den Ministern und hat neben repräsentativen Aufgaben auch wichtige politische Pflichten. Jeden Nachmittag ist ihr Vorzimmer überfüllt mit bedeutenden Menschen, Diplomaten, Generälen und Adligen, die den König über sie für ihr jeweiliges Anliegen gnädig stimmen lassen wollen. Und die kluge Constantia brilliert bei all ihren Aufgaben.

Dann kommt der Herbst, die von dem Paar gleichermaßen geliebte Jagdsaison, aber auch der Moment, fürs Erste voneinander Abschied zu nehmen. August zieht nach Polen in den Krieg, und Constantia, die nun auch rechtmäßig geschieden ist und den Ehevertrag mit August ihrem Vetter Rantzau zur sicheren Verwahrung im Familienarchiv in Drage übergeben hat, bleibt in Dresden zurück. Sie ist plötzlich allein, denn eine Mätresse ist, wenn der König abwesend ist, so gut wie inexistent. Das ist eine neue Erfahrung für die frisch gebackene Gräfin, die rasch von Eifersucht und Zorn ergriffen wird. Ist August in Warschau nicht ständig mit der

Teschen, mit Fatime zusammen? Sie zögert nicht lange und bittet den Minister Pflugk um einen Pass für die Reise nach Polen, ein erstes Signal ihrer ungestümen, keineswegs höfisch gebändigten Gefühle.

Verschneit und verregnet ist die Fahrt ins winterliche Polen, die Wagen bleiben immer wieder im Schlamm stecken, Constantia muss in Männerkleidung reisen, sie hält ständig ihre Pistolen bereit. Wird August sich freuen, wenn er sie sieht?

Ja, er ist froh, vielleicht mehr noch geschmeichelt über all die Mühsal, die sie seinetwegen auf sich genommen hat. Es war richtig, nach Polen gereist zu sein. Vor allem wegen der Teschen! Die kleine Fatime ist vom König schwanger, heißt es. Constantia schäumt. Sie hat es geahnt. Und dann die nächtlichen Treffen mit dem angeblichen polnischen Grafen. Sie bleibt wach, bis der König kommt, obwohl er das gar nicht liebt. Er fühlt sich dann unfrei. Ob er sie noch liebt? Entrüstet zeigt er sich, als er sie grübelnd am Kamin findet. Ist er nicht ständig mit ihr zusammen? Constantia droht, sie wolle sich töten, um ihre einmal begangene Dummheit, ihn zu lieben, auszulöschen. Da lenkt August ein, er lässt sogar zu, dass sie ihr Bett in sein Schlafzimmer stellt. Wieder ist er indigniert und gerührt zugleich über Constantias Liebe. Er lässt ihre Liebe zu, mehr ist ihm nicht gegeben.

Die Schlachten beginnen jetzt. Constantia bleibt in Warschau und unterstützt den König bei seiner Regierungsreform, die den Räten die Macht nimmt. Aus den Reihen der geschassten Räte wird die erste Kritik an Constantia laut: Die «Comtesse de Cossell» mische sich allzu stark in die Staatsaffären.

Constantia begleitet den König sogar an die Front. Auch

dies hat vor ihr und nach ihr keine Frau für August getan – keine andere war allerdings auch so in den Machtgewinn vernarrt wie Constantia. Es ist Sommer, sie bemerkt, dass sie schwanger ist. Sie geht auf seinen Wunsch ein, nach Dresden zurückzukehren, um das Kind nicht in dem bevorstehenden harten polnischen Winter zu gefährden. Am 29. Oktober 1706 kommt es zur entscheidenden Schlacht zwischen Sachsen und Schweden: Nördlich von Kalisch in Polen besiegt August den Schwedenkönig Karl vollständig. Noch auf dem Schlachtfeld schickt der König eine eigenhändige Nachricht seines Triumphes an Constantia. Doch wie entsetzt ist August, als ihm seine Minister den Friedensvertrag vorweisen, mit seinen demütigenden Bedingungen, auch dem Verzicht auf die polnische Krone zugunsten Stanislaus Leszczýnskis. Der Pyrrhussieg von Kalisch verändert August vollständig. Constantia findet einen gebrochenen, verhärteten Mann vor, als sie zu ihm eilt, vergessend, dass sie lange krank war, vergessend, dass die beschwerliche Reise ihrem Kind schaden könnte. Sie treffen sich kurz vor Weihnachten 1706 in Leipzig. August will noch einmal mit Karl verhandeln, er glaubt, durch eine Demonstration von Pracht und Einheit könne er etwas erreichen, und bittet daher auch Christiane Eberhardine nach Leipzig. Statt Einheit und Harmonie kommt es jedoch zum großen Streit, denn Christiane Eberhardine fordert, die Gräfin Cosel müsse abreisen, wenn sie neben August öffentlich auftreten solle. Constantia steht kurz vor der Niederkunft und will August auf keinen Fall verlassen. Die Bedienten hören das Wortgefecht zwischen dem König und seiner Mätresse bis ins Vorzimmer. Der König soll der Hochschwangeren sogar einen Stoß gegeben haben. Erzürnt reisen beide in verschiedene Richtungen ab. Constantia bringt in Dresden einen toten Sohn zur

Welt. Sie selbst schwebt in Lebensgefahr. Sofort jagt der König nach Dresden. Wie ist er dieser Frau verfallen, wie kann sie ihn zur Weißglut treiben mit ihren Forderungen, aber wie begehrt er sie! August wacht Nächte bei der Schwerkranken. Erst am 3. Februar verlässt er Dresden, um die Friedensverhandlungen wieder aufzunehmen.

Ende Februar kann Constantia wieder aufstehen. August ist bei ihr, beide sind in dumpfem Grübeln vereint. Der König spricht vom Abdanken, Constantia über den Tod. Die Liebe ist stark wie nie zuvor und hilft ihnen, die Krise zu überwinden. Dann richtet Constantia Festessen aus: für August, für Sachsen, für die Zukunft. Sie wird ein neues Kind bekommen. Jetzt heißt es, den anderen zeigen, dass der König von Sachsen nicht am Boden kriecht. Energisch geht er daran, Constantias Palais am Taschenberg neu zu planen. Der Neubau wird Pöppelmanns erstes selbständiges Projekt. Außerdem darf Constantia endlich, Ende 1707, das Gut Pillnitz an der Elbe übernehmen, samt Wäldern, Weinbergen, Mühlen, Ziegelei, Schmiede und Wirtshaus. Wieder ist sie glücklich – August ist ihr nah, der Krieg ist vorbei. Sie steht auf dem Höhepunkt ihrer Macht. Neben der Gutsverwaltung betreibt sie jetzt auch den Geldverleih und verdient so manches nette Sümmchen. Dass man sie immer noch Mätresse nennt, kränkt sie allerdings tief, und jedem, der es hören will, sagt sie, sie sei die Frau des Königs. Man gibt ihr daher den Spitznamen «Hymnen», nach Hymenäus, dem Gott der Ehe.

Constantia bringt am 24. Februar 1708 ihre Tochter zur Welt, die kleine Augusta Constantia. Wieder schwebt sie in Lebensgefahr, aber auch diesmal klingt das Fieber nach einigen Wochen ab. August paktiert derweil, sucht Verbündete gegen Karl, um die alte Rechnung begleichen zu können.

Er lässt die Wirtschaft ankurbeln und das Heer aufrüsten. Constantia weiß, dass die momentane Ruhe nur die vor einem neuen Sturm, einer neuen Trennung ist. Aber sie ist überglücklich, denn sie darf auch bei den Vorbereitungen zu einem gigantischen Fest mitwirken, das August ausrichtet, als Auftakt der Rückeroberung Polens, für seinen Vetter, König Frederik von Dänemark, mit dem er sich verbündet. Constantia und die Damenwelt sollen im Mittelpunkt des Festes stehen, einem Damenringrennen. Noch einmal flüstert sich ganz Dresden zu: «Das hat keine Mätresse vor der Cosel erreicht!» Der dänische König ist tief beeindruckt von ihr, die übrigens wieder schwanger ist. Aber das fällt noch kaum auf, denn der König höchstpersönlich hat einen girlandenartig gerafften Rock für sie entworfen, «couleur de rose» ist er, und auch die beiden Könige tragen Rosenfarbe, Gold und Silber. Sechzehn Tage lang Lustbarkeiten, dann zieht August überstürzt mit seinen Truppen nach Polen. Constantia will erst die Niederkunft abwarten, bevor sie ihm folgt. Friederike Alexandra kommt am 24. Oktober 1709 zur Welt. Wieder schwebt Constantia in Lebensgefahr. Hals über Kopf eilt der König nach Dresden. Constantia ist zufrieden: August ist, wie bei der ersten Geburt, gekommen, die Mutter hat sich doch erweichen lassen und die kleinen Komtessen nach Depenau mitgenommen.

Die folgenden zwei Jahre verbringt Constantia mit dem König auf Reisen und Feldzügen. In dieser Zeit verändert sich ihre bisher freundschaftliche Beziehung zu Augusts wichtigstem Minister, dem Grafen Flemming, denn sie kritisiert nun offen dessen Ratschläge. Beispielsweise missfällt ihr, wie August den von ihm betriebenen Religionswechsel seines protestantisch erzogenen Sohnes als politisches Mittel einsetzt, und sie fordert von Flemming Unterstützung.

Auch glaubt sie zu erkennen, dass der König sich mehr und mehr in Abhängigkeiten begibt, vom Zaren, vom Papst. August lacht zwar über ihre Warnungen, doch im Inneren ist er beleidigt wegen ihrer Kritik und beginnt, seine Pläne vor ihr geheim zu halten. Flemming wird der erklärte Feind Constantias. Flemming missfallen Constantias Machtgelüste, er hält sie für aufdringlich, unverschämt und herrschsüchtig. Außerdem meint er, es sei falsch, dass der König so viel Geld für seine Mätresse ausgibt.

Merkt Constantia, dass der Wind umschlägt, dass andere Zeiten anderes Verhalten erfordern? Sie ist wieder schwanger. Besonders unausgeglichen wirkt sie diesmal, Angstträume jagen sie. Der König reagiert verunsichert, zieht sich stärker als je von ihr zurück. Flemming malt dem König die schlechten Eigenschaften Constantias und ihre schädliche Wirkung auf die Politik aus und legt als Schwäche aus, was so lange die Stärke des Königs war: sein liebendes Festhalten an Constantia. Auf diese Weise tötet er in August die Gefühle für die ungestüme Constantia, Gefühle, die der König zwar besaß, die jedoch als zarteste Pflanzen seiner Seele den Schutz eines Treibhauses brauchten und den rhetorischen Furor ministerieller Strategie nicht vertrugen.

Flemming stärkt andererseits Augusts Wünsche nach Freiheit und ködert seinen König auf simple Weise – mit einer neuen Mätresse. Eine sinnliche Schönheit ist sie, noch nicht zwanzig, doch voll entwickelt, der Cosel kann sie nicht das Wasser reichen, doch das ist auch nicht ihre Aufgabe. Viel wichtiger: Sie ist Polin! Katholikin! Die polnische Mätresse könnte seine häufige Präsenz in Polen garantieren. Marie Gräfin Dönhoff, verehelichte Gräfin Bielinska, muss nicht lange vom Familienclan gebeten werden, um im festesfrohen Warschau alles zu tun, was König August für sie einnehmen könnte. Der allerdings findet zunächst nicht allzu viel Gefallen an ihr. Constantia hört wohl von den Ereignissen in Warschau, doch zum ersten Mal, seit sie mit dem König zusammen ist, reagiert sie nicht mit kämpferischen Rückeroberungsplänen, sondern gelassen: erst einmal das Kind zur Welt bringen, abwarten. Die Vorstellung, auch das dritte Kind ihres geliebten Mannes bald schon wieder anderen zu überlassen, missfällt ihr.

Es ist ein Sohn, der kleine Friedrich August hat am gleichen Tag wie sie selbst Geburtstag, am 17. Oktober 1712 wird er geboren. Constantia ist wieder sehr angegriffen, und diesmal kommt August nicht an ihr Lager. Ein schlechtes Zeichen? Etwas hat sich verändert bei ihm, aber auch bei ihr. Constantia möchte nicht mehr kämpfen. Ein vertrauter Freund rät zu raschen Entschlüssen und warnt sie vor einem möglichen Sturz. Inzwischen sind Monate verstrichen, und der König hat endlich begriffen, was so interessant an Marie Dönhoff ist. Unter dem Applaus des Warschauer Hofs wird die kleine Gräfin seine neue Mätresse.

Constantia bricht nun doch nach Polen auf, um den Geliebten zurückzugewinnen; er beauftragt Offiziere, sie aufzuhalten, zu überreden – nötigenfalls unter Anwendung von Gewalt und Vorweisung des eigenhändig unterschriebenen Befehls –, dahin zurückzukehren, wo sie hergekommen ist. Damit nicht genug. Er versucht, ihr auch die Ehre zu nehmen, um die eigene Entscheidung zu rechtfertigen. Er will Untergebene zwingen, ein Verhältnis mit ihr anzufangen, um sie dann öffentlich bloßstellen zu können. Das misslingt, denn Constantia, die Beständige, liebt nur einen. Sie ist schockiert, verunsichert. Dann bietet er ihr eine Abfindung an, unter der Bedingung, dass sie den Ehevertrag herausgibt, dieses obskure Dokument, das sie einst forderte und dessen

Veröffentlichung höchst schädlich wäre. Da sie zögert, weist er sie aus der Stadt und erklärt sie zur böswilligen, jähzornigen Zauberin. Konstant fordert er das Eheversprechen, das sie jetzt zwar herausgeben möchte, an das sie nun angeblich aber nicht herankommt, da es im Familienarchiv ihres Vetters ruhe, der in der Festung Spandau einsitzt. Als sie heimlich nach Berlin reist, um das Dokument von ihrem Vetter zu erbitten, der wiederum sie erpresst und hinhält, legt August ihre Reise als Flucht einer staatsgefährdenden Person aus und fordert ihre Übergabe vom preußischen Staat. Er bringt all die Habe der angeblichen Staatsverbrecherin an sich und setzt sie unter Arrest. Dass die wachhabenden Offiziere die Gefangene vergewaltigt haben, drang vielleicht nur bis zu seinem Minister. Ebenso die Tatsache, dass Constantia am 28. November 1716, sechsunddreißig Jahre alt, einen Schlaganfall erleidet, der sie lange transportunfähig macht. Am 24. Dezember 1716 wird sie auf die Festung Stolpen gebracht, wo sie bis zu ihrem Tod im Alter von vierundachtzig Jahren am 31. März 1765 leben wird.

Constantia bat den König immer wieder um ein persönliches Gespräch, was ihr nicht gewährt wurde. August weigerte sich sogar, ihre Briefe selbst zu lesen. Hatte er solche Angst vor ihr, vor seinen womöglich wieder aufflammenden Gefühlen, vor Constantias Macht über ihn, dass er sie sich nur aus dem Herzen reißen konnte, indem er die einstige Liebe dämonisierte, quälte und verbannte?

Sie überlebte August den Starken um zweiunddreißig Jahre, bei seinem Tode trauerte sie tief um ihn. In ihren schwarz geränderten Briefen, die zumeist nicht die Adressaten erreichten, hat sie sich als seine Witwe dargestellt. Auch Augusts ehelicher Sohn und Thronfolger, Friedrich August III., hat Constantia nicht freilassen wollen und ihr weiterhin strengste Isolation auferlegt. In ganz Sachsen glaubte man, die Gräfin Cosel lebe in Ruhe auf einem der Güter ihres Schwiegersohns. Selbst die eigenen Kinder, denen es der königliche Vater übrigens nie an etwas fehlen ließ und die er alle vorteilhaft verheiratete, durften nichts über den Verbleib ihrer Mutter verlauten lassen, von der es heißt, sie habe sich in ihren letzten Lebensjahren zum Judentum bekannt. Ein einziges Mal, im Jahre 1727, hat König August die Festung Stolpen besucht, aber er versäumte, Constantia aufzusuchen. Vielmehr war es ihm bei diesem Besuch um eine neue Kanone zu tun, die er auf dem Stolpener Felsen prüfen wollte.

Nur kein Skandal,
arrangiere dich bitte!

Ferdinand Lassalle und
Sophie von Hatzfeldt

Berlin, Januar 1846. Soeben ist der junge Philosoph Ferdinand Lassalle aus Paris zurückkehrt. Er hat den großen
Heinrich Heine kennen gelernt, und als dessen Beauftragter
in einer Erbangelegenheit weiß er sich nun in die elegante-
ren Berliner Salons einzuführen, die ihm, dem einzigen
Sohn eines Breslauer Juden und Seidenhändlers, zuvor verschlossen waren. Und Lassalle, der vor seiner Reise noch
Lassal hieß, nutzt die Gunst der Stunde, brilliert, plaudert
mit den Damen und schindet bei den Herren mit Wissen
und klugen Gedanken Eindruck. Meist tritt er mit seinen
beiden Freunden auf, dem Assessor am Berliner Kammer-
gericht Felix Alexander Oppenheim und dem Arzt Arnold
Mendelssohn, einem Enkel des Philosophen Moses Mendelssohn. Bald spricht Berlin von den «drei Musketieren».

In dieser Konstellation begegnet Lassalle der Gräfin Sophie von Hatzfeldt, die sich in großer Bedrängnis befindet.
Sofort ist er von der einundvierzig Jahre alten Frau beeindruckt: «Eine majestätische Gestalt, in deren edel geformten Gliedern ein gewisser Rhythmus vorherrschte, welcher
mehr als einen Mann ergriff und gewann, schön geschnitte-
ne Gesichtszüge, schweres goldiges Haar, ein vornehmes,

natürliches Benehmen, ein ruhiges Wesen, eine einfache, verständige Art, sich auszudrücken – das waren die Waffen dieses als eine gefährliche Sirene besprochenen Weibes.» Nicht alle Zeitgenossen urteilen jedoch positiv über das Aussehen der Gräfin Sophie. Im Jahre 1881 beschreibt A. Kutschbach sie so: «Keineswegs sympathische Gesichtszüge, einen sinnlichen, von einem kleinen schwarzen Schnurrbart umrahmten Mund, eine Stumpfnase und einen echten Mulatten-Teint … sie soll geldgierig, absonderlich, corpulent und dumm gewesen sein.»

Alle überlieferten Porträts – darunter auch Fotografien – der Gräfin Hatzfeldt zeigen eine in den Jugend- und mittleren Jahren überaus schöne, später noch immer bemerkenswerte Frau. Lassalles Äußeres war unscheinbarer, er war von mittlerer Größe, äußerst mager, zuweilen nannte man ihn deshalb den «wandelnden Tod», aber es muss von ihm, besonders von seinem Blick, seiner Körperspannung und seiner Rede etwas Unbezwingbares ausgegangen sein.

Lassalle erfährt, dass die schöne Gräfin beabsichtigt, sich von ihrem Ehemann, mit dem sie seit ihrem siebzehnten Lebensjahr verheiratet ist und drei Kinder hat, zu trennen. Der Ehemann willige nicht in diese Scheidung ein, verweigere Sophie von Hatzfeldt jegliche Unterhaltszahlung, entziehe schon seit langem die Kinder ihrer Erziehungsgewalt und zeige sich in jeder Weise als ein von seinen Trieben beherrschter pervers-sadistischer Tyrann.

In seinem überschäumenden Ehrgeiz und Idealismus sieht der junge Systemkritiker und Hegelianer sofort, dass es hier nicht nur um das Einzelschicksal einer misshandelten und unterdrückten Frau geht, sondern dass er in seinem Eintreten gegen Edmund Graf von Hatzfeldt auch dem überkommenen Feudalsystem den Kampf ansagen kann.

Schon als Fünfzehnjähriger hatte er seinem Tagebuch anvertraut: «Ja, ich will hintreten vor das deutsche Volk und vor alle Völker und mit glühenden Worten zum Kampfe für die Freiheit auffordern. Ich will nicht erschrecken vor dem drohenden Augenzucken der Fürsten, ich will mich nicht bestechen lassen von Bändern und Titeln, um, ein zweiter Judas, die Sache der Freiheit zu verraten.» Nun fühlt er seine Stunde gekommen, und indem er Sophie von Hatzfeldts Sache zu seiner eigenen macht, beginnt das, was Lassalles erste und einzige wahre Liebe werden sollte, «das Wort in dem sublimiertesten Sinne genommen»: «Ich sah vor mir, in der Person eines einzelnen individuellen Lebens, die Verkörperung aller empörenden Ungerechtigkeiten der veralteten Welt, die Verkörperung aller Missbräuche der Macht, der Gewalt und des Reichtums, gerichtet gegen den Schwachen, allen Druck unserer sozialen Ordnung … ich sah den vollen Egoismus, die ganze Feigheit der aristokratischen Welt, welche dieses edle Wesen ihren herzlosen und angefaulten Vorurteilen opferte.» Hier ist Lassalle, sein rednerisches Pathos, sein demagogisches Geschick, schon ganz und gar entwickelt. Welche Missetaten hatte Edmund Hatzfeldt denn begangen, um zur Zielscheibe dieser geballten Rhetorik zu werden?

Die Ehe zwischen Sophie Prinzessin von Hatzfeldt-Trachenberg und dem preußischen Kammerherrn und Malteserritter Graf Edmund von Hatzfeldt-Wildenberg, der seinen Sitz auf dem Wasserschloss Kalkum bei Düsseldorf hatte, war im Jahre 1822 geschlossen worden, um zähe Streitigkeiten der beiden Linien um Majorate, Erbfolge, Standesrechte und Titel zu schlichten. Hierbei zog der wesentlich ältere Graf, der ein «ausschweifendes Männerleben» führte, die junge Sophie ihren beiden älteren Schwestern nur deshalb vor, weil sie als unentwickelt und daher leicht lenkbar galt, sich wahrscheinlich also nicht gegen die Debauchen ihres Eheherrn auflehnen würde.

Falsch gedacht! Wenn im Jahre 1854 endlich der Scheidungsklage stattgegeben worden sein wird, die auf siebenundachtzig Folioseiten die Vergehen Edmunds gegen die physische, psychische und sittliche Integrität seiner Gattin aufführt, wissen Lassalle und die Gräfin Sophie, was sie geleistet haben, und klingende Münze wird beide belohnen. Lassalle übernimmt sein Advokatenamt nicht umsonst. Im Falle eines Erfolgs, sprich: Scheidung und standesgemäße Abfindung durch Hatzfeldt, einen der reichsten Männer Deutschlands, wird der Sohn des Heyman Lassal aus Breslau – auch dieser ist inzwischen nicht mehr Seidenhändler, sondern Beteiligter an der Breslauer Gasanstalt, mithin Aktionär und Kuponschneider – eine Leibrente in Höhe von viertausend Reichstalern monatlich erhalten, einen Betrag also, von dem selbst ein anspruchsvoller Bonvivant wie Lassalle gut und sorglos, ohne für Geld arbeiten zu müssen, leben kann.

Im Jahre 1825, vier Tage bevor in Breslau Ferdinand Lassalle das Licht der Welt erblickte, brachte die Gräfin Sophie den Erbfolger Alfred zur Welt, 1829 die Tochter Melanie, 1831 den Sohn Paul. Hinter diesen dürren, dem Gotha entstammenden Daten stand eine andere Wirklichkeit. Da gab es die erste Entbindung im Jahre 1823, eine äußerst schwere, bei der die Ärzte sich um das Leben der Gräfin sorgten. Sie mussten das Kind mit Zangen holen, doch es war tot. In der Anklageschrift Lassalles wird über das «einfühlsame» Verhalten des Grafen gehandelt: «In der Nacht nach der Entbindung, als die junge Gräfin in den fürchterlichsten Schmerzen sich wand, vollzog – fünf Zeugen werden darüber deponieren – der Graf mit der Gräfin Nesselrode bei halb offener Tür den Beischlaf. Die in Lebensnöten ringende junge Frau bemerkte es und weinte bittere und laute Tränen. So wurde durch eine Bestialität ohnegleichen Namen und Gestalt des Menschen geschändet.» Der Graf schlägt seine Frau auch mit der Reitpeitsche, wenn sie nicht gehorcht, er befiehlt oder verbietet ihr den Umgang mit Menschen, setzt sie in ein Schloss, schickt sie fort nach Belieben, hält das Personal an, ihr nicht zu Diensten zu sein, nimmt ihr die Kinder fort und ist maßlos in seinen sexuellen Begierden: «Kein Frauenzimmer im ganzen Hause ließ der Graf unangefochten, ja, er ging so weit in seiner Begierde, solche Frauenzimmer, die sich weigerten, durch List und Gewalt zu forcieren. Kein Dienstmädchen, das er nicht beschlafen oder wenigstens angefallen hat, kein noch so depraviertes Frauenzimmer in Düsseldorf, das der Graf Hatzfeldt nicht sein genannt, keine Kupplerin in der ganzen Stadt, die er nicht beschäftigt hätte … Werfen wir einen flüchtigen Blick auf das Treiben des Grafen in der Standesherrschaft. Unter Tränen und Weherufen schallt uns hier der allgemeine Schrei entgegen, daß der Graf, er und seine Beamten, den Notstand seiner Eingesessenen, seine Macht, Gerichtsbarkeit und Stellung mißbrauche, um seinen Untertanen die Stundung ihres elenden Daseins für die Schande ihrer Frauen und Töchter zu verkaufen. Alles, selbst die Frauen seiner Förster, Oberförster und Rentmeister, muß ihm herhalten.»

Natürlich hatte Sophie von Hatzfeldt versucht, über ihre Brüder und andere Verwandte Einfluss auf den Grafen zu gewinnen, ihn zu einer Verhaltensänderung zu bewegen. Doch nichts fruchtet, er gelobt immer Besserung, unterschreibt alle Verträge, ändert sich jedoch um kein Jota, natürlich nicht, denn seine Veranlagung ist pathologisch.

Letztendlich erhält Sophie von Hatzfeldt vonseiten ihrer Verwandten, die sich auch bei offen zutage tretendem Unrecht nicht vehement für sie einsetzen, keinerlei Hilfe. Ihrem Wunsch, den Grafen zu verlassen, setzen die Brüder immer wieder beschwichtigende Reden entgegen: Nur kein Skandal, arrangiere dich bitte, du bist es dir und der Familienehre schuldig.

Sophie unternimmt einen letzten Versuch, sich mit ihrem Gatten gütlich zu einigen. Edmund hat dem jüngsten Sohn Paul, der als einziges Kind noch in Sophies Obhut weilt, große Teile seines Erbes entzogen, indem er die entsprechenden Güter seiner derzeitigen Mätresse, der Baronin Meyendorff, schenkt. Sophie, für die dies ein Hauptstreitpunkt darstellt, will ihren Mann treffen und zur Aufhebung der Schenkung bringen. Doch Edmund empfängt seine Frau nicht einmal.

Wenn Sophie von Hatzfeldt im Jahre 1846 ihre Sache in die Hände eines Ferdinand Lassalle legt, bedeutet das den offenen Kampf, Gericht und daraus folgend auch den Bruch mit den Verwandten und der «Welt». Das ist ihr klar, kühn vollzieht sie diesen Sprung ins Ungewisse, die Emanzipation, und ermöglicht damit dem jungen Lassalle seine erste revolutionäre Tat: Die sechsunddreißig Hatzfeldt-Prozesse werden die Gerichte acht Jahre lang beschäftigen.

In dieser Phase des Zerwürfnisses kommt Lassalle und den beiden anderen «Musketieren» zu Ohren, die Baronin Meyendorff sei auf der Reise nach Köln. Lassalle, der mit der Sammlung von Beweisen gegen Edmund beschäftigt ist, gibt seinen Freunden den Auftrag, die Baronin zu «beschatten» – vielleicht hat sie Beweismaterial bei sich, sicherlich die wichtige Schenkungsurkunde. Es kommt zum so genannten «Kassettendiebstahl», der weite Beachtung findet und zeitlebens an Lassalles Namen geknüpft bleibt. Für geraume Zeit ist die Sache der Gräfin und ihres Anwalts gefährdet, da die Affäre beide in ein kriminelles Licht setzt. Ob auf Lassalles ausdrücklichen Auftrag hin oder im Missverstehen desselben, sei dahingestellt: Am 20. August 1846 sehen Oppenheim und Mendelssohn, die sich, wie die Baronin Meyendorff, im Kölner Gasthof Zur Stadt Mainz einquartiert haben, den günstigsten Zeitpunkt gekommen, um zuzugreifen. Sie entwenden aus dem Gepäck der Baronin und angeblichen russischen Spionin den Gegenstand, der als Einziger das Aussehen hat, die bewusste Schenkungsurkunde in sich zu bergen: eine Holzkassette. Dann entfliehen sie Hals über Kopf.

Tragischerweise enthält die Kassette weder die Urkunde noch überhaupt ein «Beweisstück» gegen Edmund. Lassalle, Oppenheim und Mendelssohn werden vor Gericht gestellt. Der eigentliche Ausführende, Oppenheim, wird freigesprochen. Mendelssohn, der sich freiwillig gestellt hatte, wird verurteilt und hat sein Leben lang unter den Folgen zu leiden. Lassalle, der Anstifter, wandert am 11. Februar 1848 ebenfalls ins Gefängnis, zum ersten Mal: Auf fünf Jahre Zuchthaus lautet die Strafe, doch Lassalle gibt nicht auf und kann sich in der Berufung mit seiner Selbstverteidigung, der berühmt gewordenen Kassettenrede, am 11. August 1848 Freispruch und Freiheit erringen. Die nächsten drei Monate mischt er bei den Achtundvierzigern mit, bis er im November 1848 von neuem «einsitzt», diesmal, wie in Zukunft immer, als «Politischer». Sophie ist ob ihres fortgesetzten Verkehrs mit «jenen Menschen» nun für ihre Familie vollends zur Persona non grata geworden, und nach erfolglosen Versuchen ihrer Brüder, sie dazu zu bewegen, von Lassalle abzulassen, ist es Edmund, dem der Geduldsfaden reißt:

Durch den bloßen Umstand, dass seine Gattin mit dem Juden Lassalle und dessen Anhang gemeinsame Sache macht, aufs äußerste in seiner Standesehre gekränkt, nun jedoch darüber hinaus in der glücklichen Lage, den Kassettendiebstahl für sich ausschlachten zu können, reicht er flugs im April 1847 die Scheidungsklage ein, in der es unter anderem heißt: «Sophie von Hatzfeldt lernte im Jahre 1846 den Jakob (sic!) Lassalle, Sohn eines jüdischen Kaufmanns aus Breslau, kennen und gleichzeitig den Kammergerichtsassessor Oppenheim, Sohn eines jüdischen Bankiers, und den jüdischen Arzt Dr. Mendelssohn … alle drei hatten ehebrecherischen Umgang mit der Gräfin. Vorzugsweise war dies aber der Fall mit Lassalle.» Damit nicht genug: Graf Edmund hatte offenbar beschlossen, alle künftigen Angriffe zu entschärfen, und bezeichnete seine Gattin erst einmal als Nymphomanin, doch seine Anschuldigungen blieben vage: «Es dauerte nicht lange, so wurde schon der Umgang der Gräfin mit fremden Männern zum öffentlichen Ärgernis der Bewohner von Kalkum; insbesondere traf sie mit einem gewissen Herrn sehr häufig des Morgens früh im nahe gelegenen Forstbusche zusammen. Ende der zwanziger Jahre knüpfte sie ein Verhältnis mit dem verstorbenen Grafen von Nesselrode an, welcher viele Nächte mit der Gräfin in deren Bette zubrachte.»

Es folgt ein «Schlüssellochbericht» über «einen Engländer», ein Verhältnis mit dem «Holländer Westreen» wird zitiert sowie eines mit einem gemeinen Tafeldecker, durch das die Gräfin öffentliches Ärgernis erregt. In der Anklageschrift werden die fünf, sieben und elf Jahre alten Kinder Sophies als Zeugen für die amourösen Beziehungen der Mutter aufgeführt, die über dabei beobachtete Praktiken Auskunft geben sollen. Im Gegenzug reagierte Sophie mit der erwähnten Lassalle'schen Scheidungsklage. Von 1848 bis 1856 (lediglich von einigen Kur- oder Gefängnisaufenthalten unterbrochen) lebte Lassalle mit seiner Klientin in häuslicher Gemeinschaft in Düsseldorf.

War Sophie von Hatzfeldt vielleicht verdorben, freizügig geworden, nahm sie es mit der Treue nicht so genau und hatte wechselnde Liebschaften, deren eine Lassalle hieß? Offenkundig war in der Jugend ihre große Schönheit. Klugheit, Wärme und faszinierende Ausstrahlung besaß sie noch im hohen Alter. Sie hatte immer viele Verehrer. In Edmunds Replik auf die siebenundachtzig Seiten Lassalles ist nicht mehr die Rede von Engländern, Tafeldeckern und anderem Gelichter. Lediglich drei Anschuldigungen werden aufrechterhalten: erstens das die «Präsumtion des Ehebruchs begründende notorische Verhältnis des mit der Gräfin zusammenwohnenden Lassalle zu der letzteren», zweitens der Ehebruch mit Herrn von Strantz, drittens der Ehebruch mit dem Grafen Bassenheim. Das 1841 begonnene Verhältnis mit Bassenheim ist von Sophie nie bestritten worden, wohl aber die ersten beiden Punkte: Weder Lassalle noch Gräfin Sophie haben sich jemals über den Charakter ihres Verhältnisses Indiskretionen erlaubt. Sie haben darüber hinaus immer abgestritten, intime Beziehungen miteinander gehabt zu haben. Lassalle und Sophie liebten einander, gut, aber welcher Art war ihre Liebe?

Natürlich spielte auf Lassalles Seite das Motiv des Retters und Helfers eine Rolle, gleichzeitig mögen die herausragende Stellung Sophies in der Welt und die politische Dimension des Prozesses Lassalles Wünschen nach Profilierung entsprochen haben. Es war wohl auch wichtig, dass sich hier zwei Individuen trafen, die ihre angestammte Rolle zu sprengen trachteten und ganz dem Ideal der Freiheit verpflichtet waren. Zwei widersprüchliche, innerlich zerrissene Menschen trafen aufeinander – Sophie, die tief verwurzelt in den Traditionen ihrer adligen Herkunft bleibt, sich den überkommenen Normen und Werten auch bis zu einem gewissen Grade immer verpflichtet fühlen wird, die aber in vielerlei Hinsicht ihrer Zeit voraus ist, sich «unweiblich» verhält, ihre Meinung ausspricht und gehört wissen will, die das unabhängige Leben praktiziert, Zigarren raucht und politisiert, «rote» Freunde hat, darunter sogar Juden. Lassalle, der Jude, der nichts so sehr hasst wie die Juden, der Schriftsteller, der auch gegen die Literaten immer ins Feld zieht, der Parvenu großen Zuschnitts, der Republikaner und Freund Bismarcks, der Arbeiterführer, der den Geruch der Arbeiter abscheulich findet, Lassalle, der zu seiner eigenen Mutter nie ein inniges Verhältnis gehabt hat und in Sophie auch so etwas wie die ideale Mutter erblickt, die ihn an der Hand nimmt und in die feine Lebensart einweiht, in die Geheimnisse des Geschmacks. Auch das mag den ehrgeizigen Lassalle bestrickt haben. Er beeinflusst, prägt und stärkt Sophie, umgekehrt wird er auch von Sophie beeinflusst, geprägt und gestärkt. So geht es in dieser Beziehung zum einen darum, Formen zu sprengen, Befreiung zu erreichen, zum anderen, sich Formen anzueignen, Regeln zu erstellen: Im Niemandsland der Ideale wollen zwei unbändig willensstarke Menschen die Welt neu bauen.

Es versteht sich von selbst, dass sie auch in Sachen Liebe der Freiheit anhängen, Schlegels Lucinde ist für sie ein nachahmenswertes Vorbild. Die Liste der Lassalle'schen Geliebten ist lang. In dieser Hinsicht war er ziemlich wahllos. Seinem Gleichheitsideal gemäß machte er keine Unterschiede zwischen kleinen Näherinnen, Verkäuferinnen und Fabrikarbeiterinnen oder aber glanzvollen Berühmtheiten.

So hatte er mit der Tochter eines der berühmtesten Geheimagenten Europas, Agnes Street, geborener Klindworth, ein Kind. Dann wieder bezauberte ihn Ludmilla Assing, Varnhagens Nichte, so sehr, dass er sie Franz Liszt sofort ausspannen musste. Er liebte Hedwig Dohm, Fanny Lewald und Lina Duncker, die Frau seines Verlegers, Freundes und Förderers – und viele mehr. Was Lassalles Beziehung zur Gräfin Hatzfeldt jedoch immer von den zum Teil heftigen Affären unterscheidet und aus ihr «die einzig wahre Liebe» Lassalles macht, ist die unauflösliche Aneinanderkettung dieser beiden Außenseiter. Bei Sophie, die Mutter ist, dennoch nie viel Freude an ihren Kindern haben darf, da sie ihr entzogen sind, kommt hinzu, dass dieser junge Mann genau das tut, was bisher keines und später nur eins ihrer leiblichen Kinder, Paul, über kurze Zeit für sie getan hat: Er verteidigt sie, tritt ein für ihre Würde als Mensch und für ihre Freiheit. Zärtlich gibt sie ihrer mütterlichen Liebe in den Briefen Ausdruck und nennt Lassalle «mein liebes Kind». Er wiederum bezeichnet die Gräfin als «meinen besten Freund» und begreift den Ehrentitel als über allen ephemeren «Freundinnen spezieller Art» stehend, unerreichbar für jede andere Frau. Böse Zeitgenossen haben von Ferdinand und Sophie als dem Messias und der Muttergottes gesprochen; noch durch den Spott hindurch werden das Charismatische, die flammende Ausstrahlung und die Intensität des Paars sichtbar. So viele Anhänger, Verehrer, Fanatiker, Freunde sie sich auch gewannen, so viele Kritiker, Verächter, Feinde, so viel Gerede zogen sie auf sich. Besonders Marx, den mit Lassalle politisch vieles verband, auch wenn sie in eigentlich allen Einzelfragen anderer Meinung waren, verfolgte ihn mit den bissigsten Bemerkungen, nannte ihn den «jüdischen Nigger», den «Ephraim Gescheit», den «Baron Itzig». Heinrich Heine, der Lassalle zunächst als seinen besten «Trommler» gefördert und geschätzt hatte, schwenkte eines Tages um und nannte ihn dann einen der «furchtbarsten Bösewichter, der alles fähig ist, Mord, Fälschung und Diebstahl und eine an Irrsinn grenzende Willenszähigkeit besitzt».

Auch Sophie von Hatzfeldt hat kein Gemüt, im Positiven wie im Negativen, kalt gelassen: Sie wurde «dämonisch» und «seltsam» genannt, «alte Hexe», «Gespenst», «listige Schlange» oder aber in schöner Abwechslung – wieder Karl Marx – «alte Hure Hatzfeld» oder «alter Saumensch».

Die Revolution von 1848 war gescheitert. Der noch anhängige und zunächst für Sophie eher positiv verlaufende Prozess trat in eine neue Phase. Der Graf hatte nach der Niederschlagung der Revolutionäre wieder Oberwasser und versuchte, die Scheidung ohne Weiterzahlung seiner Alimente für Sophie zu erreichen. Sie, die schon einen Teil ihres Schmucks verpfändet hatte, für sich und ihren Sohn Paul arbeitete, erhielt von Lassalles Vater und dem Grafen Westphalen finanzielle Zuwendungen, die sie über Wasser hielten. Dahin für immer der Luxus, der unbeschwerte Umgang mit dem Geld.

Der Mai 1849 sieht den Kampf der beiden Eheleute auf seinem Höhepunkt: Graf Hatzfeldt setzt es durch, dass seine Frau verhaftet wird und für zwei Monate ins Kölner Frauengefängnis einrücken muss. Der Grund: Sie habe in ihrer Klageschrift zwei Düsseldorfer Schwestern beleidigt.

Mittlerweile hat auch der Graf von Westphalen den verlorenen Posten Sophie Hatzfeldt verlassen, allein Lassalle und Paul halten noch zu ihr. Edmund von Hatzfeldt lässt nicht locker, sein Ziel ist es, der Frau, der er bereits die älteren Kinder entfremdet hat, auch das jüngste, den zwanzig

Jahre alten Revolutionär Paul, zu entziehen. Er droht dem Sohn mit Enterbung. Paul ist inzwischen in dem Alter, wo seine Karriere beginnt, wo die Jugendideale bei den meisten verblassen und den kräftigen Brotfarben der Realität Platz machen. Er erkennt, dass sein Vater, sollte er sich nicht unterwerfen, alles tun wird, um ihm Steine in den Weg zu legen, und diese Erkenntnis trifft ihn. Das Unglaubliche geschieht. Aus dem verständnisvollsten, zärtlichsten Sohn, dem Bewunderer und Schüler Lassalles wird ein neuer Vasall des mächtigen Edmund. Die Mutter, warum macht sie immer noch Skandale, was soll dies Schauspiel, das einer gereiften Frau so wenig ansteht? – so mag er sich gefragt haben. Geschrieben hat er dies an Sophie: «Ich habe nicht Lust, es länger zu ertragen, daß die Leute mit Fingern auf mich zeigen und fragen: warum duldet der Sohn es, daß solche Leute seine Mutter irreführen? Denn das ist das Urteil der Welt … Vor allen Dingen muß daher den Prozessen ein Ende gemacht werden.»

Im Jahre 1854 wird die Scheidung endlich ausgesprochen. Graf Hatzfeldt muss sich in den für die Gräfin günstigen Vergleich fügen, doch fast scheint es, als könne sich das in all den Jahren des Kampfes gestählte Paar des Sieges so recht nicht freuen. Sophie, fast fünfzig Jahre alt, blickt auf die Scherben ihres Lebens, auf die drei ihr fremd gewordenen Kinder zurück, sie fühlt sich alt, krank und kraftlos. Häufig wiederkehrende Anfälle von Melancholie machen Lassalle das Zusammenleben mit ihr schwer. Er ist dreißig Jahre alt, es zieht ihn hinaus ins Weite, zu neuen Ufern seines Wirkens. Er möchte zurück nach Berlin, in die Stadt, wo er mit Hegel vertraut wurde, wo er vor der Begegnung mit der Gräfin Hatzfeldt sein Buch über «Herakleitos, den Dunklen von Ephesos» begonnen hatte. Diese Arbeit, mit der er sich seinen Eintritt in die Welt der großen Gelehrsamkeit verspricht, will er abschließen. Doch da gibt es Hindernisse. Als «Hauptleiter der Umsturzpartei im Rheinland» wird man ihm kein Aufenthaltsrecht in Berlin einräumen. Die Gräfin, die Lassalle gerne nach Berlin mitnähme, da er auf ihre Gegenwart trotz mannigfaltiger kleinerer und größerer Streitigkeiten nicht verzichten kann, scheut zudem den Kampf, den die Errichtung des Berliner Domizils auch für sie mit sich brächte. Lassalle wird ungeduldig, streitet mit Sophie, sie begütigt, hat aber Angst, ihn zu verlieren, und kennt doch die Realität: «Sie sind jung, ich bin alt!» In dem Wunsch, ihre Beziehung durch eine vorübergehende Trennung zu bessern, bricht Ferdinand Lassalle zu einer Reise in den Orient auf und schreibt vor der Abfahrt an Sophie: «Ich werde zurückkehren und ein neues Verhältnis mit Ihnen beginnen, bereichert um die Erfahrung von zehn Jahren!» Wenig später schreibt er ihr aus Italien zum Tode von Arnold Oppenheim: «Gräfin! Es lastet eine große Liebesschuld auf Ihnen. Mein Arnold ist tot! Sie müssen mir alles an Liebe und Freundschaft ersetzen, was ich durch seinen Untergang verloren habe. Wenn ich auch Sie einst verlieren sollte, wäre ich der steinunglücklichste aller Menschen.»

Lassalle, das ewige Kind: Erringen, was ihm nicht geschenkt wird, achtlos wegwerfen, was ihm schenkend dargeboten wird. Sophie, die ewige Mutter: Verzeihen, sich quälen lassen, weggestoßen werden, sich wieder herbeirufen lassen von dem süßen dummen Kind, dem hochintelligenten Wunderknaben, der all die großen Männer in die Tasche steckt.

Ab jetzt fehlt es nicht an brieflichen und persönlichen Zerwürfnissen, Liebesschwüren, Versöhnungen, Versuchen, die alte Beziehung wieder aufleben zu lassen. Lassalle, der «formulierte Mensch», schreibt: «Sie waren und sind immer die Erste in meinem Herzen!» Ein anderes Mal ärgert er sich gerade über Sophies inkonsequentes Verhalten den Kindern gegenüber: «Jedes Mal, wenn Sie bei Ihrer Familie stecken, werden Sie ganz rätselhaft und unbegreiflich.» Der Ärger vermag sich auch zu steigern, das lautet dann so: «Ihre Augen sind ein Prisma, durch welches sich alles in falschen Farben bricht.» Es geht bergab mit Lassalles und Sophies Beziehung. Auch die Lockung Lassalles, er wolle Sophie einen ganz eigenen Zirkel ausgesuchter Freunde in Berlin gründen, in dem sie sich zu Hause fühlen könne, sie möge nur kommen, sooft sie könne, hilft nichts. Immer wieder vertröstet Sophie Lassalle, verschiebt ihr Kommen.

Der Weihnachtsbrief Lassalles aus dem Jahr 1858 deutet einen «endgültigen» Bruch an: «Meine Seele ist matt geworden und sieht ein, daß es nicht mehr geht. Ich ergebe mich also in die Situation, die Sie nun einmal nicht anders wollen, daß unsere intensivere Beziehung, unser kameradschaftliches Verhältnis aufhört und wir in das gleichgültige befreundeter Personen zurücktreten. Schon als Sie voriges Jahr nach Berlin kommen sollten, ging es nicht, Pauls wegen. Nach Wildbad zu Ihnen konnte ich nicht, Pauls wegen. Nach Berlin wieder können Sie jetzt nicht, Pauls wegen. Es wird endlich zu viel Paul … Ich kann nicht einmal mehr etwas für Sie tun, Pauls wegen. Kann ich nichts für Sie tun, haben Sie für mich keine Zeit mehr übrig, Pauls wegen, so können wir uns auch nichts mehr sein.» Seine abschließende Drohung, nun nur noch alle drei oder vier Monate an Sophie zu schreiben, wie man es mit irgendwelchen tiefinnerlich gleichgültigen Freunden tut, hält er nicht aufrecht, denn schon am ersten Weihnachtsfeiertag kommt sein Antwortbrief auf Sophies offenbar verloren gegangenen postwendenden Versuch, das Unheil abzuwenden. Derartig Falsches, was da wieder von der Gräfin angehäuft wurde, kann Ferdinand nicht einfach unwidersprochen hinnehmen, aber er schreibt nach Richtigstellung aller Verdrehungen: «Jeder Mensch und darum auch ich braucht eine Person, die er liebt. Und wie sollte mir irgendjemand jemals die Ihrige ersetzen? Sie sind ein Stück Lebensgeschichte von mir geworden, Sie stellen meine besten zehn Jahre dar. Sie allein kennen mich ganz, verstehen mich ganz … Sie sind mein zehnjähriger Zelt- und Kriegskamerad gewesen, wir haben Unglück und Elend, unerhörte Situationen und unerhörte Prouessen gemeinschaftlich durchgemacht – wie soll ich von alledem nur den hunderttausendsten Teil bei andern Leuten wiederfinden?»

Einmal liest Sophie: «Also seien Sie keine Eule, leben Sie mit mir!», dann wieder: «Sie haben ein furchtbares Ensemble von Fehlern, die sich sonst nie vereint finden!» Zwischen Hoch und Tief, Annäherung und Abstoßung schreiben sich Sophie und Lassalle noch eine ganze Zeit lang hin und her. Wohl wissen sie, dass der eine ohne den andern nicht leben kann, jedenfalls nicht auf Dauer, dass sie «einander für andere verdorben haben». Wohl versuchen sie, voreinander zu fliehen, und der «Seitensprung» erscheint als ein probates Mittel zu diesem Zweck. Sophie versucht beispielsweise, über ein Jahr lang eine Beziehung mit Oberst Wilhelm Rüstow aufrechtzuerhalten, den sie auf einer Reise nach Italien in Zürich kennen gelernt hat. Und Lassalle, der davon weiß, kann es nicht ändern, dass seine eigene Freundschaft zu Oberst Rüstow – über Fragen der Politik naturgemäß – zu Bruch geht.

Lassalle leidet an immer stärkeren syphilitischen Schmerzen. Aus der Aachener Kur im Sommer des Jahres 1860 kann er wieder an seinen «guten, lieben Engel» schreiben, und als er sich in Sophie Sontzeff, eine junge Russin, verliebt, zu der er sich immer im Rollstuhl fahren lässt, denn die Beine haben den Dienst versagt, schreibt er von dieser Leidenschaft begeistert an die Gräfin, ohne jedoch seine altbekannte Formel von der einzigen Liebe Sophie Hatzfeldt zu unterlassen: «Ach, die einzige Person, die ich je geliebt habe, sind doch Sie gewesen, und das habe ich besonders im Jahre 1848 in meiner Kölner Haft sehr deutlich gefühlt!»

Sophie Sontzeff lehnt Lassalles förmlichen Antrag ab, und dies trotz des langen, als «Seelenbeichte» in die Literatur eingegangenen Briefs, jenes funkelnden Pfeils der Liebe und Beredsamkeit, den Ferdinand auf sie abgeschossen hat. Er schreibt: «Sie haben gesehen, daß ich viel für diese Frau gekämpft habe. Jeder Kampf war mir immer angenehm, wenn es sich um sie handelte, und durch jeden Kampf, den ich für sie hatte, wurde sie mir immer teurer.

Ich liebe sie auch mit der Liebe des zärtlichsten Sohnes, der je existiert hat; ich liebe sie wie meine Mutter, nein! ich liebe sie noch dreimal mehr als meine zärtlich geliebte Mutter … Ich liebe sie wie eine treue Waffengefährtin, die mit mir zehn Jahre des Kampfes und der Gefahren geteilt hat.

Ich liebe sie endlich mit philosophischer Liebe, d. h. ich liebe sie als den schönsten Typus des Menschengeschlechts, als den Typus der leidenden Menschheit, wie Christus in meinen Augen für die Sünde der Menschheit gekreuzigt worden ist, und den ich durch die Kraft meines Willens dem Kreuze wieder entrissen habe … Und also, Sophie, weil ich die Gräfin wie ein Sohn liebe, werden Sie, wenn Sie mich zum Manne nehmen, sie auch lieben müssen, wie meine wirkliche Mutter, mit der wahren Zärtlichkeit einer Tochter. Wenn nicht, so würde ich nicht glücklich sein. Ich hoffe, sie bestimmen zu können, bei uns zu wohnen, um alle drei glücklich und vereint zu leben ...»

Vor diesem Hohen Lied mochte eine andere Beziehung wohl keine Chance gehabt haben, und vielleicht war auch die Vorstellung der Dreier-WG keine besonders angenehme für Sophie Sontzeff. Klar ist, dass diese Kur-Leidenschaft, die Lassalle so gern nach dem Modell der von ihm geschaffenen Dramenfiguren Hutten und Marie in seinem «Franz von Sickingen» realisiert hätte, diese Chimäre des Sommers 1860, nur von kurzer Dauer ist, dass Sophie von Hatzfeldt und Ferdinand Lassalle das gesamte Jahr 1861 gemeinsam verbringen, dass es gegen Ende dieser Zeit wieder zum Bruch kommt – Rüstow ist der Grund –, dass Sophie das Weihnachtsfest 1861 mit Rüstow unglücklich in Genua verlebt, dass sie sich mit Lassalle im August 1862 wieder aussöhnt und dass beide nach dem Tode Heyman Lassals Ende Oktober 1862, den beide mit großer Zärtlichkeit liebten, gebeutelt zwar, doch aneinander geschweißt aus der Krise hervorgehen. Für Lassalle, den seine Anhänger immer noch, vielleicht jetzt, da er den Allgemeinen Deutschen Arbeiterverein gründet, mehr denn je umringen, wird immer deutlicher, wie einsam er im Grunde ist, wie unverstanden im Innern. Wer ihm bleibt, wer ihn begreift, ist allein Sophie. Eines jedoch vermeiden die beiden von nun an: die gemeinsame Wohnung. Seit der Beziehung zu Sophie Sontzeff hat sich nämlich in Ferdinands Konzept «Ich und meine Beziehung zu den Frauen» ein neues Element als Idée fixe eingeschlichen: Neben seiner unüberbietbaren Liebe zu Sophie Hatzfeldt, neben den «speziellen Freundinnen» braucht er ein Eheweib.

Sommer 1864. Lassalle hat eine anstrengende Agitationsreise für den ADAV hinter sich und wendet gerade eine neuartige Molkenkur auf dem Rigi an. Er ist verliebt – vor zwei Jahren haben sie einander kennen gelernt, Ferdinand und die damals neunzehn Jahre alte Diplomatentochter Helene von Dönniges. Es kommt Ferdinand gerade so vor, als habe er seinen «Goldfuchs» die ganze Zeit nicht vergessen. Sogleich berichtet er der Gräfin in flammenden Briefen von ihr, und wenige Tage später verlobt er sich mit ihr. Die sehr konventionell orientierten Eltern und eine seit frühen Jugendtagen bestehende Verlobung Helenes mit dem walachischen Studenten Janko von Racowitza stellen offenbar keinen Hinderungsgrund dar. Eine Entführung der zweifachen Braut wird ebenfalls ins Auge gefasst, sollte Helenes Versuch, bei ihren Eltern die Erlaubnis zu dieser neuen Verbindung gütlich durchzusetzen, fehlschlagen. Helene reist nach Genf und erklärt der Mutter ihre Liebe zu Lassalle. Ein Donnerwetter prasselt auf sie nieder: Was? Den Roten, den Juden, den Kassettendieb? Unsere Familie! Deine Schwester – Braut eines Kayserlingk, und du?

Helene entflieht in die Genfer Pension Bovet – in die Arme Lassalles, so denkt sie. Dieser jedoch ist weit davon entfernt, die besprochene Nacht-und-Nebel-Aktion auszuführen. Er hat sich in den Kopf gesetzt, der freiwillig aufgenommene Schwiegersohn im Hause Dönniges zu werden. Und was er sich in den Kopf gesetzt hat, hat er noch allemal erlangt. Also: Depeschen, Briefe, Depeschen, Gespräche, die Gräfin wird eingeschaltet, Rüstow (alles Trennende ist vergessen), der Züricher Freund Herwegh, Richard Wagner, Bischof Ketteler, der König von Bayern (die Dönniges sind Bayern). Lassalles Absicht ist, der inzwischen unter Kuratel stehenden Helene zu einer freien, nicht der Nötigung entsprungenen Willensäußerung in Bezug auf ihn zu verhelfen. Dienstboten wollen beobachtet haben, wie Vater Dönniges seine Tochter an den Haaren über den Parkettboden schleifte, wie sie Lassalle abschwören musste und der Vater ihr den Abschiedsbrief an Lassalle diktierte. Er rast, schäumt, kämpft, verfällt innerhalb eines Monats zusehends, und obwohl alle Hilfsaktionen planmäßig statthaben, endet Lassalles Handeln diesmal im Misserfolg: Der Goldfuchs hat seine Meinung geändert. Helenes unermessliche Liebe zu Lassalle ist unter der Wucht der väterlichen Autorität eingegangen. Sie lehnt jede Aussprache ab und fragt schnippisch: «Was will er noch?»

Eine solche Sinnesänderung war von Lassalle nicht einkalkuliert und macht ihn, so glaubt er, nach dem politisch-diplomatischen Budenzauber, den er veranstaltet hat, lächerlich. Er glaubt, nur noch im Duell Satisfaktion erlangen zu können, und also bezeichnet er Helene von Dönniges öffentlich als Dirne. Statt des alten Dönniges tritt der Schwiegersohn in spe, Janko von Racowitza, gegen Lassalle an. Kein Mensch, selbst die Gräfin nicht, kann Lassalle in diesen letzten Tagen mehr nahe treten, er verrät ihr, deren Einwände er nicht mehr hören mag, auch nicht Ort und Zeitpunkt der Begegnung.

Racowitza schoss zuerst und verletzte Lassalle im Unterleib. «Ein Sauschuss», sagte Rüstow. Lassalles Schuss fehlte. Nach drei Tagen der aufopferndsten Pflege durch die Gräfin, die die berühmtesten chirurgischen Kapazitäten an Lassalles Bett im Hotel Viktoria zitiert hat, verstirbt der Arbeiterführer am 31. August 1864. Am Ort des Duells in Carrouge bei Genf, heute ein Golfplatz, kündet ein Gedenkstein von Lassalles Ende.

Sophie von Hatzfeldt überlebte Ferdinand Lassalle um mehr als sechzehn Jahre. Sie, die sich immer gewünscht hatte, er möchte ihr dereinst die Augen zudrücken, hatte mitansehen müssen, wie sich «ihr liebes Kind» zugrunde richtete. Hatte sie zu Beginn der Helenen-Affäre die Beziehung gefördert, so sah sie im Augenblick von Helenes Sinneswandel ein, wie sehr sich Lassalle verrannt hatte. Mit Takt und Einfühlsamkeit versuchte sie bis zuletzt, ihn zu retten. Sophie von Hatzfeldt ist es auch, die auf ihre Kosten die Leiche einbalsamieren und Totenfeiern abhalten lässt. Sie verwaltet Lassalles «Erbe», tritt für seine Prinzipien ein und setzt sich mit siebzig Jahren immer noch politischen Flügelkämpfen und Streitigkeiten um die Führung im ADAV aus. Sie bleibt, was sie seit 1846 gewesen war: die einzig wahre Lassalleanerin, Ferdinand Lassalles bester Freund. Sophie von Hatzfeldt stirbt am 25. Januar 1881 im Wiesbadener Hotel Adler an Lungenentzündung.

Kampf bis
zum letzten Akt.

Giuseppe Verdi und
Giuseppina Strepponi

Mit dem festen Willen, an der Mailänder Scala als Opern-
komponist zu reüssieren, verlässt Giuseppe Verdi am 6. Februar 1839 das heimatliche Busseto. Er weiß genau, welchen
Mann er für sich einnehmen muss: Bartolomeo Merelli ist
einer der vier mächtigsten Opernimpresari Europas. Verdi
hat die bemerkenswerte Karriere studiert: Als Silberdieb
beim Conte Moroni hat Merelli begonnen, musste Hals
über Kopf fliehen und ist, nach allerlei Durchgangsstatio-
nen, seit 1836 Pächter sowohl der Scala wie des Kärntner-
tortheaters in Wien. Die Scala hat er in drei Jahren zu einem der besten Opernhäuser Europas gemacht. Bei Merelli
singen die großen Stimmen der Zeit, die Malibran, die
Brambilla, die Pasta und die Ungher. Jetzt die Strepponi. Es
wird gemunkelt, die neue Primadonna sei Merellis Geliebte.
So führt der Weg zu Merelli über die Strepponi? Bellini,
Rossini, Donizetti, Pacini – alle großen Komponisten
schrieben und schreiben für Merelli. Wird er auch «Oberto» geben, die erste Oper von Giuseppe Verdi?

Verdi ist verheiratet. Sein erstgeborenes Kind ist, noch
ein Baby, vor wenigen Wochen gestorben. Das lose Thea-
terleben interessiert Verdi nicht besonders. Er will Opern

schreiben. Der Weg zu Merelli aber führt über die Strepponi. Ihre Stimme ist schön, ihre Triller sind gerühmt. Verdi nimmt sich vor, die Primadonna für sich einzunehmen. Wenn er das schon hört: Primadonna! Er kommt vom Land, da gibt es solche Mätzchen nicht, die diese Frauen treiben, wandelnde behängte Kronleuchter sind sie, meistens dumm, ungebildet, eitel und intrigant. Verdi hat Vorurteile.

Giuseppina Strepponi wurde 1815 in Lodi geboren. Sie ist zwei Jahre jünger als Verdi. Ihr Vater war Maestro di cappella an der Kathedrale von Monza und komponierte auch. Mehr schlecht als recht. Mit fünfunddreißig Jahren starb er und hinterließ seine vier Kinder in völliger Armut. Giuseppina mit der schönen Stimme, die Älteste, hatte gerade zwei Jahre zuvor ihr Gesangsstudium am Mailänder Konservatorium begonnen, demselben Institut, das den jungen Verdi einige Jahre zuvor abgelehnt hatte. Mit siebzehn darf Giuseppina dem Himmel für ein Stipendium danken, das ihr erlaubt, das Studium in zwei weiteren Jahren abzuschließen. Ihr Weg ist vorgezeichnet: so bald wie möglich Geld verdienen, um die halbwüchsigen Geschwister ernähren, ihnen eine Ausbildung verschaffen zu können. Giuseppina Strepponis Karriere als Sängerin ist kurz und steil. Der Impresario Lanari entdeckt sie und empfiehlt sie nach kurzer Zeit an Merelli weiter, den Schinder. Die junge Frau wird, wie alle Sänger damals, wie viele Sänger heute, rasch verschlissen. Den Impresario interessieren allein Erfolg und Geld. Er fragt nicht danach, ob die Frau, die er von einem Opernhaus zum anderen hetzt, zufällig gerade ein Kind erwartet. Sie braucht das Geld, das weiß er. Er weiß auch von dem Pech, das seine Primadonna mit dem windigen Moriani gehabt hat, dem «Tenor des schönen Todes» und Familienvater, der daher der Strepponi fast nichts zahlen kann für den kleinen

Camillino, den sie Anfang 1838 zur Welt brachte. Eine Theaterliebe eben. Die allerdings die Strepponi fast zur Verzweiflung bringt. Heiratspläne werden geschmiedet und zerschmelzen ebenso schnell wieder im Nichts, die Strepponi arbeitet wie eine Wilde, sie ist ja ganz auf sich gestellt. Eine Primadonna, vom Luxus verwöhnt, ist sie bestimmt nicht.

Der Weg zu Merelli führt über die Strepponi. Fast widerwillig lernt Verdi die vierundzwanzig Jahre alte Frau kennen. Und er ist verblüfft. Ihre Stimme war wohl in der Presse als «von großer Klarheit, schlackenlos, klangschön» beschrieben worden, und dafür ist Verdi über die Maßen empfänglich. Aber sie selbst! Er findet eine Frau, die ganz anders ist, als er sie sich vorgestellt hat. Die Strepponi ist bezaubernd, wenn auch nicht eigentlich schön. Etwas zu klein ist sie, aber wohlproportioniert. Der lachende Mund steht in eigentümlichem Kontrast zu den nachdenklichen Augen, ihr expressives Gesicht und ihre geschliffene, zuweilen ironische Rede schlagen in Bann. Dabei bleibt sie einfach, bescheiden und natürlich. Eigentlich hasst sie das Theater. Sie liest viel, wenn es ihre Zeit erlaubt, spricht Fremdsprachen. Nur in zwei Punkten passt Giuseppina in das herrschende Muster ihres Berufsstands in der ersten Hälfte des 19. Jahrhunderts: in ihrer Vorliebe für wertvolle Armbänder und der fast krankhaften Zuneigung zu Tieren. Verdi nimmt all dies wahr und weiß ziemlich bald, diese Frau hat ein gutes Herz und viel, sehr viel Musikverstand. Sie wiederum weiß eines genau, als der junge Mann ihr sein historisches Liebesdrama «Oberto» vorlegt: Giuseppe Verdi ist ein genialer Komponist. Wie alle, die ihm begegneten, ist auch sie beeindruckt von den tief in den Höhlen liegenden Augen Verdis «mit ihrem langen Blick, der wie von weit her zu kommen scheint und der beim plötzlichen Aufblitzen grünlich leuchtet, dann aber gleich wieder ganz schwarz wird», und eigentümlich berührt sie das etwas raue, bäuerische Wesen Verdis, das in merkwürdigem Widerspruch zur Differenziertheit seiner Musik steht. Die für sie vorgesehene Partie der verführten Tochter Leonora entzückt die Sängerin. Begeistert geht sie mit dem jungen Komponisten das Werk durch und macht ihn auf Mängel aufmerksam. Ohne dass Verdi eine Bitte äußern müsste, setzt sich die Strepponi bei Merelli für «Oberto» ein. Mit dem Impresario wird Verdi schnell handelseinig. Die Proben laufen an, die Oper wird umgearbeitet. Da stirbt völlig unerwartet auch Verdis zweites Kind, der erst ein Jahr alte Icilio. Verdi darf sich unter keinen Umständen dem Kummer hingeben, denn Merelli verlangt alles von ihm. Am 17. Oktober 1839 wird «Oberto» uraufgeführt.

Sogleich fordert Merelli von Verdi eine neue Oper, diesmal eine komische. Doch die Sorge um seine seit dem Tode des zweiten Kindes in Apathie versinkende Frau macht Verdi die Arbeit an der neuen Oper fast unmöglich, und nur recht und schlecht kann er «Un giorno di regno» beenden. Verdi braucht das Geld für die Pflege seiner Frau, die im Juni 1840 an Hirnhautentzündung stirbt. Der Kummer macht ihn willenlos, er zieht sich für Monate nach Busseto zurück, bis es schließlich Merelli gelingt, Verdi zu überreden, wenigstens einen Blick in das schöne Libretto «Nabucodonosor» zu werfen. Unwillig nimmt Verdi es mit, doch der Zauber des Stoffes, die Musikalität der Sprache überwinden die inneren Widerstände. Ganz langsam, wie ein Mensch, der nach monatelangem Krankenlager das Gehen wieder erlernt, beginnt Giuseppe Verdi «Nabucco» zu komponieren. Das Leben, es ist die Musik, bemächtigt sich seiner. Dass er vor kurzem noch Familienvater war, erscheint ihm als schattenhaftes unwirkliches Dasein, zu ihm nicht passend – sein Leben ist das der Gestalten, die er schafft, ist ein Leben großer Leidenschaften, umgesetzt in Tonfolgen, Klangfarben, Arien und Chöre. Gelebte Emotionen haben in seinem Leben keinen Platz mehr, so glaubt er jedenfalls.

Und Giuseppina Strepponi? Sie hat den Mann, der schon einmal ihr Unglück war, wiedergetroffen. Zu Karneval 1841 in Verona. Den Tenor Moriani. Und Giuseppina erwartet sogleich ein zweites Kind. Wieder keine Rede von Heirat, geschweige denn von Unterhaltszahlungen. Die Desillusionierung der Strepponi ist jetzt komplett. Einzig Verdis Bitte, in der Uraufführung von «Nabucco» die Abigail zu singen, heitert sie auf. Allerdings wird ihr angegriffener Gesundheitszustand durch die Schwangerschaft weiter beeinträchtigt, schlimmer noch: Ihre Stimme ist bei weitem nicht mehr, was sie war.

Noch zieht sie keine Konsequenzen. Ein Gastspiel in Genua, dann Probenbeginn für «Nabucco». Verdi ist tief erschüttert über ihren Zustand. Die schwierige Partie liegt weit über ihren jetzigen Möglichkeiten. Man müsste die Abigail im Grunde neu besetzen. Merelli zwingt ihn jedoch, «Nabucco» mit Giuseppina Strepponi zu inszenieren. Und so geht am 9. März 1842 die Premiere über die Bühne. Alles aber, was die Biographen später von Giuseppinas Triumph in dieser Oper erzählten, ist unrichtig. Sie war die einzige Sängerin, die keinerlei Szenenapplaus erhielt. Die erste Freiheitsoper des nun neunundzwanzigjährigen Maestro, die mit «Va pensiero», dem Gefangenenchor der Juden im babylonischen Exil, den politischen Freiheitswillen der Italiener zum Ausdruck brachte, wurde zu einem großen Erfolg, obwohl die Strepponi völlig versagte. So sieht sie es selbst, so sieht es Verdi, so muss es nun auch Merelli sehen, der sie bittet, ihre folgenden Engagements zu überdenken, sich vor allem jedoch dem Urteil eines Ärztekonsiliums zu stellen. In einem Brief vom 14. März 1842 schildert die Strepponi das Ergebnis der Untersuchung: «… nach ausgiebiger Begutachtung haben die Teilnehmer einstimmig erklärt, ich würde an Schwindsucht sterben, wenn ich nicht unverzüglich meinen Beruf aufgäbe. Ich muß mich diesem Urteil beugen, das mir und meiner unglücklichen Familie die Existenzgrundlage entzieht, aber so Gott will, werde ich wenigstens mein Leben retten.» Während Verdi mit «Nabucco» seinen ersten großen Erfolg feiert, während er über Nacht zu einem gern gesehenen Gast in den großen Salons von Mailand avanciert, ein Mann à la mode wird, nach dem Krawatten, Hüte und sogar Saucen benannt werden, sieht die Strepponi ihren Stern im gleichen Augenblick abrupt sinken. War nicht vor drei Jahren noch alles genau umgekehrt gewesen? Giuseppina beschließt, ein Jahr lang nicht aufzutreten, und erhofft sich danach ein Comeback. Ende 1844 versucht sie sich erfolglos als Elvira in Verdis Oper «Ernani», als Abigail tritt sie am 11. Februar 1846 zum letzten Mal öffentlich auf.

In den «Jahren der Galeere» komponiert Verdi in kurzer Zeit sechs Opern, die heute alle mehr oder weniger vergessen sind. Sein Kontrakt verlangt ihm dieses rasche Arbeiten unter Termindruck ab. Nach Jahren ununterbrochener Arbeit ist er endlich ein reicher Mann und damit, was er sich immer so sehnlich gewünscht hat: frei. Da trifft ihn die Nachricht, Giuseppina Strepponi, mit der er nach wie vor in freundschaftlichem Kontakt steht, wolle Italien verlassen und in Paris eine Schule für Gesang gründen. Jeder Mensch ist frei, gewiss, aber gehört Giuseppina nicht wie ein guter Engel zu seinem Leben? Er schreibt ihr einen Brief, in dem er sie bestürmt zu bleiben. Giuseppina, die Kluge, bleibt hart, reist ab, hat zum zweiten Mal beschlossen, ihr Leben in die Hand zu nehmen. Den Brief jedoch, den Verdi ihr damals schrieb und den nie ein anderer Mensch las, trägt sie viele Jahre später, als man sie begräbt, dicht auf ihrem Herzen.

Verdi, der Zauderer, bleibt in Mailand zurück, hört, dass Giuseppinas Gesangskurse großen Zulauf haben, dass sich ihr Leben in Paris offenbar gut anlässt. Im Februar 1847 kann sie es sich leisten, nach Florenz zu fahren und den dort aufwachsenden Sohn Camillino zu besuchen. Sie sieht auch Verdi, der die Proben zu «Macbeth» beaufsichtigt. Im Frühjahr 1847 tritt Verdi die erste Urlaubsreise seines Lebens an. Er besucht etliche Städte in Deutschland und Belgien, dann Paris. Giuseppina. Man darf sich also, trotz des undurchdringlichen Schweigens, das sich die beiden aus Angst vor schädlichem Geschwätz auferlegt haben, vom Datum des berühmten Briefs an die Beziehung als intensiviert vorstellen. Verdi beschließt daraufhin, sich nicht mehr von Oper zu Oper hetzen zu lassen. Der Herbst des Jahres 1847 gehört Peppina. Am Jahresende lebt das Paar offiziell zusammen. Keine jugendlich-rauschhafte Verliebtheit erfüllt sich für die beiden, vielmehr eine skeptisch und zögernd akzeptierte Liebe, die beide ihrem Schicksal abgetrotzt haben.

Acht Jahre kennen sie einander jetzt, acht Jahre, in denen beide genug Gelegenheit hatten, den anderen kennen zu lernen, ihn zu schätzen und zu lieben. Möchte man meinen. Stattdessen folgten in dieser Zeit auf jede Annäherung des einen ungerichtete Fluchtbewegungen des anderen, krampfhafte Versuche, dem Verhältnis den Anschein einer Kollegenfreundschaft zu lassen. Der Grund für dieses Vogel-Strauß-Spiel uneingestandener Liebe? Angst. Bei Verdi die

Angst vor der Erkenntnis, dass diejenige, die ursprünglich nur eine Stufe auf seiner Karriereleiter darstellen sollte, von Anfang an, noch als Margherita Barezzi lebte, von ihm geliebt wurde, von ihm, der laut eigener Definition nur einmal geliebt hatte und seitdem zu tieferen Gefühlen nicht mehr fähig war. Bei Giuseppina die Angst, dass ihre Gefühle, die sie dem Komponisten schon so lange entgegenbringt, nicht in entsprechender Weise erwidert werden; die Angst, wieder und wieder enttäuscht zu werden; die Angst, alles auf eine Karte zu setzen und womöglich alles zu verlieren, auch die hart erkämpfte Selbständigkeit. Verdi, dem seit dem Untergang seiner Familie der Pessimismus der beste Freund geworden ist, klammert sich 1847 an Peppina, die seit der Leidenschaft für Moriani und deren Folgen häufig mit ihrer Melancholie zu kämpfen hat.

Das Wunder gelingt. Ihr wacher Verstand und seine moralische Integrität, ihre Originalität und seine Zuverlässigkeit, ihre Konzilianz und sein gutes Herz gehen eine Verbindung ein, die immer wieder Stürmen standhalten muss, aber ein Leben lang halten wird. Mit gegenseitiger Achtung kommen sie einander näher, und vorsichtig erkunden sie die Grenzen der möglichen Intimität. Es gibt kein opernhaftes Sehnen, Weinen, Zagen, Fordern, kein Getue. Im Gegensatz zu der theatralischen Expressivität, die Verdis Werk kennzeichnet, ist der Lebensraum der Liebe dieser beiden ein Raum der Stille und Beschaulichkeit. Peppina sieht auch jetzt keinen Anlass, den kleinen Camillino zu sich zu nehmen. Als sei das Thema Familie nach den für beide traumatischen Erfahrungen tabuisiert, kommt dergleichen nicht infrage. Auch von Heirat wird nicht gesprochen. Besser, man rührt nicht daran, man lebt doch gut, warum muss alles in eine Form gegossen werden? Peppina wäre nach ihrer

Entscheidung für die Liebe zu Verdi wohl gern Signora Verdi geworden, insbesondere das Gerede der Leute macht sie unsicher und traurig, aber sie besitzt ein zu ausgeprägtes Taktgefühl, um ihre Sehnsucht zu äußern. Dass sie die Wichtigste im Leben des Maestro ist, spürt sie ja, gerade jetzt, wo er in einer Schaffenskrise steckt. Paris ist nicht mehr der Ort, an dem Verdi nun leben möchte. In Italien gilt es, die Freiheitsbewegung zu unterstützen. Zugleich träumt der Komponist von einem Leben als Bauer. Er überredet Peppina, mit ihm nach Busseto zu ziehen. Von dort will er das im patriotischen Rausch erstandene Landgut Sant'Agata bei Villanova d'Arda am Po herrichten. Peppina hat ihre Freiheit derjenigen Verdis, ihres «Mago», ihres «Pasticcio», geopfert. Es ist ihr leicht gefallen. Sie vermochte auf eigenen Füßen zu stehen, und ebenso vermag sie es jetzt, ihre Interessen denen Verdis unterzuordnen. Besonders im Winter jedoch, wenn Verdi monatelang abwesend ist und Opern einstudiert, leidet sie unter der Einsamkeit von Sant'Agata. Mitreisen? Das Paar ist unverheiratet, das Gerede wäre unvorstellbar.

Nein, Peppina sieht sich von jetzt an in der Rolle des «Livello», des Plagegeists, der dem Maestro die teure Zeit stiehlt. Natürlich hilft sie ihm auch: Sie verwaltet das Haus, sie führt einen großen Teil seiner Geschäftskorrespondenz, und sie versucht, den «Bären von Busseto» etwas zu vermenschlichen. Ihr umfangreicher Briefwechsel mit Verdi zeigt, wie oft der Maestro abwesend war. Und jede neue Reise ist schlimmer als die vorige. Nichts hilft ihr in den langen Einsamkeitsperioden. Über vieles tröstet sie allerdings das Schönste hinweg: Wenn eine eben komponierte Arie erklingen soll, ist immer sie es, die sie zum ersten Mal singt und ihr Urteil abgibt.

Tatsächlich, Verdi komponiert wieder, 1851 den «Rigoletto». Er arbeitet jetzt intensiv an den Libretti, was der Übereinstimmung von Text und Musik zugute kommt. 1852 sieht er mit Peppina zusammen die Uraufführung der Bühnenfassung der «Dame aux camélias» von Alexandre Dumas (Sohn) und weiß sofort: Dieses Stück muss eine Verdioper werden. Wie im Rausch schreibt er den Klavierauszug der Oper, seines ersten unpolitischen Melodrams, in sechs Wochen nieder: «La Traviata». Nicht von ungefähr weht es uns merkwürdig bei der Vorstellung an, dass es Peppina war, die Verdi die Arien der Violetta vortrug. Die Liebe, die für Violetta Freude und Leid war, «croce e delizia», wird in dieser Oper zur reinen Musik, zur fühlbaren Gestalt. «La Traviata» ist das völlig glaubwürdige Ineins der verschiedensten Gefühlsäußerungen, vom morbid-frenetischen Überschwang des Anfangs zur himmelhohen Liebe, zum Umschlagen in Eifersucht, Hass, Verzweiflung, Todessehnsucht und -flucht, schließlich zur spirituellen Läuterung. Es ist die gesamte Skala, die der Maestro in dieser mittleren Schaffensphase in all ihren Schattierungen beherrscht, als habe er alle Erfahrungen erst durchleiden, als habe er seine Traviata Peppina erst wirklich lieben müssen, um zur künstlerischen Vollkommenheit zu gelangen. Was für Violetta die endlich angenommene Strafe für ihren zuvor mehr als zweifelhaften Lebenswandel ist, der Schwindsuchtstod in den Armen des endlich herbeigeeilten Alfredo («E tardi!»), das ist im mittlerweile höchst komfortablen Hause Verdi das empathische Verständnis, ein verstohlenes Tränenabwischen bei Peppina, ist musikalisch sublimierte Bewältigung beim Maestro: Sie haben es wirklich, wenn auch knapp geschafft!

Allerdings: Dieses endlich wohl situierte Paar – Giuseppe und Giuseppina haben im Jahre 1859 doch noch, diskret und verschwiegen in der Kirche eines savoyischen Dörfchens, einander das Jawort gegeben – geht wieder stürmischen Zeiten entgegen. Peppina belasten die Kinderlosigkeit ihrer Ehe, die langen Perioden der Einsamkeit, die Wutausbrüche des Maestro und seine Anfälle enormer Pedanterie. Verdi ist seit dem Tod seines Vaters und des früheren Schwiegervaters Antonio Barezzi, der im selben Jahr starb, sehr melancholisch geworden. Eine Besserung seiner Stimmung tritt erst ein, als das Leben mit Peppina plötzlich und grundsätzlich infrage gestellt erscheint.

Auftritt Theresa Stolz. Verdi kennt die aus Böhmen stammende Sopranistin schon länger. Im Februar singt sie die Hauptrolle in der überarbeiteten Fassung von «Die Macht des Schicksals». Sie ist groß, stattlich und sehr attraktiv. Auf der Bühne strahlt sie. Verdi spricht von ihr als der Unvergleichlichen. Im September lädt der Maestro die Stolz nach Sant'Agata ein. Innerhalb von nur vier Monaten hat er «Aida» komponiert. Theresa Stolz ist Aida. Vier Tage nach Abreise der Sopranistin schreibt Peppina, zum ersten Mal, an Theresa: «Ich möchte Sie wieder umarmen, weil ich Sie liebe und mich von Ihrem offenen, aufrichtigen und würdigen Wesen angezogen fühle.»

Peppinas Haltung wirkt überlegen, strategisch, und doch ist sie tief getroffen. An eine Vertraute schreibt sie: «Es gibt immer einen Teil unseres Unglücklichseins, für den wir uns selber die Schuld geben müssen, doch es gibt auch einen weiteren, größeren Teil, den wir dem Schicksal und der Güte der Menschen verdanken. Wenn ich … ‹Geduld!› sage, dann füge ich ‹Mut!› hinzu, um den Kampf fortzusetzen.» Peppinas Kampf beginnt in vollendetem Stil, ihre Mittel sind die einer Dame, doch sie bleibt unglücklich. Besonders unglücklich macht sie die umjubelte «Aida»-Premiere vom 8. Februar 1872, bei der ihr Mago neben der Stolz zweiunddreißig Mal vor den Vorhang treten muss. Verdi besucht Mailand inzwischen so häufig, dass Peppina spitz meint: «Wenn das so weitergeht, könnte sich Verdi genauso gut eine Monatskarte nach Mailand kaufen.» Die Langmütige verliert jetzt des Öfteren die Geduld. Einmal liest sie während einer Abwesenheit Verdis heimlich die vielen Billetts aus Mailand und bringt auf der linken oberen Ecke des Briefs vom 15. August 1872 eine Bleistiftbemerkung an: «Sechzehn Briefe!! In so kurzer Zeit!! Welche Betriebsamkeit!!!» Im Mai noch hatte sie ihrer neuen Freundin Theresa nach einem Besuch in Sant'Agata einen freundschaftlichen Brief geschrieben, der Theresa auf einen lebenslangen Bund mit dem Ehepaar Verdi einschwören sollte, im Juni und Juli war dann wieder die Verlassenheit über sie gekommen. So wechseln in ihr von jetzt an der rational bestimmte Wunsch, Theresa als Freundin in das gemeinsame Leben einzubeziehen und sie damit zu entschärfen – die einzige Lösung, die sie sicher macht, Verdis Liebe nicht ganz zu verlieren –, mit der Angst, dem Kummer und dem Gefühl, alt zu sein, weggeworfen zu werden. Vielleicht war es der sensationslüsterne Artikel der «Rivista Independente» gewesen, der Peppina endgültig verbittert hatte? Darin wurde das Liebespaar Verdi/Stolz geschildert, wie es, bequem nebeneinander ausgestreckt, auf einem Pariser Hotelsofa liegt. Theresa fühlte sich immerhin zu einem verlegen-zornigen Schreiben an Peppina genötigt, das diese mit einem ihrer großen Briefe beantwortet. Sie schreibt: «Für Sie werden wir dieselben bleiben, solange wir leben», und: «Uns werden Sie nie im Weg sein, solange Sie und ich die aufrichtigen und loyalen Menschen bleiben, die wir sind.»

Peppina leidet lange und erträgt viel, sie erträgt sogar

eine hässliche Szene, die von einem alten Gärtner auf Sant'Agata kolportiert wurde. Da habe sich die Sängerin Stolz zwei Monate auf dem Gut aufgehalten, ohne an Abreise zu denken. Bis es der Signora Peppina zu bunt wurde und sie Verdi die Pistole auf die Brust setzte. Sie soll gesagt haben: «Entweder diese Frau geht, oder ich gehe!» Zur Antwort hörte sie angeblich vom Maestro: «Diese Frau bleibt, oder ich schieße mir eine Kugel durch den Kopf.» Wer damals abreiste, war die Signora Peppina. Erst 1876 ist es so weit, Peppinas Krallen sind gewachsen, zum ersten Mal in ihrer langen Beziehung zu ihrem Mago verliert sie die Contenance und macht ihm Vorwürfe, stellt definitive Forderungen, es fällt das Wort von der «ménage à trois»: «Denke manchmal daran, daß ich, deine Frau, zwar den Klatsch von ehedem verachte, aber auch gegenwärtig ein Leben zu dritt führe und ein Anrecht habe, wenn schon nicht auf deine Zärtlichkeit, so doch wenigstens auf deine Achtung. Ist das zu viel verlangt?» Die Antwort Verdis auf diesen Brief liegt in den Privatarchiven unter Verschluss, aber auch hier sprechen die Fakten. Sieben Wochen nach Abfassung des Briefs reist Theresa Stolz für ein halbes Jahr nach Russland. Nach ihrer Rückkehr tritt die Sängerin von der Bühne ab und wird im Leben Verdis zu dem, was Peppina ihr schon lange suggeriert hatte: zur Hausfreundin, die man zum Silvestertag einlädt, zum Inventar, zur ungefährlichen Hintergrundfigur. Peppinas Kampf ist ausgestanden. Es hat sich für sie gelohnt, die vornehme Zurückhaltung und Überlegenheit im entscheidenden Augenblick über Bord zu werfen und ihre Gefühle preiszugeben: Wut, Angst vor dem Verlust ihrer Liebe. Bald kann sie ihrem «Mago» schreiben, sie empfinde für ihn wieder ihre frühere Zuneigung und Verehrung oder sie liebe ihren «Pasticcio» noch immer mit «wahnsinniger

Zuneigung». Als Peppina am 14. November 1897 als Zweiundachtzigjährige an einer Lungenentzündung stirbt, soll Verdi «schweigsam, aufrecht und unfähig zu sprechen» gewesen sein. In ihrem letzten Willen wünscht sich Giuseppina Verdi ein einfaches Begräbnis und bedenkt fünfzig bedürftige Familien mit Zuwendungen aus den Zinsen ihres Kapitals. Das Vermögen fällt an Verdi. Als Vermächtnis erhält die Freundin Theresa Stolz unter anderem ein Armband, «römische Arbeit, mit dem Wort ‹Souvenir› in kleinen Brillanten». Der letzte Satz des Testaments ist Peppinas letzte Liebeserklärung an Verdi: «Und nun leb wohl, mein Verdi. Wie wir im Leben eins gewesen sind, möge Gott unsere Seelen im Himmel wieder zusammenführen.»

In den folgenden Jahren ordnet Verdi seine irdischen Besitztümer, er kümmert sich um seine berühmten Stiftungen, Armenasyle, Heime für Blinde, Taubstumme, Rachitiskranke, arme Kinder und schließlich sein Lieblingsprojekt, die «Casa di riposo», das Altersheim für arme Musiker in Mailand. Verdi sieht noch Freunde, aber er komponiert nicht mehr. Und von Musik darf keiner in seiner Gegenwart sprechen. Die, für die er alle Arien schrieb, Gefühle in Töne setzte, hört ja nichts mehr. Verdi hat Peppina um drei Jahre überlebt.

Wütendes Schicksal und
ein reines Herz.

Claude Monet und
Alice Hoschedé

Im Herbst 1876 folgt Claude Monet einer Einladung, die sein Leben verändern wird. Er soll im Landhaus des Ernest Hoschedé Türpaneele mit dekorativen Elementen ausmalen. Ernest Hoschedé ist ein großer Freund der impressionistischen Kunst und hat bereits Sisley und Manet in seinem Château de Rottenburg empfangen. Der Chef des Pariser Warenhauses Au Gagne-Petit an der Avenue de l'Opéra gilt als schwerreicher Mann. Vom künstlerischen Standpunkt aus gesehen, verdient der Auftrag keine Erwähnung. Monet, der Maler der Dame im grünen Kleid, der Damen im Garten, des Sonnenaufgangs über der Seine, wird in Rottenburg Jagdmotive und Rosenbouquets auf die Türfüllungen werfen. Keine Frage, die nackte Not und die Dankbarkeit gegenüber dem generösen Mäzen treiben ihn dazu. Er weiß nicht, wie er Brot und das Dach über dem Kopf für seine Frau Camille und den kleinen Jean bezahlen soll.

Dabei war das siebziger Jahrzehnt nach dem armseligen Leben in den sechziger Jahren Monet zunächst in den heitersten Farben erschienen, seine Kunst fand nach Jahren des Kampfes endlich Anklang, er konnte von ihr leben, sich nach seinen Vorstellungen mit Frau und Kind ein größeres

Haus mieten und zum ersten Mal, seitdem er Maler war, das lange vermisste bourgeoise Wohlergehen, das er von Jugend auf gewohnt war, genießen. Sechs Jahre lang wird er im damals romantischen Argenteuil an der Seine bleiben und seine Motive in der Umgebung finden. Daubignys Beispiel folgend, rüstet er ein Boot zum schwimmenden Atelier um. Auch für das Paar Claude und Camille sind die Jahre von Argenteuil die glücklichsten.

1875 dann hatte Monets Kunsthändler Paul Durand-Ruel wie viele andere Kaufleute auch erhebliche Geldverluste hinzunehmen, was ihn zwang, das Bilderkaufen vorübergehend einzustellen: Das Atelierboot von Argenteuil beginnt zu schwanken. Was tun? Monet besinnt sich auf die früher erprobten Bettelbriefe, er geht Manet einmal um zwanzig Franc an, dann um sechzig; Brot und Fleisch kann er nicht mehr bezahlen, die Bedienten hat er entlassen müssen. Zu allem Übel bemerkt Camille, dass sie zum zweiten Mal schwanger ist. Das Paar ist verzweifelt – noch ein Kind, jetzt, da die Hausbesitzerin droht, sie vor die Tür zu werfen. Camille entscheidet allein, denn Monet fühlt sich nicht zuständig, dieser ungewollten Schwangerschaft ein Ende zu machen. Sie vertraut sich unkundigen Händen an, behält innere Verletzungen und ist seit Juli 1875 eine kranke Frau, die sich nur unvollkommen erholt und keiner Belastung mehr gewachsen ist. Der Freund Manet sinnt auf wirksamere Hilfe, als es kleine Geldsendungen in diesem Augenblick sein können. Er möchte die Malerfreunde an neue Mäzene vermitteln und denkt hier in erster Linie an Ernest Hoschedé.

Hoschedé war eine markante Persönlichkeit jener Tage, äußerst korpulent, mit stark wucherndem Bart, etwas verkniffenen Augen, einer hervorstehenden Unterlippe – man dürfte ihn hässlich genannt haben. Daneben war er großzügig bis zur Verschwendung und besaß einen sehr entwickelten Sachverstand auf dem Gebiet der zeitgenössischen Kunst. Gelegentlich betätigte er sich auch als Kunstkritiker. Er liebte die Gesellschaft von Malern und hielt sich häufig im Café Guerbois unter ihnen auf. Der Sohn eines Stoffhändlers aus der Rue Poissonniere hatte während der Hausse der Nachkriegszeit viel Geld gemacht, aber seine Geschäftserfolge schwankten. In den Perioden seines Wohlstands war er ein begeisterter Sammler und hatte von Pissarro, Sisley, Degas, Manet und Monet gekauft. 1874 sah er sich gezwungen, seine Sammlung zu verkaufen. Sie erzielte überraschend hohe Preise, was ihn veranlasste, sofort neue Bilder zu kaufen.

Monet wird von seiner Familie begleitet, als er im Herbst 1876 in Hoschedés Château eintrifft. Camille bleibt nur für kurze Zeit, sie begleitet Jean zurück nach Argenteuil, wo er die Schule besucht. Claude wird sich mehrere Monate lang in Rottenburg aufhalten und dort seine Gastgeberin Alice Hoschedé, geborene Raingo, und ihre fünf Kinder gut kennen lernen: Marthe, mit zwölf Jahren fast schon eine junge Dame und sehr ihrem Papa zugetan, Blanche, die während Monets Aufenthalt ihren elften Geburtstag feiert und sich viele Jahre später daran erinnern wird, wie die Mutter die Kinder darauf vorbereitete, es komme «un grand artiste» zu Besuch, dann die achtjährige Suzanne, die Hübscheste, später Monets liebstes Modell, der um ein Jahr jüngere Jacques und schließlich die kleine dreijährige Germaine. Madame Hoschedé selbst steht in der Blüte ihrer Jahre, sie ist zweiunddreißig Jahre alt, füllig, dabei nicht eigentlich hübsch zu nennen. Ihr einseitig herabgezogener linker Mundwinkel macht immer den Eindruck, als habe sie gerade eine spottende oder geringschätzige Bemerkung auf der Zunge. Zum

Ausgleich gibt es ihr sonniges Lächeln, ihr großes, verständnisvolles Herz, ihre wunderbaren Gastgeberinneneigenschaften, ihre Fähigkeit, alles und alle unter Kontrolle und bei Laune zu halten. Einer bekannten belgischen Familie entstammend, steht sie dem sprunghaften, realitätsfernen Geschäftsgebaren ihres Ernest eher kritisch gegenüber. Ernest hatte Monet übrigens nur rasch in Rottenburg eingeführt und war dann schnell wieder nach Paris gereist: «Die Geschäfte – oh, sie stehen nicht eigentlich schlecht, doch sie verlangen meine Anwesenheit!»

Um ganz ehrlich zu sein: Alice Hoschedé macht sich gerade jetzt, da Monet anwesend ist, zum ersten Mal in ihrem Leben Sorgen. Sie ist gewohnt, auf großem Fuß zu leben, sie selbst und ihre Kinder sind immer auf das Eleganteste herausgeputzt, sie leben in Alices ländlichem Schloss, wenn sie nicht in Paris residieren. Ach was, sie fegt die Gespenster fort. Da ist Monet, dieser merkwürdige, verschlossene Mensch, ein großer Künstler, den man bei Laune halten muss. Er selbst kommt sich so vor, als sei er in einem Märchen gelandet, mit lauter feenhaften Prinzessinnen und einer würdigen Königin. Um sich von den eigenen, ganz ungewohnten Ängsten abzulenken, beschäftigt sich Alice lieber mit den Sorgen des Malers, für den sie sogleich große Sympathie hegt. Sie hat in Monet einen Kämpfer erkannt, der sich keineswegs vom Schicksal, das ihn bisher nicht verwöhnt, ihm im Gegenteil fortwährend Prüfungen auferlegt hat, unterjochen lässt, der seinen Weg unbeirrt weiterverfolgt. Und dieses Naturell gefällt ihr, denn es gleicht so gar nicht dem ihres lavierenden Ernest.

Claude Monet zeichnen wesentliche Charakterzüge aus, die Alice wahrnimmt und als die eines großen Künstlers erkennt: Er ist beharrlich und ausdauernd auch Widrigkeiten gegenüber. Feindseligkeit und Ablehnung seiner Werke entmutigen ihn nicht, sondern stacheln ihn dazu an, seine Individualität noch stärker auszuformen. Im Kampf gegen anderes erst kann sich Monet, der allgemein als der konsequenteste Impressionist gilt, definieren. Er ist ehrgeizig, nicht im Sinne banalen äußeren Ruhms, auch strebt er nicht nach Posten oder Geld, ihm schwebt etwas Absolutes vor Augen. Er fühlt es genau: Seine Aufgabe in der Welt besteht darin, das zu malen, was er sieht. Er verfolgt ein heroisches, sich selbst zum Maßstab der Dinge setzendes Lebensprogramm. Cézanne sagte von ihm: «Monet – das ist nur ein Auge. Aber was für ein Auge.»

Und wie so häufig ähnlich strukturierte Seelen einander erkennen und erkennend lieben lernen, so begreift Alice, indem sie Monets fast aussichtslosen Kampf bewundert, dass ähnliche Kräfte auch in ihr schlummern, dass sie zwar kein Sisyphus der Kunst ist, möglicherweise aber das Zeug für eine Heroine des Lebens hat. Einzig Monets Atheismus stößt die praktizierende Katholikin Alice entschieden ab. Doch auch hier glaubt sie, noch Möglichkeiten der Einflussnahme zu haben.

In der jetzigen Situation, mit seiner kranken, ehemals so schönen Frau, die über viele Jahre das von allen bewunderte Monet'sche Modell gewesen ist, wirkt dieser starke Mann fast hilflos. Alice fühlt: Monet liebt seine Frau nicht mehr, hat sie vielleicht nie geliebt, oder aber: Er hat noch nie geliebt, weiß gar nicht, was das ist. Vielleicht hat er Camille nur als reizendes Motiv wahrgenommen, das nun, da es sichtbar verfällt, keinerlei Reiz mehr auf ihn ausübt. Alice spürt, dass es diese Erkenntnis eines tiefen inneren Mangels ist, unter der Claude Monet jetzt, im Herbst 1876, leidet. Hier sieht sie ihre Berufung: Ist sie nicht, wenn er «das

Auge» ist, sein Widerpart, ist sie nicht «das große Herz», wird sie nicht von ihren Kindern immer nur «die Gute» genannt, kann sie ihm nicht in einem Akt der Gnade beibringen, was Liebe ist? Alice weiß, dass sie keineswegs schön ist, aber sie kennt auch ihre Stärke, ihre Fähigkeit zur Empathie. Sie ist in der Lage, sich selbst, ihre Probleme und Bedürfnisse, ja ihr Wesen völlig auszulöschen, wenn sie liebt. Und sie liebt leicht, sie liebt, weil sie mitleidet, sie liebt Kinder, Tiere, Pflanzen, eine schöne Umgebung, ihren Mann – selbst ihn –, weil er eine Mitleid erregende Existenz ist, ein gutes Kind im Grunde. Alice liebt wie eine große Mutter und ist neben all diesen Gefühlsqualitäten wie eine solche Mutter resolut, voller praktischer Intelligenz.

Diese komplizierte Mischung aus Gefühlen und therapeutischem Sendungsbewusstsein war es vermutlich, die Alice Hoschedé dazu bewegte, Claude Monet, einem Mann in den besten Jahren, der vermutlich auf Anraten des Arztes mit seiner eigenen Frau seit ihrer unglücklichen Abtreibung enthaltsam lebte, ihre Gunst zu gewähren. Alice möchte einen Maler, der dabei ist, sich selbst und seine Kunst zu Schleuderpreisen wegzugeben, durch ihre Liebe stärken. In seiner nur die Unglücksfälle und das Pech als real verbuchenden, pessimistischen Weltsicht erscheint Rottenburg für Monet als unwirkliches Zwischenspiel. Bald wird er wieder in Argenteuil sein, bald wird dieser Herbst vergessen sein. Rottenburg, nichts als ein Traum, heilsamer Balsam auf Monets leidgeprüfter Existenz?

Als wollte ein wütendes Schicksal allen Beteiligten klarmachen, dass es die Märchen nicht gibt, dass jeder Fehltritt Folgen hat, und zwar gewichtige, kündigt sich für Alice Hoschedé nach der üblichen Frist weiterer Nachwuchs an: Neun Monate nach Monets Besuch in Rottenburg, am

20. August 1877, wird ein durchaus lebensfähiges Kind geboren, Jean-Pierre Hoschedé mit Namen, und zwar in einem Eisenbahnzug. Zeitlebens hat sich dieses sechste Kind Alices selbst als ein Monet-Kind verstanden und die Ähnlichkeit mit Monet bis hin zum Nachahmen der Bart- und Kleidermode Claudes kultiviert. Tatsächlich wurde Jean-Pierre in späteren Jahren an der gleichen Starkrankheit operiert wie Claude Monet in den zwanziger Jahren.

Der Aufenthalt in Rottenburg ist beendet, Monet wacht auf und sieht sich der Misere gegenüber, der er entflohen war: kein Geld, Camille leidend, die Sorge für sie und Jean und darüber hinaus eine neue Verpflichtung, die Alice Hoschedé gegenüber, und, viel schlimmer, die Schuldgefühle, Camille, die ihn mit ungebrochenem Vertrauen liebt, betrogen zu haben. Er mietet ein Atelier in der Rue Moncey in Paris und erlebt, wie schon so oft mitten in der tiefsten Verzweiflung, einen Schaffensrausch. Er trifft Alice im Atelier und malt in nur zwei Monaten die zwölf berühmten Bilder des Bahnhofs St.-Lazare. Die in Dampf gehüllten Eisenbahnen lässt er sich, gekleidet wie ein großer Mann, der ganz behaglich lebt, und mindestens genauso forsch auftretend, nach seinen Wünschen hin- und herfahren. Gleichzeitig hat er den traurigen Umzug seiner kleinen Familie in die Wohnung 26, Rue d'Edimbourg, ebenfalls in der Nähe des St.-Lazare-Bahnhofs, zu bewerkstelligen – wieder einmal konnte die Miete nicht bezahlt werden, die Argenteuiler Vermieterin wird mit einem Bild abgefunden, das Abzahlen der gigantisch angewachsenen Schulden wird Jahre dauern. Es ist, als führe dieser Mann ein Doppelleben, das elende mit seiner Familie, für die er sorgt und deren Leid er nur unvollkommen lindern kann, und das andere, das Leben in der und für die Kunst. An diesem lässt er Alice Hoschedé teilnehmen. Sie dringt in den Bereich des «Auges» freudig ein, rät und tröstet bei schwierigen Malproblemen; umgekehrt nimmt sie Monet mit offenen Armen in ihrer Domäne des «Herzens» auf und buchstabiert ihm das Alphabet der Gefühle vor.

Im Frühling dann zieht es Monet wieder in die Natur, und er besucht zusammen mit Jean und Camille, die sich etwas zu kräftigen scheint, des Öfteren den Park Monceau in unmittelbarer Nähe der Pariser Wohnung der Hoschedés. Für die Osterzeit wird die Familie Monet erneut nach Rottenburg eingeladen. Alles scheint sich einzupendeln. Die Familien treffen zusammen, kennen sich, die Kinder mögen einander, die Frauen ebenfalls. Alice vollbringt wahre Wunder der Selbstverleugnung, indem sie wünscht, Camille möge gesunden, während sie andererseits in Wahrheit Claude für sich beansprucht.

Alice hat jetzt, genau wie Monet und Camille, finanzielle Sorgen, denn Hoschedé befindet sich wieder in Bedrängnis. Sie vertraut Monet ihre Befürchtungen bei ihren Begegnungen in seinem kleinen Atelier an: Unklar ist, ob oder inwieweit Camille in die Ereignisse von Rottenburg und später eingeweiht war, Alices Leibesfülle nimmt im Laufe des Frühlings jedenfalls rapide zu, und Camille mag, bewusst oder unbewusst, bei den vielen Treffen im Park und als Gast der Hoschedés Vergleiche zwischen sich selbst und dieser kraftstrotzenden Frau gezogen und den Wunsch nach einer Schwangerschaft gegen jede Vernunft genährt und seiner Erfüllung Vorschub geleistet haben, als ein Mittel womöglich, sich noch einmal Leben einhauchen zu lassen. Vielleicht war es auch nur der Zwang zur Enthaltsamkeit in den letzten Schwangerschaftswochen Alices, der Monet seinem Grundsatz, von der fragilen Camille körperlich keine Erfüllung mehr zu begehren, untreu werden ließ. Als gelte es für Camille und Alice, einander im Leben beständig das Staffelholz ihrer Liebe zu Monet zu übergeben, wird im gleichen August 1877, als Alice unter jenen denkwürdigen Umständen von Jean-Pierre entbunden wird, Camille klar, dass wiederum sie ein Kind erwartet. Wie schon im Jahr zuvor würde ein zusätzliches Kind die Situation des Paares nur erschweren, nun jedoch sehen Camille und Claude dem Ereignis angstvoll entgegen, denn eine weitere Abtreibung kommt für die ohnehin geschwächte Frau nicht mehr infrage.

Zur gleichen Zeit ist auch der Konkurs von Ernest Hoschedé offenbar. Der Herbst des Jahres 1877 vergeht für Monet mit betriebsamer Geschäftigkeit, er rennt durch die Pariser Straßen, seine Bilder unter dem Arm, wird an allen Türen abgewiesen, senkt seine Preise ständig und ist auf einmal von allgemeinem Hass umgeben. Manet, lange sein Freund, reagiert nur noch unwillig. Ist die Beziehung zu Alice publik geworden, gibt man Monet alle Schuld am Leid Camilles und dem Zusammenbruch des Freunds der Künstler, Hoschedé?

Im Februar verschlechtert sich Camilles Zustand beträchtlich, sie ist blass, hat dunkle Ringe unter den Augen, doch zum allgemeinen Erstaunen bringt sie schließlich am 17. März ein völlig gesundes Kind zur Welt – Michel Jacques mit Namen. Eine Krankenschwester zu bezahlen, die die erschöpfte Mutter pflegen könnte, ist unmöglich, so übernehmen Monet und der nun elf Jahre alte Jean die Pflege von Mutter und Kind. Ernest Hoschedé wandert nach seinem Konkurs für einen Monat ins Gefängnis. Schloss Rottenburg, Alices Besitz, wird belastet. Alice, jetzt eine allein erziehende Mutter von sechs Kindern, erlebt, wie im

Juni 1878 auch das Mobiliar, die Kunstsammlung, alles, was ihren Besitz ausgemacht hatte, im Hotel Drouot unter den Hammer kommt. Monets Bilder gehen nun zu Schleuderpreisen zwischen fünfunddreißig und fünfhundertfünf Franc weg. Hoschedé wirkt seltsamerweise ungebrochen. Schon einen Monat nachdem er aus dem Gefängnis kommt, hat er wieder hundert Franc in der Tasche und kauft von diesem Geld einen Monet. Er setzt sich im Übrigen im Laufe des Sommers mit heimlich beiseite geschafftem Geld nach Brüssel ab und eröffnet dort ein neues Geschäft, das er allerdings ebenso sicher und schnell wieder der Pleite entgegensteuert. Zu all diesen Dingen schweigt Alice. Noch hat sie kein Wort der Kritik an Hoschedé geäußert – er ist ihr Gatte, der Vater ihrer Kinder, er ist, wie er ist, und verdient Mitleid und Liebe. Das praktische Denken ist ihm nicht gegeben.

In der Überlebensgemeinschaft von Alice, Camille und Claude samt den acht Kindern wird daher unter Übergehung des abwesenden Ernest Hoschedé ein «praktischer Plan» geschmiedet, der einerseits Claude von der beständigen Haus- und Krankenpflege entbinden und ihm das Malen wieder ermöglichen soll und andererseits der nicht auf die Beine kommenden Camille genügend Hilfe gewährleisten, die Kinder berücksichtigen und darüber hinaus kostengünstiger ausfallen soll, als es bei einem Verbleiben zweier Familien in Paris möglich wäre. Man kommt auf die geniale Idee einer Wohngemeinschaft der zwei befreundeten Familien. Alice, die angefangen hat, für Leute, die sie noch vor kurzem zum Tee bei sich sah, Kleider zu nähen, überlegt, organisiert, bezahlt, denn nunmehr ist es lediglich ihre Mitgift, von der die elf Personen leben. Im August 1878 findet Monet schließlich ein kleines Haus in Vétheuil bei Paris, wo die beiden Familien unterkommen.

Es geht Camille immer schlechter, ein Spaziergang schon erschöpft sie völlig, die vor zwei Jahren noch so reizvolle junge Frau ist durch ihre Krankheit vorzeitig gealtert. Dennoch kümmert auch sie sich um die Sorgen der anderen und kann sich lange nicht entschließen, den kleinen Michel abzustillen. Die Kinder werden von den beiden Frauen nun selbst unterrichtet, da man eine Lehrerin nicht mehr bezahlen kann – der rumänische Homöopath und Kunstkenner de Bellio verschlingt unterdessen die Hälfte der Einnahmen. Er schlägt eine Operation Camilles als das einzig probate Mittel gegen die angeblichen «ulcérations de la matrice» vor. Diese unterbleibt, Camille selbst hat unüberwindbare Angst, aber auch Alice ist dagegen, denn sie glaubt generell nicht an die Wirksamkeit von Operationen: Die Natur kann sich selbst helfen, wenn es nicht anders vorgesehen ist. De Bellio und ein benachbarter Maler, Léon Peltier, sind später der Meinung, entscheidende Dinge seien bei der Pflege Camilles unterblieben, sie werden dies Monet wie Alice vorwerfen.

Alice ist noch immer religiös, geht regelmäßig zur Messe und kann bei allem, was sie selbst mit Monet verbindet, zwei Dinge nicht fortwischen: Michel ist noch ungetauft, Camille und Claude sind nicht kirchlich getraut. Sie versucht, auf beide einzuwirken. Vorerst ohne Erfolg. Orgelpunkt der Bilder des Jahres 1878 sind die Porträts von Baby Jean-Pierre Hoschedé und Baby Michel Monet, die die seltsame Existenz Monets als moralisches und reales Oberhaupt zweier Familien symbolisieren. Von Ernest Hoschedé kommt selten ein Lebenszeichen.

Der Winter ist finanziell miserabel, im Frühling schreibt Monet in einem Brief an Manet von den «ständigen Krankheiten von Frau und Kindern», dem «Hundewetter», das das Malen unmöglich mache, seiner Erfolglosigkeit und der ganzen «miserablen Existenz», die ein völliger «Reinfall» sei. Alice rafft sich zu neuen Hilfeleistungen auf und gibt im Sommer Klavierstunden, doch beginnt sie nun, Ernest brieflich vorzuwerfen, dass er nichts für die Familie tue. Ab Mitte Mai ist es offensichtlich, dass Camille nicht mehr gesund werden kann, doch ihre Agonie erstreckt sich über den ganzen Sommer, eine fürchterliche Belastung für alle. Am 31. August schließlich hat Alice ihre apostolische Pflicht erfüllt und kann den Curé von Vétheuil, Abbé Amaury, an Camilles Sterbelager führen, wo er Monet und die Kranke im heiligen Bund der Ehe eint, bevor er ihr die Letzte Ölung erteilt. Am 5. September um halb elf am Morgen stirbt Camille Monet im Alter von zweiunddreißig Jahren. Claude schreibt an de Bellio, sie habe «grässlich gelitten» und sich auf herzzerreißende Weise von ihren Kindern verabschiedet. Und von ihm?

Monet selbst nimmt auch Abschied von Camille. Sie, die er im Leben nur auf unvollkommene Weise gewürdigt hat, liebt er im Tode, mit einem Male erkennend, was sie für ihn war: seine Muse, die er in ein irdisches Jammertal hinabgezerrt hat. Er verewigt das Gesicht der Toten in einer unvergesslichen Skizze. Viel später hat er sich zu diesem Blatt geäußert und es eine unerlaubte Grenzüberschreitung genannt, die nur dem unterlaufen könne, der wie er an das Mühlrad der Kunst wie ein Esel gefesselt sei.

Alle Briefe Camilles, auch diejenigen, die sie erhalten hatte, sowie Fotos, auf denen sie zu sehen war, wurden bald nach ihrem Tod von Monet vernichtet, einem ausdrücklichen Wunsch Alices folgend. Wo waren auf einmal ihre Großzügigkeit, ihr Verständnis geblieben, dass sie Monet kein Erinnerungsbild an seine Frau ließ? Hätte sie es nicht ertragen können, dass zwei «ihrer» acht Kinder eine reizvollere Mutter, als sie selbst es je war, als ein Erinnerungsbild behalten hätten? Michel jedenfalls hatte sich – vermutlich aufgrund jenes Totschweigens – zeitlebens vorzuwerfen, er sei am Tod seiner Mutter schuld gewesen.

Jetzt hätte für Alice Hoschedé die Chance bestanden, wäre ihr daran gelegen gewesen, ihre Beziehung zu Monet und Camille als rein karitative vor der Welt darzustellen, in würdiger Weise Abschied zu nehmen von dem trauernden Witwer und zu ihrem Mann zurückzukehren, der im Übrigen etwas ahnt und seine Frau ausdrücklich bittet, die eheliche Gemeinschaft wieder aufzunehmen. Sie entscheidet sich nicht leicht, verlangt hingegen Zeit. Monet kann nicht arbeiten, denn da sind Baby Michel und Jean, die versorgt werden müssen, Ernest ist ohne Arbeit, ein Leben in Paris viel teurer: Alice hat guten Grund, der Aufforderung nicht nachzukommen. Aber auch in Vétheuil sind die Umstände glücklos, seit längerem konnte die Miete nicht bezahlt werden. Monet wird von Alice ans Meer geschickt, sie kennt ihn und weiß, dass ein solcher Aufenthalt seine fast gebrochenen Kräfte erneuern wird. Claude Monet macht in der Tat einen fürchterlichen Prozess des «Stirb und werde» durch, er begreift, dass er etwas verloren hat, das für ihn, als er es besaß, so selbstverständlich war, dass er es missachtete. Er weiß noch nicht genau, was die Liebe ist, aber vielleicht wird er es noch lernen. Er will sich bemühen, die, die jetzt Camilles Platz so selbstverständlich eingenommen hat, ganz für sich zu gewinnen. Er wird für alle sorgen und wird das Liebe nennen, bis er es einmal besser weiß. Er wird der Königin Alice ihr verlorenes Reich neu bauen.

Er kommt zurück und arbeitet in der sibirischen Kälte von fünfundzwanzig Minusgraden unermüdlich draußen. Er begeistert sich für Schneelandschaften und sitzt mehrere

Stunden mit einer Wärmflasche an den Füßen am Seinearm Bac, um zu malen – muss er nicht zehn Personen ernähren, die ihm zugewachsene Familie?

Das Weihnachtsfest 1879 ist zunächst eines ohne Geschenke für die Kinder Monet und Hoschedé, auch haben die lang aufgeschossenen Kinder keine gute Kleidung mehr für die Messe, Suzanne fehlen die Stiefel. Am 28. Dezember fährt Monet ohne einen Sou nach Paris, die Schneebilder unter dem Arm. Und ein Wunder geschieht: Seine Preise steigen.

Das vergangene Jahrzehnt begann für Monet mit dem Tod seines Freundes Bazille im Deutsch-Französischen Krieg, es war ein ständiges Auf und Ab von Erfolg und Niederlagen, es endete mit dem Tod Camilles. Das neue Jahrzehnt hält den Ruhm für ihn bereit, einen unaufhaltsam steigenden und bleibenden Ruhm. Durch den Skandal Hoschedé von seinen Malerfreunden entfremdet, trägt Monet indirekt zur Spaltung der Impressionistengruppe bei – er beantwortet seine Ablehnung bei der Jury im Sommer 1880 durch eine bedeutende Einzelschau seiner Werke und behält daraufhin, nicht zu seinem Schaden, diese Form der Präsentation bei.

Was das häusliche Glück angeht, auch dies will errungen werden, und noch für etliche Jahre muss sich der ewige Kämpfer Monet mit Hoschedés gespensterhafter brieflicher Präsenz, seinen Besuchen zu Alices Geburtstag, die seine eigene Entfernung aus Vétheuil, später Poissy verlangen, abfinden: Monet ist eifersüchtig. Langsam lernt der Mittvierziger, was das heißt: Liebe. Alice mag es mit Entzücken festgestellt haben. Rührend ist es, seine Briefe an Alice (die ihren hat er, wie sie's verlangte, nach ihrem Tod verbrannt), die er immer mit «Chère Madame» anredet, über die Zeit zu verfolgen. Da heißt es auf einmal aus seiner sonst so unwillig Gefühle preisgebenden Feder, die höchstens über das Wetter, das Malen, das eigene Ungenügen oder die Kinder Tinte vergießt, aus dem südlichen Bordighera «Für Sie meine zärtlichsten Gedanken», dann wieder «tausend und abertausend zärtliche Gedanken für Sie», wenig später dann sendet er ihr «mein ganzes Herz, und mich dazu», und am Ende gar schwingt er sich zu einer Liebeserklärung auf: «Umarmen Sie die Kinder fest, und Sie sollen wissen, daß ich Sie liebe und anbete. Tausend gute Küsse. Ihr Claude Monet.»

Dieses merkwürdige Paar mittleren Alters, das so viel schon im Leben erfahren hat, ist in Bezug auf seine Gefühlsäußerungen wie ein Kinderpärchen, naiv, gutmütig, überschwänglich oder traurig, eifersüchtig, wenn es sein muss, ein kleines Repertoire, das sich langsam einstudiert – und bewährt. Ist ihre Fähigkeit, zu vergessen und zur Tagesordnung überzugehen, bewundernswert, normal oder monströs? Monet braucht Alice, das weiß er. Er braucht sie, die von ihm während der Malreisen jeden Abend einen Brief fordert. Er braucht sie, für die er malt, für die er schon bei ihrem ersten Kennenlernen malte. Warum wird nicht auch Alice sein Motiv, wie einst Camille es war? In der Tat gibt es eine in Rottenburg entstandene Kohlezeichnung, die Alice darstellen sollte, die aber alle Welt für Camilles Konterfei hielt. So hat sich Monet die Darstellung eines Urbilds einer Frau, das Camille für ihn wohl war, aus Liebe zu Alice untersagt? Oder hat die diskrete Alice in ihrem Wunsch, für die Nachwelt nur «reine Kunst» und nichts «Persönliches» zu bewahren, in ihrem tiefen Bedürfnis, den Skandal ihres ausgedehnten Ehebruchs durch äußerste Wohlanständigkeit zu adeln, ihm solche Wünsche einfach abgeschlagen? Erst Alices Tochter Suzanne wird ihn in ein paar Jahren noch einmal zum Malen verführen; und glich sie nicht Camille auf geradezu magische Weise?

Alice ist die Frau, die alles möglich macht, das Überleben und das Weiterschaffen, den Ruhm und die Befriedung seiner Seele. Sie hat ihm in der schlimmsten Phase seines Lebens beigestanden, sie hat ihm über seine Beschämung und Trauer bei Camilles Tod hinweggeholfen, sie und ihr Kinderhofstaat. Sie hat ihn zu den Malreisen ermuntert, die seine Kunst fördern, obwohl sie unter seiner Abwesenheit leidet. Alices Liebe zu Claude besteht überhaupt aus Widersprüchen. Sie begann in Rottenburg, obwohl sie die «glückliche» Frau eines anderen war, obwohl sie in den Augen der Kirche als verworfen gelten würde, obwohl da die heranwachsenden Kinder waren, obwohl Alice sich gern als formvollendet stilisierte, obwohl Monet ein armer Schlucker war und sie an den Reichtum gewöhnt. Umgekehrt gab es genauso viele Einschränkungen: Claude liebte Alice, obwohl sie die Frau seines Mäzens war, von dem er abhängig war, obwohl sie fünf Kinder hatte, obwohl sie nicht schön war, obwohl er ihr gesellschaftlich endlos unterlegen war, obwohl es die arme Camille gab. Und wie durch ein Wunder ist in diesem arktischen Klima des «Obwohl» ein kleines Gewächshaus der Liebe errichtet worden, in das die beiden starken Menschen eines vor allem immer neu einschleusen: den Willen dazu, ihre Liebe zu leben, sie zu fördern, zu nähren, zu bauen und nie vergehen zu lassen. Alles, was Chaos war bisher, soll geordnet werden, selbst ihre Gefühle wollen sie ordnen, einander zu ihrer Liebe erziehen.

Am schönsten ist es natürlich, wenn die beiden beisammen sind. Alice hat Claude übrigens auch von den peinlichen Bittbriefen abgebracht, die er früher fast habituell schrieb. Der Monet der achtziger Jahre wird unter Alices

Einfluss mehr und mehr zu einer Respektsperson, nimmt zu, ergraut, einem Krieger gleich, der schon viele Schlachten geschlagen hat, und steht fest gegründet auf dem Boden, seinem Grund und Boden. Ihn kann es ernsthaft nicht mehr anfechten, dass ein Philippe Burty ihn sechs Jahre vor Zola zum Helden des ersten modernen Künstlerromans mit dem Titel «Grave Imprudence» macht, und Zolas Œuvre, in dem die Persönlichkeiten Manets, Cézannes und Monets zu einer Figur, dem Maler Claude Lantier, verschmelzen, entlockt Monet nur einen kühlen Brief. Sein Leben war das einer Romanfigur gewesen, nun, nach Camilles Tod, an der Seite von Alice und durch sie, hat ein neues Leben begonnen, in dem der Souveränität großer Wert beigemessen wird: Also ist Monet von nun an souverän.

Alice und Monet haben mittlerweile in Giverny Wohnung bezogen, haben mit ihrer jugendlichen Truppe das Terrain erobert, in einer blitzartigen Aktion über die Seine kommend in ihren vier Booten, es ist der letzte Tag im April des Jahres 1883. Zeigten die Vétheuil-Bilder Monets die für ihn untypischen Grau- und Schwarztöne, verschwinden diese Farben nun völlig von seiner Palette. In den folgenden dreiundvierzig Jahren von Giverny kommt Monet mit Silberweiß, Kadmiumgelb, Zinnoberrot, Krapprot, Kobaltblau und Smaragdgrün aus.

Claude Monet und Giverny – jeder, der Monets Bilder kennt, verbindet diese beiden Begriffe zu einer unauflöslichen Einheit. Sie strahlen Schönheit, Harmonie und Zeitlosigkeit aus. Dass hier ein Mensch ankert, der bereits ein halbes Leben hinter sich hat; dass hier einer das Land zu bestellen beginnt, der aus so vielen anderen Heimstätten unter schmachvollen Bedingungen vertrieben wurde; dass sich hier ein Patriarch am Anblick seiner fünf heranwachsenden

Töchter und drei Söhne erfreut, der bisher nur die Schattenseiten einer solchen Kinderschar – Sorge, Krankheit und Beengung – erfahren hat; dass hier ein Mensch neu beginnt, der genau weiß, auf wen er in seinem Leben nicht mehr verzichten möchte, auf diejenige, die alles möglich macht, die Königin Alice seines Wunderlands; dass Monet ihr in Giverny ein Reich errichtet, als Hommage an sie und Beweis seiner Liebe; dass zum ersten Mal für Claude Monet Menschen und Welt nicht zerfallene Entitäten sind, sich bekämpfende erratische Blöcke, von dumpfen Schicksalsmächten gezerrt – dass die Harmonie von Giverny daher rechtens «Claude Monet, Alice und Giverny» heißen müsste, ist weniger bekannt.

Alles, was Claude und Alice in Giverny umgibt, muss sich ihrer Ordnung fügen, einer Ordnung, die sowohl von ästhetischer wie moralischer Qualität ist. Unbewusst glauben sie vielleicht, dass Menschen und Dinge auf diese Weise von der ihnen innewohnenden Gefährlichkeit und Unbeständigkeit befreit werden können. So gestalten sie ihr Haus, bestimmen die Farben der Fensterläden (Monet-Grün), das Mobiliar, richten das berühmte gelbe, lichterfüllte Esszimmer ein, benennen die im Garten erlaubten und verbotenen Pflanzen und pflegen sie, in späteren Jahren kommt dann der Teich hinzu.

Zu der großen Ordnung von Giverny gehört auch der aufs penibelste etablierte Tagesablauf, der sich völlig nach Monets malerischem Rhythmus richtet, der große Gong, der alle Familienmitglieder zu den Mahlzeiten ruft, gehört das rituelle Tranchieren des Sonntagsbratens, den die Söhne selbst im Wald erlegt haben, gehört auch das Ausschwärmen des kleinen Staates zu gemeinsamen Unternehmungen, die Alice anregt und die Monet daher ebenfalls als wichtig empfindet, denn er will seine Liebe nun zeigen. Es handelt sich dabei um ausgedehnte Bootstouren, Pilzesuchen und Picknicks. Bis hin in die Kleiderordnung des Malers, der in Giverny nie mehr etwas anderes tragen wird als maßgeschneiderte Hemden mit plissiertem Jabot und Manschetten unter der lediglich am obersten Knopf geschlossenen Jacke aus hellem Stoff, während Alice zu lang wallenden, ihre Figur üppig umrauschenden Modellkleidern übergeht, ist alles festgelegt.

Giverny steht für Wohlleben in ländlicher Atmosphäre und für absolutes Regime. Energiegeladen bis ins hohe Alter, steht Monet jeden Tag vor Morgengrauen auf, duscht kalt, frühstückt englisch mit Eiern und Würstchen und zieht dann, begleitet von Blanche, dem einzigen der acht Kinder, das am Malen gleichfalls Interesse hat, mit Schubkarre, Leinwänden und Staffelei hinaus. Alice hält es immerhin bis sieben Uhr im Bett, bevor sie mit ihrem vielfältigen Tagewerk beginnt, den Gesprächen mit den vielen Hausangestellten, der Sorge um die Wäsche, der Organisation der Einkäufe, der Erledigung von Monets Post, der Erstellung der Gästelisten und Karteien, in denen die Vorlieben der einzelnen Menschen verzeichnet sind, der Sorge um die vielen Kinder schließlich, die nach und nach das Haus verlassen, sowie dem Empfangen von Gästen.

Die Preise von Monets Bildern sind ständig gestiegen, es ist die Epoche der Serien von Heuschobern, Pappeln und schließlich Seerosen. Monets Gartengestaltung wird im Laufe der Jahre immer bewusster. Hatte anfänglich Alice versucht, auch ihre Vorstellungen von einem schönen, eleganten Garten zu verwirklichen, so sah sie bald ein, dass für Monet der Garten ein Kunstwerk eigener Art war, dass jegliche Einflussnahme hier also nur von Schaden sein konnte.

So lehnte Monet geometrische Strukturen und Tempelchen in seinem Garten völlig ab, stattdessen regieren malerische Grundsätze, Farbzusammenstellungen seine Anlage. Der Garten besteht im Hinblick darauf aus vielen Hunderten von Motiven, aus Farben, Licht und Wasser – den drei Hauptelementen, die Monets Sicht der Natur charakterisieren. Von den etwa fünfundsiebzig Pflanzenarten, die wegen ihrer Farbigkeit oder Form in seinem Garten Aufnahme fanden, bevorzugte Monet einige besonders und räumte ihnen den überwiegenden Teil der Rabattenflächen ein. Im Frühjahrsflor waren das Schneeglöckchen, Narzissen, Primeln und blauviolette Schwertlilien unter den zartrosafarbenen Blütenwolken der japanischen Kirschen. Im Sommer überwogen die rosa und sattroten Töne der Kletterrosen der Sorten Mermaid, Pillar, Scarlet und Irish, mit denen er den Mittelweg überwölbt hatte, daneben eine Menge Blau von Karpatenglockenblumen, die blassen Couleurs der Anemonen und Gartennelken sowie die kräftigen Dahlienrottöne. Monets viel geliebte Dahlie Etoile de Digoin, die mit ihren umgebogenen Blütenblättern, dem gelben Blüteninnern und den roten Blattspitzen einem Seestern oder Kinderwindrad gleicht, gibt es heute nicht mehr. Verbannt aus dem Garten waren dunkle Blumen und alle mit doppelten Blüten, so Heliotrop, Immortellen, Hyazinthen und Männertreu, mit Ausnahme der japanischen Kirschen.

Umbauten am Haus erfolgen, der Garten wächst ein, Land wird dazugekauft und der kleine Fluss Ru so umgeleitet, dass er das große Seerosenbassin speist. Dann kommt die japanische Holzbrücke hinzu, ein neues Atelier entsteht, im neuen Jahrhundert schließlich das dritte, das allein für die großen Seerosendekorationen gebaut wird. Sechs Gärtner arbeiten täglich auf dem ausgedehnten Besitz samt Geflügelhof und Gemüsegarten, dem Monet und Alice vorstehen. Das Paar vergibt Arbeit, hat dem kleinen Dorf bescheidenen Wohlstand gebracht, ein Hotel macht auf, das die immer zahlreicher anreisenden amerikanischen Maler, die bei Monet studieren wollen, aufnehmen kann. Monets Ruhm ist von Alices Gastlichkeit umgeben, deren Herzstück eine exquisite Küche ist, berühmt sind die grüne Frühlingstorte, das weihnachtliche Bananeneis und die frischen Gartengemüse: Neben den Malerfreunden gehört auch Mallarmé zu den oft gebetenen Gästen, und Clemenceau, der Tiger, ist der beste Freund Monets. Legenden über Giverny ziehen ihre Kreise. Als Monet erstmals mit einer Bildserie seines Gartens an die Öffentlichkeit tritt, liest man im «Figaro» vom 9. August des Jahres 1900, er habe eines Tages sein Grundstück überschwemmt und Wasserpflanzen angesät.

Trotz all dieser Bemühungen, aus Giverny einen Musterstaat en miniature zu machen, aus ihrer Verbindung eine exemplarische, geistert ein Revenant von Zeit zu Zeit auch in Giverny noch herum: Ernest Hoschedé, der jährlich mindestens einmal die ihm rechtlich Angetraute zurückfordert. Er symbolisiert die Illegitimität dieser nach außen so bürgerlich wirkenden Beziehung. Es ist ein Ritus, der eingehalten werden muss, obwohl er keinerlei reale Basis mehr hat: Ernest Hoschedé kommt, und Claude Monet muss weichen, irgendeine Malreise antreten. Er steht Höllenängste aus, obwohl er wissen dürfte, dass Alice ihren Claude nie aufgeben würde. Warum sie das Spiel «mein Ehemann Ernest und seine Rechte» noch über zehn Jahre lang aufrechterhält?

Alice verstand es trotz ihrer extremen Hingabefähigkeit und Einfühlsamkeit offenbar wie wenige Frauen, sich unentbehrlich zu machen, sich lieben zu lassen und auch wiederzulieben, ohne sich je ganz besitzen zu lassen. Sie gab Monet das Gefühl, er müsse sie immer neu erkämpfen, müsse sich wieder und wieder würdig erweisen, mit ihr das Leben zu teilen – für ihn, den alten Jäger, war dies wohl das Geheimnis seiner nie abgenutzten Liebe zu Alice. Und nicht zu vergessen: In Alices großem Herzen, das ohne Schwierigkeiten Logis für sechs eigene und zwei angenommene Kinder bot sowie für einen Künstler von Monets Statur, gab es immer noch ein Kämmerchen, das dem armen Ernest reserviert blieb. Doch auch Monets schwierige Beziehung zu seiner Kunst verhindert, dass Giverny eine reine Idylle wird. Nie werden seine Werke seinen Ansprüchen gerecht, nie werden sie «fertig», eine Signatur erhalten sie erst, wenn sie verkauft werden. Sein Gefühl des Ungenügens mit sich richtete sich immer wieder gegen seine Bilder, er kratzte sie ab oder verbrannte sie und litt unter diesem Tun wie ein Tier. Er zog sich daraufhin tagelang in seine Höhle zurück, schmollte, wollte das Malen aufgeben. Hier konnte allein Alice ihm helfen, ihn langsam wieder aus seinem Winkel hervorlocken, in den Garten, wo er doch bald ein neues Motiv finden würde. Ihr ist es zu danken, dass so viele Monet-Bilder erhalten geblieben und nicht dem Autodafé des ewigen Pessimisten anheim gefallen sind.

Einen Fehler allerdings wird auch die großherzige Alice, die, anders als die meisten Künstlerfrauen, ihren launischen Mann, seine Arbeitswut, seine Gartenleidenschaft und seine Männerfreundschaften völlig respektiert, ihr Leben lang nicht los: die Eifersucht. Als Monet Ende der achtziger Jahre wieder einmal menschliche Figuren in seiner Gartenlandschaft malen will und ein junges Mädchen als Modell nach Giverny kommen lässt, wirft Alice dasselbe mit den Worten «Wenn ein Modell das Haus betritt, verlasse ich es!» hinaus.

1890, kurz vor seinem fünfzigsten Geburtstag, kauft Claude Monet mit Hilfe seines Händlers und Freundes Durand-Ruel das Haus in Giverny, und ein Jahr später muss sich Alice mit dem nahenden Tod von Ernest Hoschedé vertraut machen. Seit langem schon litt der starke Esser und Trinker unter Schmerzen in den Beinen und ist nun vom Schlag gelähmt. Alice steht ihm in den letzten Tagen bei, und so stirbt Ernest Hoschedé, auch er von seiner Gattin mit den Tröstungen der Kirche versehen, am 19. März 1891 im Alter von dreiundfünfzig Jahren – ein ordentlicher Tod nach einem unordentlichen Leben.

Auf der Traueranzeige erscheint Monets Name nicht, wohl aber bezahlt er das Begräbnis, das in Giverny stattfindet. Hernach muss Alice für drei Tage das Bett hüten. Das komplizierte Gemisch von Pflicht, Reue, Konvention, Religion und Schuld war selbst für ihre guten Nerven etwas zu viel.

Nach einem sittentreuen Trauerjahr steht im Juni 1892 ein Paar vor dem Traualtar, das ersten Großelternfreuden entgegensieht. Der alte Heide Claude Monet heiratet zum zweiten Male, auch seine fromme Frau trägt keinen Myrtenkranz. Mit diesem rührenden Bild von Philemon und Baucis aus Giverny soll Abschied genommen werden von Claude und Alice, denen noch eine Reihe glücklicher Jahre beschieden war. Alice starb im Jahre 1910, Claude mit sechsundachtzig Jahren 1926. Mit ihrer Trauung wurde vor der Welt eine Liebe legalisiert, die ihre Legitimation, auch im christlichen Sinne, längst besaß.

Das Ehebett –
ein Schlachtfeld.

D. H. Lawrence und
Frieda von Richthofen

«Ich sehe ihn vor mir, wie er ins Haus kommt. Ein langes, schmales Gesicht, sehr gerade Beine, leichte, sichere Bewegungen. Er wirkte überaus einfach. Dennoch fesselte er meine Aufmerksamkeit. Es gab da etwas mehr, als das Auge wahrnehmen konnte. Was für ein Vogel war er? … Er sagte, er habe Schluß gemacht mit seinen Versuchen, Frauen kennenzulernen. Ich war überrascht über die Art, wie er sie stolz heruntermachte … Bald darauf schrieb er mir: ‹Sie sind die wunderbarste Frau in ganz England.›» Die ideale Exposition eines Liebesromans: Liebe auf den ersten Blick – ein Funken, der überspringt, Gefühle, die in Wallung geraten, Herzen, die zueinander finden.

«Wenn ich jetzt zurückschaue», schreibt Frieda von Richthofen in ihren Memoiren, «ist es erstaunlich, daß Lorenzo mich vom ersten Augenblick an geliebt haben soll, wie er es tat. Ich glaube kaum, daß ich damals ein sehr liebenswerter Mensch war. Ich war einunddreißig und hatte drei Kinder.»

Neben diesen drei Kindern hat Frieda übrigens auch einen Ehemann, den Professor Ernest Weekley, der in Nottingham Französisch lehrt und akademische Beziehungen zu

Deutschland unterhält. Aus diesem Grund besucht der sechsundzwanzig Jahre alte Lawrence seinen früheren Französischlehrer an jenem Apriltag des Jahres 1912: Weekley soll Lawrence dabei behilflich sein, eine Lektorenstelle an einer deutschen Universität zu erhalten. Lawrence gedenkt, sich mit einem Ortswechsel von den noch nicht lange zurückliegenden Ereignissen seines Lebens zu befreien, dem Krebstod der von ihm überaus geliebten Mutter im Jahre 1910, der erfolglosen Veröffentlichung seines ersten Romans «The White Peacock», dem aufreibenden Lehrerdasein und der 1911 durchlittenen tuberkulösen Lungenentzündung, die ihn dem Tode nahe gebracht hat.

Durch seinen definitiv klingenden Ausspruch, er sei mit den Frauen fertig, fühlt sich Frieda Richthofen-Weekley in ihrer Ehre als Frau gekränkt und provoziert zugleich. Zwar ist sie nach außen die würdige Professorengattin, aber ihre Unzufriedenheit mit dem braven Leben an der Seite des ernsthaften Ernest sucht schon lange nach Auswegen. Sie findet sie einmal sprunghaft in den Armen des Nottinghamer Spitzenfabrikanten Will Dowson, ein andermal, diesmal leidenschaftlicher und ausdauernder, als Schülerin von Otto Gross, der ihr sein soeben aus dem Munde seines Lehrers Freud erworbenes und in die Tat umgesetztes Wissen übermittelt. All diese Ausflüge – zum Teil verbrachte Frieda mehrere Monate im Sommer in der Schwabinger Boheme, in die sie durch ihre intellektuelle Schwester Else Jaffé leicht Aufnahme gefunden hatte – waren an Ernests Seite offenbar möglich. Er traute dem Schein, der bekanntlich trügt. Er liebte Frieda.

Emma Maria Frieda Johanna von Richthofen wurde am 11. August 1879 in Metz geboren als zweite von drei Töchtern des Friedrich Freiherrn von Richthofen und seiner

Gattin Anna, geborene Marquier. Sie verlebte eine sorglose Jugend in Metz. Der schneidige Militär, der ihr Papa war, hatte sich im Alter von fünfundzwanzig Jahren eine üble Handverletzung zugezogen und wurde daraufhin Beamter der Zivilverwaltung des neuen Regierungsbezirks Lothringen. Diesen Job, der nicht nur langweilig klingt, machte er sich durch ausdauerndes Spielen erträglich. «Ihr könnt heiraten, wen ihr wollt!», pflegte der ewig verlierende Freiherr Friedrich zu Else, Frieda und Johanna zu sagen, wobei er dann einschränkend hinzufügte: «Vorausgesetzt, daß es kein Jude, kein Engländer und – kein Spieler ist.» Die Töchter liebten den Papa: Else heiratete einen Juden, Johanna einen Spieler und Frieda, die ihn ganz besonders liebte und ihn manchmal mit Franz von Assisi verglich, weil er Tieren und Pflanzen so überaus zugetan war, heiratete erst einen Engländer, Weekley, und dann noch einen – Lawrence.

Nach der lustigen Jugend, dem Umschwärmtwerden von Hunderten von Kadetten und Richthofen-Cousins in Metz, gleitet Frieda während eines Urlaubs im Schwarzwald lustig-träumend in die Ehe mit Weekley und findet sich, schneller als gedacht und immer noch träumend, als Mutter von Montagu, Elsa und Barbara wieder. Das ganze «conventional set life» in dem englischen Provinzhaushalt ist keineswegs dazu angetan, sie aufwachen zu lassen. Dumpf fühlt sie, dass etwas nicht stimmt, dass sie nur halb anwesend, halb gefordert, halb interessiert ist, dass riesige Felder ihrer Persönlichkeit unbeackert ruhen. Ihre Erweckung erlebt sie durch den Sexpapst Otto Gross, und von Stund an ist sie fest davon überzeugt, dass der freie Sex Recht und Glück für jedermann sei.

Seitdem der kokainsüchtige Gross allerdings keine leidenschaftlichen Briefe mehr schickt, ist Frieda unzufrieden.

Fanfarengleich wird daher die Ankündigung Ernests in ihren Ohren geklungen haben, heute werde man einen jungen Genius zum Mittagessen dahaben. Es dauert nicht lange, da kreisen Frieda und Lawrence – Weekley hat sich nach dem Essen wieder verabschiedet – das entscheidende Thema ein. Frieda erinnert sich: «Wir sprachen über Ödipus, und ein Verstehen flackerte durch unsere Worte hindurch. Als er sich am Abend verabschiedete, ging er den ganzen Weg bis nach Hause zu Fuß. Das war ein Marsch von wenigstens fünf Stunden.»

Kein Wunder, dass die Frau Professor als Antwort auf die Titulierung «wunderbarste Frau Englands» an den jungen Heißsporn nicht schreibt: «Sie unverschämter Kerl. Hören Sie auf, mich zu kompromittieren», ihm auch das Billett nicht vornehm-ungeöffnet zurückerstattet, sondern die Lunte ins feindliche Lager zurückwirft. Sie schreibt: «Wie können Sie das wissen? Sie kennen nicht viele Frauen in England.»

Nun, hier hätte «Bert», wie er damals noch unter Freunden hieß, gegebenenfalls antworten können, immerhin habe er eine langjährige Beziehung mit Jessie Chambers hinter sich, sei mit Louie Brooks verlobt gewesen, und die Frauenrechtlerin Alice Dax (auch eine verheiratete Frau) habe ihm, als er einmal an ihrem Küchentisch ein Gedicht nicht habe fertig schreiben können, in ihrem Schlafzimmer «Sex gegeben», woraufhin der Gedichtschluss problemlos wie durch ein gutes Laxativ habe abgesondert werden können.

Dies alles sagt er nicht, hingegen taucht er bald schon, am Ostersonntag, wieder auf – Weekley ist nicht zugegen, die Dienstboten haben Ausgang, die Kinder suchen im Garten Ostereier –, vermutlich, um sein vorschnell gefasstes Urteil zu überprüfen. Frieda will Tee kochen, und hier versagt die wunderbarste Frau Englands schon beim Anzünden der Gasflamme. Dies wird ein Topos der zukünftigen Beziehung sein: die ungeschickte, unfähige, lernunwillige, faule Frau, die im Bett liegt, sich räkelt wie eine Katze und dabei Zigaretten raucht. Ebenfalls zum Topos wird Lawrences Reaktion: Erst schimpft er das dumme Kind aus, in das sich die wunderbarste Frau Englands blitzschnell verwandelt hat, dann, während das Kind alles über sich ergehen lässt, zeigt er selbst seine praktischen Fähigkeiten. So geschehen im Fall von schmutzigen Fußböden, zu waschenden Laken, zu kochenden Hühnern, zu stopfenden Socken, kurz allem, was ein Haushalt Anfang dieses Jahrhunderts zu bieten hatte. In der Folge sollten solche Szenen noch gesteigert werden. Lawrence liebte es, Frieda vor gemeinsamen Gästen zu zwingen, den Fußboden, auf den Knien rutschend, aufzuwischen (und sie gehorchte weinend).

Warum sich Lawrence dennoch, obwohl Emma Frieda Maria Johannas Mängel von Anfang an klar erkennbar waren, in sie verliebt hat? Genau das hat er sich auch gefragt, und zwar fortwährend, im Leben und – vor allem – in der Literatur. Fast könnte man meinen, er habe so viel über die Liebe, den Sex, das Blut, den Instinkt und all das Mystische der Leidenschaften geschrieben, um sich seine für die meisten Freunde völlig unverständliche Beziehung zu Frieda von Richthofen-Weekley zu erklären. Für Lawrence war Frieda genau das, was er umgekehrt für sie war: eine durch ihr völlig entgegengesetztes Wesen das eigene Leben scheinbar infrage stellende, es in Wahrheit aber steigernde, wenn nicht gar erst hervorbringende Seinsform, eine giftgrüne Medizin auf zwei Beinen. In «Mister Noon», diesem flott geschriebenen, erst 1984 veröffentlichten Dokument der Frieda-Lawrence-Liebe, heißt es: «Gegensätzlichkeit! Wundervolle Gegensätzlichkeit! … Ist nicht gerade die Umarmung zumindest ein halber Kampf? Ist nicht das Ehebett ebenso hitziges Schlachtfeld wie vollkommene Gemeinschaft, beides gleichzeitig? … Und solange wir nicht, in der wundervollen Raserei des Gattens, unsere Kämpfe wie herrliche Königstiger austragen, sind wir nicht.»

Aber noch haben die Königstiger das Rasen und Gatten nicht begonnen, noch umstreichen sie einander auf einem Spaziergang, ihrer Gefühle nur halb bewusst und unter dem Geleitschutz von Friedas Töchtern Elsa und Barbara. Lawrence faltet für die beiden Mädchen Papierboote, die sie schwimmen lassen. In diesem Moment hat es Frieda erwischt. Im Angesicht des faltenden Lawrence weiß sie, dass sie ihn liebt. Und das heißt für Frieda, sie muss jetzt sehr schnell mit ihm ins Bett gehen. Weekley ist wieder einmal abwesend, also warum nicht? Lawrence antwortet jedoch unerwartet: «Nein, ich werde nicht im Hause deines Ehemannes bleiben, während er nicht da ist. Du mußt ihm aber die Wahrheit sagen, und wir werden zusammen fortgehen, denn ich liebe dich.»

Lawrence möchte nicht Friedas Liebhaber sein, er erhebt Anspruch auf ein gemeinsames Leben mit ihr. Frieda wagt es gar nicht zu Ende zu denken mit all seinen Folgen – doch im Grunde ist es genau das, was sie will: fort aus diesem langweiligen, gesicherten, kreuzbraven Leben, fortfliegen mit diesem komischen Vogel, dem «Genius» David Herbert Lawrence.

Ein willkommener Anlass, England zu verlassen, ohne Verdacht zu erregen, ist das Dienstjubiläum des Richthofen-Vaters in Metz. Frieda wäre gern einfach so mit Lawrence davongegangen, doch dieser unmoralische Moralist verlangt zu allem Überfluss von ihr eine offene Aussprache mit

Ernest. Seine Vorstellung, eine Frau dürfe nur mit einem Mann in ehelicher Verbindung leben, den sie wirklich «vom Blut her» liebe, die Aufrichtigkeit dieses Gefühls sei wichtiger als die eheliche Treue, dient dem späteren Autor der «Lady Chatterley» als Rechtfertigung für seinen Ehebruch. Frieda wird nicht nur vor die Wahl gestellt: Weekley oder Lawrence. Sollte sie sich gegen Weekley entscheiden, bedeutet dies den Verlust der Kinder. Sicherheit, Bequemlichkeit und soziale Stellung sind für Frieda zu vernachlässigende Posten. In dieser Hinsicht konnte der arbeitslose Lehrer und bislang glücklose Autor der Baronesse Frieda ohnehin nichts bieten. Frieda liebt ihre Kinder, sie liebt Lawrence – und sucht schweren Herzens die Aussprache mit Ernest. Wenig später merken die beiden Töchter, wie die Mutter verweint die Treppe hinunterläuft.

Am nächsten Tag fährt Frieda nach London – Elsa und Barbara hat sie bei sich, um sie bei den Schwiegereltern in Obhut zu geben. Beim Abschied weiß sie, dass ein Abschnitt ihres Lebens für immer hinter ihr liegt. Am 3. Mai 1912 reisen Frieda und Lawrence gemeinsam ab. Frieda schreibt im Rückblick: «Lawrence traf mich am Charing-Cross-Bahnhof. Ich sollte mit ihm davongehen und ihn nie wieder verlassen. Es war, als ob er Körper und Seele aus meinem vergangenen Leben herausgehoben hätte. Dieser junge Mann von sechsundzwanzig Jahren hatte mein ganzes Geschick und Schicksal in seine Hände genommen. Und wir kannten uns erst seit sechs Wochen.»

Die Barschaft Lawrences beträgt ganze elf Pfund. Sie nehmen den Nachtzug nach Ostende und kommen am 4. Mai in Metz an. Frieda geht zu ihren Eltern. Für kurze Zeit wird so getan, als sei alles ein liebevoller Familienbesuch zu einem schönen Anlass. Lawrence hat sich in einem Hotel eingemietet. Doch Weekleys Telegramme lassen nicht auf sich warten. Frieda telegraphiert zurück. Weekley zeigt sich getroffen, ist aber bereit, es noch einmal mit Frieda zu versuchen. Sollte die Affäre mit Lawrence der Vergangenheit angehören und auch nicht vor kurzem weiterbetrieben worden sein, darf Frieda zurückkehren. Unter Lawrences Einfluss bleibt Frieda ehrlich und kabelt: «Auch vor kurzem.» Dies veranlasst Weekley, schon am 10. Mai das Lebensmodell zu entwerfen, das ungeachtet einiger kurzfristig anders lautender Angebote von seiner Seite von nun an für ihn und die drei Kinder bindend sein soll: «Die Kinder sollen nie nach Nottingham zurückkehren … sie werden in London zur Schule gehen und neue Freundschaften schließen. Es wird ein Familienleben geben. Das ist das beste. Jeder Kompromiß ist undenkbar. Wir sind keine Kaninchen. Laß nicht die gesamte Großzügigkeit auf meiner Seite sein. Empfinde etwas Reue für die Enttäuschung, die Du einem Dich liebenden Mann angetan hast. Laß mich bitte sofort wissen, daß Du einer Scheidung zustimmst.»

Inzwischen lernt Lawrence Friedas Vater kennen, der ihn kühl, fast feindselig aufnimmt. In der Nacht träumt Frieda dann prompt, die beiden hätten gekämpft und Lawrence habe den Vater besiegt. Positiver ist die Einschätzung, die Friedas Schwester Johanna von Lawrence hat. Sie rät der Schwester zu, sich Lawrence anzuvertrauen, der, wie Zeitgenossen es immer wieder geschildert haben, eine intensive und Vertrauen erweckende Ausstrahlung besaß.

Die beiden stürzen sich nun rauschhaft in ihren ersten gemeinsamen Sommer, den Sommer der Befreiung und Erfüllung. Zunächst leben sie in der Nähe Münchens in einer Wohnung, die Alfred Weber gehört. Sie leben ohne Geld, von dunklem Brot, Eiern und Beeren.

Nach Eastwood schreibt Lawrence in diesen Wochen: «Ich liebe Frieda so sehr, daß ich gar nicht darüber sprechen mag.» Am 2. Juni dann berichtet er dem Freund Edward Garnett: «Sie hat einen Körper wie eine der herrlichen Rubensfrauen, aber ihr Gesicht ist fast griechisch. Wenn Du etwas gegen sie sagst, werde ich Dich hassen», und im Postskriptum schreibt er, das Erlebnis schon in eine Theorie der Liebe einbauend: «Frieda in einem scharlachroten Schürzenkleid lehnt sich aus dem Balkon, vor einem Hintergrund blauer schneebedeckter Berge, und sagt: ‹Ich bin so glücklich, daß ich dich noch nicht einmal küssen mag.› Also, Du siehst. Liebe ist etwas viel Gewaltigeres als Leidenschaft und eine Frau viel mehr als Sex.»

Wenig später beschreibt er die ihn verwandelnde Macht der Liebe: «Es ist erstaunlich, wie barbarisch man in der Liebe wird: man sieht sich im ‹Hinterland der Seele›, und – es ist eine wunderliche Gegend … seitdem ich in Deutschland bin, ist all der kleine Mitleidsgram, alles Weiche von mir abgefallen, und ich bin oft erschrocken vor dem, was da in mir erscheint.» Lawrence wird durch Frieda der, der er werden muss, sie macht ihn, den ursprünglich gehemmten und verklemmten Paul Morel aus «Sons and Lovers», den in den Fängen seiner Mutter verschmachtenden, aber ambitionierten Working-Class-Jungen mit Hilfe des von ihr erzeugten Chaos – welches zu den sakrosankten Attributen eines ordentlichen Genies gehört – zu dem großen Lawrence, dem Apostel der freien Liebe und Vorläufer der sexuellen Revolution. An ihrer Seite entwickelt er den Wunsch, Schreiben zur Hauptaufgabe des Lebens zu machen. Jeder Gedanke an ein Lektorat an einer deutschen Universität ist wie weggeblasen. Frieda wird für Lawrence das «Genie des Lebens». In der Darstellung der befreundeten Schriftstellerin Ivy Low wird die Anziehung, die von Frieda für Lawrence ausging, später so beschrieben: «Manchmal schien es, daß er eher eine Naturgewalt gewählt hatte – eine weibliche Naturgewalt – als eine individuelle Frau. Für Lawrence war Frieda abwechselnd eine böige oder eine lachende Brise, ein heilender Regen oder ein zum Wahnsinn treibendes Ungeheuer der Dummheit, eine erheiternde Sonne oder ein blind einschlagender Blitz. Sie war die gedankenlose Weiblichkeit, halsstarrig, trotzig, respektlos, streitsüchtig, rechthaberisch, rachsüchtig, verschlagen, unlogisch, heimtückisch, skrupellos und egoistisch. Manchmal haßte sie Lawrence und er sie. Es gab manches in ihm, das sie verspottete, und es gab manches in ihr, das ihn zur Raserei trieb. Dinge, die keiner von ihnen zu unterdrücken bereit war. Aber wie sehr er sie bewunderte – und teils aus diesem Grund!»

Frieda hingegen weiß, dass es nur Lawrence möglich war, das von ihm so geliebte «Genie des Lebens» in ihr erst hervorzubringen. Sie schreibt über den ersten Sommer mit ihm: «Ich brauchte keine Menschen. Ich brauchte gar nichts, ich wollte nur in der neuen Welt schwelgen, die Lawrence mir gegeben hatte. Und er sagte: ‹Du bist so jung, so jung!› Wenn ich dann erwiderte: ‹Aber ich bin doch älter als du›, sagte er: ‹Ach, es geht nicht um Jahre, das ist etwas anderes. Du versteht das nicht.› Jedenfalls begriff ich, daß er mein Wesen liebte, so wie er die Bläue der Enziane liebte, ungeachtet der Fehler, die ich hatte. Das war Leben für mich.»

Doch es gibt auch Probleme. Lawrences Gesundheit ist keineswegs stabil, er durchleidet schreckliche Fiebernächte. Frieda sieht ihn zuweilen dem Tode nahe. Doch allmählich erholt er sich unter der südlicheren Sonne, dem gesunden Essen und den heilsamen psychischen Wechselbädern. Neben dem unzweifelhaften Glück, das sie an- und miteinander teilen, spielen sich entsetzliche Szenen ab, die sich an einem Nichts entzünden können. Sie schreien einander an, sie schlagen sich und halten zwei Stunden später wieder einträchtig Händchen. Für Frieda ist alles eins: «Mir machte das alles nichts aus. Ich schlug zurück oder wartete, bis der Sturm in ihm zur Ruhe kam. Wir fochten unsere Kämpfe bis zum bitteren Ende durch. Dann war Frieden, was für ein Frieden.»

Zumeist erregt sich Lawrence, wenn Frieda elend und unglücklich am Boden liegt, ihre Kinder schmerzlich vermisst und dann ersatzweise von ihm heiße Liebesbeteuerungen verlangt. Er kann dann nicht sagen: «Bleib bei mir um meinetwillen!», denn die Liebe ist kein Trostpflaster für ihn. Den Bund mit Frieda ist er in freier Wahl eingegangen, und er verlangt, dass es auch bei ihr so ist. Er erkennt ihren Schmerz als Mutter an, doch es ist ihm nicht möglich zu begreifen, dass ihre Lage ausweglos ist. Seiner Ansicht nach muss wahre Liebe zwischen Mann und Frau übermächtig und berauschend sein, allen Widrigkeiten trotzend, Leidens- und Schaffenskräfte freisetzend, A und O des Lebens.

Frieda darf ihre Kinder nicht sehen, Weekley untersagt es strikt. Mit dieser schlechten Nachricht vergeht der Monat Juli, und Lawrence und Frieda lösen ihre Probleme, wie sie es auch später immer wieder tun werden, mit einem Ortswechsel. Sie brechen zu Fuß nach Süden auf, sie wollen den Winter, wie Generationen von Künstlerpaaren vor ihnen, in Italien verbringen. Schlafen auf Heuböden, Kochen auf einem Spirituskocher, Regengüsse, steile Auf- und Abstiege – sie sind ein solches Leben keineswegs gewohnt, doch sie genießen es in vollen Zügen. Frieda liebt es, zuweilen nackt in der Alpensonne zu liegen. Nach einer Woche schließt sich dem Paar David, Edward Garnetts Sohn, an, um mit ihnen die Alpen zu überqueren. David hat seinen Eindruck von Frieda in dieser Zeit festgehalten: «Auf den ersten Blick könnte sie eine vornehme Schwester der schwitzenden deutschen Mutter im Zug gewesen sein: Sie hatte denselben kräftigen Körperbau, war stark wie ein Pferd, dieselben gewaltigen Schultern, doch ihr Kopf und der Ausdruck ihrer Augen waren von ganz anderer Art. Der Kopf und die ganze Körperhaltung waren vornehm. Ihre Augen waren grün, mit einem tüchtigen Schuß lohfarbenen Gelb darin, die Nase gerade. Sie sah einem ganz ins Auge, fällte furchtlos ihr Urteil und war in solchen Augenblicken einer Löwin am ähnlichsten.»

Sechs Wochen nach ihrem Aufbruch stehen die beiden – David hat sie wieder verlassen – in Riva am Gardasee. Die elf Pfund sind trotz andauernden Sparens dahingeschmolzen, zehn Tage lang müssen sie hoffen und bangen, dass Lawrences neuer Verleger Duckworth einen Vorschuss auf das entstehende Buch «Sons and Lovers» schicken wird. Und, o Wunder: Es treffen fünfzig Pfund ein, genug für den Winter im billigen Italien.

Frieda ist in diesem Roman auf zweierlei Weise gegenwärtig: Zum einen machte sie «Sons and Lovers» überhaupt möglich. Sie gab Lawrence das Selbstbewusstsein und den Mut, dieses Buch zu schreiben, das vor allem ein Resümee von Lawrences bisherigem Leben ist, eine Abrechnung mit den ihm anerzogenen und jetzt als scheinheilig entlarvten Werten seiner Klasse und, was am wichtigsten ist, eine Abrechnung mit der übermächtigen Repräsentantin all dieser Erziehungsschäden, seiner Mutter. Frieda kommt in diesem ersten in ihrer Ära entstandenen Werk in keiner der dargestellten Figuren vor, doch sie hat bei Konzeption und

Redaktion des Buches einen Beitrag geleistet, den sie in den Erinnerungen erläutert: «Lawrence war damals damit beschäftigt, ‹Sons and Lovers› zu überarbeiten … und ich durchlebte und durchlitt dieses Buch und schrieb Teile davon, wenn er mich etwa fragte: ‹Wie, meinst du, empfand meine Mutter an dieser Stelle?› Ich mußte mich tief in Miriams Persönlichkeit und in die all der anderen hineinversetzen; als er den Tod seiner Mutter niederschrieb, war er krank, und sein Kummer machte mich auch krank, und er sagte: ‹Wenn meine Mutter noch am Leben wäre, hätte ich dich nicht lieben können, sie hätte mich nicht gehen lassen …›»

Neben diesem immerhin fünfhundert Seiten starken Manuskript beginnt Lawrence auch den Gedichtband «Look! We have come through!» und entwirft sowohl «The lost Girl» wie «The Sisters». Der Winter 1912/13 ist also äußerst produktiv für ihn, wie es sich nach einer kathartischen Befreiung von der Vergangenheit gehört. Erstaunlich ist dennoch die Menge des Produzierten, liest man doch in einem Brief von Lawrence vom Oktober 1912: «Ich stehe für gewöhnlich gegen acht Uhr auf und mache Frühstück. Frieda bleibt allerdings noch im Bett hegen, und ich muß bei ihr sitzen und mit ihr bis zur Mittagessenszeit reden. Ich bin von meinem Instinkt her ein recht arbeitsamer Mensch, und ich fühle, der Allmächtige wird mich für meine Trägheit bestrafen … Aber wir leben so angestrengt, Frieda und ich.»

Zeitlebens verbindet Lawrence und Frieda, unterschwellig oder offen, der Kampf, den Lawrence als Kampf der Geschlechter verstanden hat und als notwendige Basis für jede Ehe ansah. Erwähnt Frieda auch nur die Kinder, sieht Lawrence rot und fordert Unterwerfung. Einziger Grund dafür: Er ist ein Mann, sie ist eine Frau. In «Mister Noon», wo Gilbert für Lawrence und Johanna für Frieda stehen, heißt es: «Oft, vielleicht meistens, waren Gilbert und Johanna vollkommen glücklich. Aber noch einmal, jeder zerrte an der Leine. Er wollte, daß das Leben ganz sein Leben war, männlich; sie wollte, daß das Leben ganz ihr Leben war, weiblich.»

Beide, Frieda wie Lawrence, treibt aus dem idyllischen Domizil in Gargnano am Gardasee ihre innere Unruhe fort. Sie ziehen um in die Berge über dem See, San Gaudenzio heißt das Örtchen. Hier erhält Lawrence seinen neuen, südlich gefärbten Namen, den Frieda sofort und für immer übernehmen wird: Aus Lawrence wird Lorenzo.

Und dann gelingt es Frieda, Lawrence doch zu einem gemeinsamen Besuch im Norden zu überreden, erst in Bayern bei den Eltern, dann in England, um die Kinder zu sehen. «Sons and Lovers» ist soeben erschienen, wird zwar nicht besonders gut verkauft, erregt jedoch Aufsehen. In England reicht man den Autor in den besseren Kreisen herum, was ihm schmeichelt. So lernt er auch John Middleton Murry kennen, der in seiner Zeitschrift «Rhythm» etwas von Lawrence drucken will. Murry lebt mit der wie Frieda durch eine Ehe gebundenen Katherine Mansfield zusammen, eine Parallele, die die beiden Paare sofort füreinander einnimmt. Die Freundschaft zwischen diesen vier sehr unterschiedlichen Exzentrikern wird Höhen und Tiefen durchlaufen, jedoch ein Leben lang halten, während besonders für Frieda und Lawrence viele frühere Freundschaften durch die unkonventionelle Flucht auf immer zerstört werden. Zuweilen kommt sich Frieda wie ein Paria vor. Es gelingt ihr, heimlich die Kinder zu sehen, während Weekley jede Annäherung ablehnt. Sie passt sie nach der Schule ab, was besonders bei den beiden Mädchen große Freude auslöst. Doch ein zweiter, ähnlich geplanter Versuch misslingt. Die beiden Mädchen winden sich in größter Verlegenheit, sehen zu Boden und sind stumm: Sie hatten versprechen müssen, «mit dieser Frau» nicht wieder zu reden. Frieda ist tief getroffen und sieht vorläufig keine andere Möglichkeit, als den Kindern über Katherine Mansfield Briefe und kleine Geldgeschenke zukommen zu lassen. Sie hofft, das negative Bild der bösen Mutter werde sich dereinst, wenn die Kinder erwachsen sind und selbst Urteile fällen können, zu ihren Gunsten wandeln.

Den Winter verbringen Lawrence und Frieda in Fiascherino bei Lerici, am Golf von La Spezia, einem winzigen Fischerdorf. Lawrence beschreibt den Ort: «Er ist vollkommen. Eine kleine Bucht, halb von Felsen eingeschlossen und von Olivenhainen, die zum Wasser hin steil abfallen. Ein einziges, rosagetünchtes, flaches Fischerhaus. Aus dem Tor läuft man ins Meer, das am Mund der Bucht die Felsen umspült.» Hier bleiben sie bis ins Frühjahr 1914.

Am 28. Mai 1914 wird Friedas Ehe mit Ernest Weekley gerichtlich geschieden. Als die Nachricht Frieda und Lorenzo in Fiascherino erreicht, beschließen sie, jetzt ihre eigene Eheschließung zu betreiben. Am 13. Juli 1914 heiraten sie auf dem Standesamt in London-Kensington. Trauzeugen sind Katherine Mansfield, John Middleton Murry und Gordon Campbell.

Unterwegs lässt Lawrence das Taxi plötzlich vor einem Juwelierladen halten. Nach einigen Minuten kommt er mit einem Trauring für Frieda heraus. Frieda, die noch Ernest Weekleys Ring trägt, streift diesen langsam vom Finger und gibt ihn an Katherine Mansfield weiter, die mit ihm begraben werden wird. Lawrencianer haben dem Paar dieses «lahme Zugeständnis an die bürgerlichen Konventionen in der Hauptstadt des Philistertums» oft stark vorgeworfen. Für

Frieda hatte der Rechtsakt, wie alles Äußerliche, allerdings keine Bedeutung. Lawrence nahm ihn jedoch äußerst ernst und extemporierte im Taxi über die Unauflöslichkeit wahrer Ehe und die Schönheit wahrer Treue. Weekley war zum Glück nicht dabei. Wie die meisten englischen Intellektuellen hat Lawrence keine Ahnung von den drohenden politischen Entwicklungen. Er ist so in seine eigenen Gedankengänge versponnen, dass er noch am 31. Juli 1914 mit drei Freunden zu einer Wanderung in die Westmorelands aufbricht, anstatt seine Flucht aus England vorzubereiten. Die Kriegserklärung trifft ihn daher völlig unerwartet und vereitelt die Pläne, den Winter wieder im Süden zu verbringen. Dass er mit einer Deutschen verheiratet ist, setzt das Paar einer Reihe von Bespitzelungen und Verdächtigungen aus, die darin gipfeln, ihnen den Aufenthalt an der englischen Küste zu verbieten, weil Friedas übermütiges Tanzen auf den Klippen in weißer Kleidung als Signale einer deutschen Spionin an deutsche U-Boote missdeutet wird. Zum Glück muss Lawrence wegen seiner kranken Lunge nicht einrücken. Aber auf ihn warten Fehlschläge: Sein 1915 erscheinender Roman «The Rainbow», für den er den höchsten Vorschuss seines Lebens, nämlich dreihundert Pfund, erhalten hatte, löst einen Skandal aus und wird verboten. Der Verlag gibt klein bei und stampft das Buch wegen einiger Zeilen ein, die heute keinem Menschen mehr auffallen würden. Lawrence sieht sich finanziell und moralisch ruiniert, er äußert sich jedoch in Anbetracht seiner sonstigen Hasstiraden ziemlich gemäßigt: «Ich bin nicht besonders erregt. Ich kann nur sagen, daß ich sie alle verfluche, mit Leib und Seele, Wurzel, Stamm und Blatt, in alle Ewigkeit!»

In diesen Kriegsjahren rückt die neue Erde, von der Lawrence träumt, in immer weitere Ferne, und so entwickelt er, der im ungeliebten England wider Willen festgehalten wird, immer stärkere Fluchtgedanken und, wie später immer wieder in Krisen, den Plan, einen utopischen Kleinstaat Gleichgesinnter zu gründen, eine Künstlerkolonie mit Namen Ranannim. Da jedoch diese Pläne nicht leicht in die Wirklichkeit umzusetzen sind, begnügt sich Lawrence vorläufig damit, die Freunde Mansfield und Murry so unter Druck zu setzen, dass sie schließlich nachgeben und im Jahre 1916 ein kleines Landhaus neben dem seinen in Higher Tregerthen bei Zennor beziehen. Die Murrys haben von eigentümlichen Erlebnissen zu berichten. Eines Abends werden sie durch wilde Schreie aufgeschreckt. Frieda stürzt voller Angst in den Raum, ihr auf dem Fuß folgt Lawrence, der rasend vor Zorn wiederholt: «Ich bring sie um!», und sie so vehement verfolgt, dass alle Stühle durch die Gegend fliegen. Die Murrys sind wie gelähmt vor Schreck. Plötzlich lässt sich Lawrence auf einen Stuhl fallen, erschöpft und bleich. Keiner spricht. Auf einmal schlüpft Frieda zur Tür hinaus. Später steht Lawrence auf, sagt leise gute Nacht und geht.

Am nächsten Morgen, die Murrys befürchten das Schlimmste, gehen sie hinüber zum Nachbarhaus. Lawrence und Frieda sitzen in einträchtiger Heiterkeit beisammen, als sei nichts geschehen. Auch entdeckt Lawrence in dieser Lebensphase sein Faible für Männerfreundschaften. Murry soll mit ihm Blutsbrüderschaft schließen. Als er sich weigert, schlägt Lawrences Liebe in Hass um, und den Murrys bleibt nichts anderes übrig, als wieder wegzuziehen.

Überhaupt wird es, je älter Lawrence wird, immer schwieriger für ihn, normale Kontakte zur Außenwelt zu knüpfen. Wie mit Murry geht es ihm mit jedem Menschen, den er zunächst schätzen lernt, dann überschwänglich liebt, bis die

Liebe in Hass umschlägt, weil der Betreffende sich nicht fügen mag. Allein Frieda gelingt es, mit Lawrence in einem andauernden Liebe-Hass-Liebe-Kreislauf zu leben, all seine Phasen mitzuleben, seinen Gedankengängen zu folgen, das Wertlose auszusondern und das Wertvolle zu konservieren. Sie ist Filter und Katalysator seines Schriftstellertums in einer verfallenden Welt, an der ihn nur das Gesunde, Heile, Gute interessiert. Die verzweifelte Suche nach menschlichen Verhältnissen, die wert sind, erhalten und dargestellt zu werden, bestimmt Lawrence jetzt, wo der Krieg vorbei ist und das Ehepaar wieder im Besitz von Pässen ist. Lawrence will sich in der Welt umtun und andere, primitivere Gesellschaften kennen lernen, in denen der Mensch noch nicht auf das Niveau der Arbeitsameise und des Maschinenknechts gesunken ist. Lawrence, der mehr sieht, als ein menschliches Wesen sehen sollte, fährt im November 1919 in Richtung Sizilien. Anfang 1921 folgt eine kurze Reise mit Frieda, die er in seinen Schriften oft nur noch die queen bee, Bienenkönigin, oder abgekürzt q. b. nennt. Sie fahren nach Sardinien. Diese Reiseeindrücke hat er auf den unvergesslich schönen Seiten von «Sea and Sardinia», einer poetischen Reisereportage, niedergelegt. Im Mai 1921 erscheint «Women in Love», der große Roman, der «The Sisters» fortsetzt. Die Reaktionen in der Presse sind niederschmetternd: «Wenn ‹The Rainbow› ein unzüchtiges Buch war, ist dieses spätere Erzeugnis eine obszöne Scheußlichkeit. Die Polizei muss handeln.» Lawrence ist tief getroffen und tobt sich in einem Brief aus: «Es ist eine Welt von Kanaillen: absolut. Canaille, canaglia, Schweinehunde, Stinktöpfe. Pfui!» Und wieder treibt es ihn davon, diesmal möchte er weg von Europa.

Zwei verlockende Briefe eröffnen neue Perspektiven. Der eine stammt von Mabel Evans Dodge Sterne, einer zweiundvierzig Jahre alten millionenschweren Erbin. Ihre dritte Ehe ist soeben gescheitert, und weil ihre Beziehung zu dem muskulösen Indianer Antonio Luhan ihre Energien bei weitem nicht erschöpft, plant sie, in ihrem Domizil in New Mexico eine Künstlerkolonie namens Taos aufzubauen. Ein Schriftsteller von Lawrences Kaliber käme ihr gerade zupass, um Taos angemessen zu verherrlichen. Da die Einladung generös ist, wollen die Lawrences sie annehmen, nicht jedoch, ohne zuvor einen Abstecher nach Ceylon zu machen, wohin sie der Freund und Buddha-Sucher Earl Brewster eingeladen hat. Aber der ewige Wanderer Lawrence hat nur zu mäkeln: Ceylon stößt geradezu ab; in Australien, wohin es das Paar daraufhin verschlägt, beklagt er die Auswüchse der Demokratie und die Fixierung auf das Materielle.

Schließlich kommen sie nach Taos. Aber auch hier sind, obwohl Klima und Landschaft Frieda und Lawrence begeistern, die Probleme sofort greifbar: Mabel Luhan (sie hat den muskulösen Antonio inzwischen geheiratet) findet Gefallen an Lawrence und versucht vom ersten Augenblick an, einen Keil zwischen Frieda und den gesundheitlich Angeschlagenen zu treiben. Lawrence befindet sich in dieser Phase seines Lebens und Schaffens in einer Sackgasse, aus der er mit eigenen Kräften nicht herausfindet. Seine extremen Gereiztheiten Frieda gegenüber verhindern wiederum, dass sie den Wunsch verspürt, ihm wie bisher zu helfen. Alle Werke aus dieser Zeit – «Aarons Stab», «Känguruh» und «Die gefiederte Schlange» – sind, verglichen mit früheren Werken, schwach. Philosophisch und politisch vertritt er als Reaktion auf den verhassten Demokratismus auf einmal eine Machtphilosophie und versucht, seine Ideen auf seine Ehe zu übertragen, was ihm mit Frieda naturgemäß nicht gelingt. All diese Unstimmigkeiten und Verwirrungen führen dazu, dass Frieda jetzt, nach elf Jahren des gemeinsamen Lebens, einen ernst gemeinten Ausbruch wagt: Sie besteigt am 28. August 1923 in New York den Dampfer *Orbita* in Richtung England. Allein.

Frieda ist in England sofort glücklich, sie sieht ihre nun erwachsenen Kinder, sie sieht J. M. Murry, der seit Katherine Mansfields Tod depressiv ist, jetzt aber sofort und erfolgreich eine Liaison mit Frieda anpeilt. Und schon ist Frieda von den schwärenden laurentianischen Wunden genesen und kann wieder an den «armen Lorenzo» im fernen Taos denken. Sie schreibt ihm auf Anraten von Murry und anderen Freunden sogar ein Telegramm: Er soll nach England kommen. Und das Überraschende, der Philosophie vom Primat des Mannes völlig Zuwiderlaufende ist: Lawrence kommt Anfang Dezember 1923 in England an. Sofort bemerkt er mit seinem untrüglichen sechsten Sinn die neue Vertrautheit zwischen Frieda und Murry, aber er nimmt sie hin. Aldous Huxley hat über diesen Aspekt der Beziehung zwischen Lawrence und Frieda später Folgendes geschrieben: «Frieda und Lawrence hatten zweifellos ein inniges, leidenschaftliches Liebesleben. Aber das hinderte Frieda nicht, gelegentlich Verhältnisse mit preußischen Kavallerieoffizieren und italienischen Bauern zu haben, die sie eine Saison lang liebte, und ohne daß ihre Liebe zu Lawrence und der tiefe Glaube an seine Genialität in irgendeiner Weise beeinträchtigt wurden. Lawrence wußte von diesen erotischen Seitensprüngen und geriet manchmal in Zorn; er hütete sich aber, mit ihr zu brechen, denn er war sich über seine eigene organische Abhängigkeit von ihr im klaren.»

Auch die letzten Lebensjahre Lawrences sind vom ewigen Wandern, seinem Schicksal, wie er es einmal ausdrückte, geprägt. In Taos, wo Mabel Luhan Frieda zur Versöhnung die Kiowa-Ranch geschenkt hat, versuchen die Lawrences im Jahre 1924, noch einmal eine Miniatur ihres Traums von der Künstlerkolonie zu verwirklichen, zusammen mit der halb tauben Malerin Dorothy Brett. Aber auch dieses Zusammenleben ist nicht von langer Dauer. Ein Blutsturz Lawrences ruft Unruhe hervor und den Wunsch, nach Europa zurückzukehren. Das Wort «Tuberkulose» drängt sich den Beteiligten auf und darf gleichwohl nicht ausgesprochen werden.

Es zieht Lawrence nun nach Italien zurück. Den milden Winter 1925/26 verlebt er mit Frieda in einem Haus in der Nähe von Genua, der Villa Bernarda. Der Vermieter ist ein schneidiger italienischer Tenente dei Bersaglieri namens Angelo Ravagli (er wird nach dem Tode Lawrences Friedas dritter Ehemann werden).

Die Jahre von 1926 bis 1928 sind von der Arbeit an «Lady Chatterley's Lover» und dem ständigen Auf und Ab der fortschreitenden Krankheit gekennzeichnet. Ein letzter Besuch in England, ein Umzug in die Nähe von Florenz, in die Villa Mirenda, mühsame Versuche, das Leben aufrechtzuerhalten, aber auch – notgedrungen – eine gereifte Sicht der Liebe, die ihn Frieda innerlich wieder näher bringt: Mellord in «Lady Chatterley» fordert keine Unterwerfung mehr, sondern ist ebenso wie Connie bereit, sich ganz und gar hinzugeben. Dass der Autor dieser großen romanhaften Preisrede auf den sexuellen Akt als das Mysterium im menschlichen Leben selbst schon impotent war, sei nur am Rande notiert. Einmal untersucht der Lungenspezialist und Dichter Hans Carossa Lawrence und gesteht: «Ein Durchschnittsmensch mit solchen Lungen wäre längst gestorben. Aber bei einem echten Künstler sind noch andere Kräfte im Spiel. Kann sein, daß Lawrence noch zwei oder auch drei Jahre lebt.

Aber es gibt keine medizinische Behandlung, die ihn wirklich retten könnte.»

Als der Roman «Lady Chatterley» im Juli 1928 erscheint und wiederum einen Skandal erregt, als auch die lange geplante Ausstellung seiner Bilder geschlossen wird, sind die Widerstandskräfte schließlich gebrochen. Allein Frieda kann ihn diesmal noch retten, die sein Leben, wie Aldous Huxley meinte, um mindestens fünf Jahre verlängert hat.

Das Jahr 1929 stürzt Lawrence nun in die tiefste Krise. Nach und nach wird es ihm unmöglich, etwas zu schreiben. Einen Kuraufenthalt im Sanatorium von Vence in Südfrankreich bricht er ab: Er kann ohne Frieda und ihr Chaos nicht sein, wenn sie es auch bis zuletzt für überflüssig hält, bestimmte hygienische Maßnahmen zu ergreifen, etwa dem Kranken eine eigene Tasse vorzuhalten. Schuldgefühle packen ihn, als Frieda ihn auf seinen Wunsch aus dem Sanatorium abholt und in eine Villa in Vence bringt: «Warum mußten wir uns nur so viel streiten?» Frieda antwortet: «So, wie wir waren, heftig und ungehemmt, konnten wir nicht anders.» Einen Tag nach dem letzten Umzug ist Lawrence tot, es ist der 2. März 1930.

Zwanzig Morgenröcke
als Geschenk.

Benito Mussolini und
Claretta Petacci

Benito, Sohn des Schmieds und Sozialisten Alessandro Mussolini aus der Romagna und seiner Frau Anna, ist auf dem Höhepunkt seiner Karriere. Der Ehemann, Vater von fünf ehelichen und einigen außerehelichen Kindern, ist neunundvierzig Jahre alt, als er die fast dreißig Jahre jüngere Claretta Petacci kennen lernt. Sie kennt ihn seit ihrer Kindheit: Geboren im Jahre 1912, gehört sie zur ersten Kindergeneration, die dem «Schmied von Rom» helfen soll, das neue Italien zu bauen.

Claretta bewundert ihn natürlich, den vielseitigen Vater ihres Volks, der die Pontinischen Sümpfe, das Malariagebiet, trockenlegen lässt, morgens in der Romagna den Weizen drischt, mittags aus dem Flugzeug freundlich den Florentinern zuwinkt und nachmittags in Phantasieuniform mit Fez, Schwarzhemd und gelben Wickelgamaschen beim König erscheint mit der Entschuldigung, er habe sich nicht umziehen können, er komme direkt aus dem Kampf. Auch die Violine versteht er achtbar zu streichen, liest deutsche Lyrik, liebt den Film (Stan und Olly), reitet, ficht und fährt Motorrad wie ein Junger. Unermüdlich, so will es die Legende, ist er für Italien da, sorgt sich um alles. Was die Legende verschweigt: Er nimmt banalste Vorgänge ernst und hebt alles, alles auf. Den kleinsten Schnipsel Papier lässt er archivieren: Alles soll ja nachprüfbar sein, dereinst.

Claretta schwärmt für ihn wie andere für einen Sänger oder Schauspieler. In ihrer Familie ist man «dafür». Der Papa ist Arzt beim Heiligen Stuhl, das ist man in der gutbürgerlichen Familie Petacci traditionsgemäß. Drei Kinder gibt es. Clara oder Claretta, wie man sie nennt, denn das Mädchen ist sehr klein, trägt Schuhgröße 33, Schuhe mit orthopädischem Absatz, ist die Mittlere. Sie malt, Stillleben, Landschaft, geschmackvoll und pastellig. Ein Studium? Vielleicht – sie ist so zart. Sie dichtet auch, spielt Klavier. Sie betet den Duce an, verfolgt jede seiner Äußerungen, besucht die Kundgebungen, legt auf ihren Miniaturfüßen gar zehn Kilometer zurück, um «Ihn» erleben zu können, wagt sich, erstaunlich für ihre gute Kinderstube, bei einer Demonstration der Luftstreitkräfte, als kein besserer Platz vorhanden ist, auf eine momentan unbenutzte Trommel hinauf, um «Ihn» besser sehen zu können. Worauf das Trommelfell platzt und sie nach unten mitreißt. Der Duce hat die Szene verfolgt und laut gelacht, berichtet man.

Mit vierzehn Jahren geht sie dazu über, ihrem Duce zu schreiben, besser gesagt: ihn mit einer Unzahl von Karten, Briefen, Telegrammen und Billetts zu bombardieren. Nach dem zweiten missglückten Attentat auf Mussolini, verübt durch die Irin Violet Gibson, schreibt Claretta noch am selben Tag: «Duce. Zum zweiten Mal hat man in feiger Weise Deine Person bedroht. Eine Frau! Welche Unwürdigkeit, welche Feigheit, welche Abscheulichkeit! Aber es ist eine Ausländerin, und das genügt! Duce, mein allergrößter Duce, unser Leben, unsere Hoffnung, unser Ruhm, wie ist es nur möglich, daß es so gottlose Seelen gibt, die nach dem glänzenden Schicksal unseres schönen Italiens trachten? Ach, Duce, warum war ich nicht zur Stelle! Warum konnte ich jene Attentäterin nicht erwürgen, die Dich, göttliches Wesen, verletzt hat? … Duce, ich will Dir, wie beim letzten Mal, wiederholen, wie sehr ich mir wünsche, den Kopf an Deine Brust zu legen, um Dein großes Herz schlagen zu hören … Vielgeliebter Duce, ich, eine kleine, aber mutige Faschistin, fasse all meine Liebe, die mein junges Herz für Dich fühlt, in mein Lieblingsmotto: Duce, mein Leben gehört Dir! Heil dem Duce! Es lebe der Duce! – Clara Petacci (14 Jahre), Lungo Tevere Cenci, Nr. 10.»

Wieder erhält sie keine Antwort, wieder wird sie enttäuscht wie im letzten Jahr, als sie «Ihn» zu ihrem Geburtstag eingeladen hatte. Ist sie verrückt? Naiv, verhetzt?

Einige Jahre später. Fräulein Petacci hat sich verlobt und macht an einem Sonntag des Jahres 1932, gemeinsam mit dem Verlobten, dem Unterleutnant der Luftwaffe Riccardo Federici, der Schwester Myriam und ihrer Mutter eine Ausflugsfahrt im Lancia Astura des Vaters. Es geht in Richtung Ostia. Plötzlich hupt es hinter dem die Straßenmitte einnehmenden Lancia, ein Auto ist dicht hinter ihnen, der Chauffeur reißt das Steuer nach rechts, die Fahrgäste purzeln in die Ecke. Nichts ist passiert, das fremde Auto schon vorbei, aber die Sekunde hat Claretta gereicht, den Fahrer des roten Alfa zu erkennen: «Der Duce, es ist der Duce!», kreischt sie und zerrt ihren Bräutigam am Uniformärmel. Sie zwingt den Chauffeur, die Verfolgungsfahrt aufzunehmen. Zuerst scheint alles vergebens, aber auf einmal verlangsamen der rote Alfa und die ihm folgende schwarze Limousine mit den Geheimagenten das Tempo. Claretta kann wieder einen Blick auf ihn werfen, dann gibt er erneut Gas und setzt das Spielchen noch drei, vier Male fort. Dann ist er ihren Blicken entschwunden. Bis am Eingang von Ostia, vor dem Strand, eine Gestalt für Claretta erkennbar wird, die versonnen auf das Meer hinausblickt: «Er». Wirklich und wahrhaftig. Sie will sich ihm vorstellen. Sie zerrt den widerstrebenden Unterleutnant mit sich, die Agenten wollen ihr den Weg versperren, aber der Duce lässt sie bereitwillig zu sich heran und beginnt eine Konversation mit dem Paar. Claretta erwähnt, dass sie ihm eigene Gedichte geschickt hat, grün eingebunden mit einem trikoloren Band. Er glaubt sich zu erinnern und sagt: «Ich muss sie noch haben.» (Natürlich, denn im Palazzo Venezia wird ja nichts weggeworfen.) Den ganzen Abend spricht Claretta nur von «Ihm», von seiner Einfachheit, seiner Größe, dem unglaublichen Faktum, dass er die Gedichte noch hat.

Und Federici? Er und Claretta hatten sich ja erst Monate zuvor in der Trambahn kennen gelernt, sich kurz darauf in Viareggio zufällig zum zweiten Mal gesehen, bis ins Morgengrauen getanzt. Im Rom hatte er wieder und wieder angerufen, bis die Sache ausgemacht war. Die Eltern waren einverstanden, alles schien wunderbar. Und jetzt das. Diese Zwanzigjährige mit ihrem Duce-Fanatismus.

Wenige Tage nach dem Treffen in Ostia meldet er sich. Wer, Federici? Falsch, «Er» ist es. Er will Claretta sprechen, sie sehen, vorausgesetzt, ihre Mutter und der Verlobte gestatten es. Er hat ihre Gedichte gefunden. Um sieben im Palazzo Venezia.

Neben den tausend Pflichten, Gesprächen, Terminen, Reden und Artikeln, die der Duce erledigte, wurden bei ihm, so berichten es die Biographen einhellig, voran der gute Monelli, täglich mehrere Besucherinnen vorstellig, die zwischen zwei Terminen eingeschleust wurden. Der Ort der Begegnung war immer die unwirtliche Sala del Mappamondo (Saal der Weltkarte), die als einzige Bequemlichkeit für die Damen mit Kissen bedeckte steinerne Fensternischen und einen Teppich aufwies und Mussolinis Arbeitszimmer oder Audienzraum war. Umstände machte der «Schmied von Rom» nicht, erwartete sie auch von den Damen nicht. Gegen Aristokratinnen hatte er Vorurteile, ansonsten war er keineswegs wählerisch. Er war wie ein großes Tier und lehnte es ab, sich für die Teppichnahkämpfe zu entkleiden. Mit Ausnahme etwa von einer Zigarette ließ er weder den «Eintagsfliegen» noch den regelmäßigen Besucherinnen oder der jeweiligen Favoritin etwas anbieten. Sein Frauenkonsum, das betonen die italienischen Biographen mit unverhohlenem Nationalstolz immer, wies ihn als «ganz normalen Italiener» aus. Als Mussolini'sche Besonderheit darf jedoch gelten, dass er, wie im Falle von sonstigen Besuchern, über die Ein- und Ausgänge der Damen genau Buch führte, dass er dafür sorgte, dass sich die einzelnen «Posten» nicht begegneten. Mussolini sei sehr launisch gewesen, gibt Monelli die Aussage einer Geliebten zu Protokoll – war er zu Beginn des Treffens brutal und fluchte, so schwenkte er später um und wurde zärtlich, väterlich und weich (oder umgekehrt). Auch muss er ein äußerst geräuschvoller Liebhaber gewesen sein, der schrie, heulte und gurgelte, weshalb er wohl zu Recht einen tauben Türdiener beschäftigte. All diese Details sind einzubeziehen bei dem Versuch einer Antwort auf die Frage, ob bereits die sensible zwanzigjährige Claretta Geliebte des Duce wurde. Eher nicht. Ihre intimen Tagebücher sind immer noch unter Verschluss. Bis dahin müssen wir über den Umweg dessen, was Claretta der Schwester Myriam anvertraute und diese veröffentlichte, behaupten, dass der Duce im Zusammentreffen mit Claretta «ganz anders war».

Claretta bereitet sich mit Hilfe von Myriam und der Mutter auf den Besuch im Palazzo Venezia vor. Sie, die jeden Morgen zwei Stunden, von zehn bis zwölf Uhr, im Badezimmer, beim Make-up und Frisieren verbringt, wählt ein kastanienfarbiges Schneiderkostüm mit passenden Schuhen, Täschchen und Hütchen. Die Mutter begleitet sie im Auto bis vor den Palast, wo Claretta in die Sala del Mappamondo geleitet wird. Wie immer empfängt der Duce seinen Gast hinter dem Schreibtisch. Die Gedichte der Schülerin haben sich gefunden, aber lesen möchte er sie ein andermal, gemeinsam mit Claretta. Er schätzt sie auf sechzehn oder siebzehn Jahre und befragt sie nach ihrer Lektüre, ihren Interessen, Sportarten. Wie man ein Schulkind befragt. Dann, plötzlich, Wechsel der Tonlage, behutsam, fast ängstlich: «Erinnern Sie sich an jenen Tag in Ostia?» – «Ich werde ihn nie vergessen.» Und darauf: «Wissen Sie, dass Sie einen merkwürdigen Eindruck bei mir hinterlassen haben? Ich konnte nicht schlafen, weil ich an Sie dachte.» Spricht's und schickt sie weg, es sei spät. Er wolle sie wieder zu sich rufen, um die Gedichte zu lesen. «Addio, Chiara», wünscht er ihr. Sie antwortet mit schwacher Stimme: «Buonasera, Duce.» Sie wandelt wie im Traum die Treppe hinunter.

Von nun an lebt sie unter dem besonderen Stern, den sie schon immer zu erhaschen trachtete, lebt in der Erwartung eines Anrufs ihres Idols. Der erfolgt auch, etwa zwanzig Tage später. Diesmal dauert das Treffen länger, Claretta beschreibt es fast als romantisch, er habe darum gebeten, sie duzen zu dürfen. Dann habe er aus dem Fenster geblickt und gesagt: «Spürst du den Frühling? Ich spüre ihn sehr in dieser Stadt, wo ich trotz allem allein lebe, ohne einen Freund. Ich bin isoliert. Aber du kannst das nicht verstehen.» Claretta begehrt auf, sie behauptet, sich genau in seine Situation versetzen zu können. Beide gestehen einander, Chopin zu lieben, Petrarca und Leopardi. Jetzt muss Claretta wieder gehen, aber er verspricht, sie wieder rufen zu lassen.

Claretta (im Empirekleid) heiratet nach eifersüchtigem Hin und Her vonseiten des Bräutigams (in Paradeuniform) am 27. Juni 1934. Die Ehe ist eine Katastrophe. Im September 1935 kommt es nach unzähligen Streitigkeiten zum Bruch, nachdem er sie in einer Bar zu Boden gestoßen hat. Claretta kehrt in den Schoß der Familie zurück.

Sie ist jetzt ganz frei, ihr Herz gehört, wie immer schon, dem Duce, der, ganz gegen seine Gewohnheiten, offenbar zögert, sie zur Geliebten zu machen. Erst im Oktober 1936 wird mit großer Geste entschieden, was lange schon absehbar war. Der Duce lädt Clarettas Mutter in den Palazzo Venezia ein und stellt ihr die Frage: «Signora, erlauben Sie mir, Clara zu lieben?» Die erwartete Antwort kommt. «Meine Tochter», sagt Donna Giuseppina, «ist volljährig. Sie hat sich von ihrem Gatten getrennt. Wenn sie Euch gern hat, kann ich mich nicht in den Weg stellen: im Gegenteil. Die Vorstellung, sie an Eurer Seite zu sehen, tröstet mich.»

Sie werden ein Paar, das sich täglich sieht (immer im Palazzo Venezia, wo eine kleine Suite, das Appartamento Cybo, ein Vorzimmer, ein Arbeitszimmer und das so genannte Sternzeichenzimmer umfassend, für Claretta eingerichtet wird), aber nie länger als eine halbe Stunde. Niemand soll von der neuen Favoritin wissen, heimlich tritt sie jeden Nachmittag über eine Nebentür in den Palast, hier verbringt sie den halben Tag, rauchend, wartend, Musik hörend, wartend, lesend, wartend, bis er kommt zwischen zwei Besuchern oder bevor er am Abend den Palast verlassen wird, um in der Villa Torlonia sein «normales» Familienvaterleben aufzunehmen. Claretta akzeptiert, sie hat keinen anderen

Lebenssinn als ihn. Die «Eintagsfliegen» umschweben ihn weiterhin, anfänglich wagt Claretta noch nicht, auf sie anzuspielen, obwohl sie ahnt, später weiß und Eifersucht sie quält.

Wenn sie am Abend zu Hause ist, sitzt ihre Familie zu Tisch. Sie teilt die Mahlzeit nicht, geht zu Bett und wartet auf den letzten Anruf ihres «Ben», wie sie ihn in Anlehnung an D'Annunzios Wortschöpfung nennt, gegen Mitternacht. Vorher schreibt sie Tagebuch, verfasst den obligaten Liebesbrief an Ben, auf ihrem rosa handgeschöpften Papier mit weißer Taube und schwarzem Adler.

Claretta ist eine romantische Seele, und genau das macht sie für Mussolini interessant. So wird auch erklärlich, dass sich die Beziehung in dem Maße verschlechtert, in dem Claretta versucht, dem Duce auch «Partnerin», kompetentes Gegenüber in Sachfragen zu werden. Als nach und nach durchsickert, dass sie es ist, die des Duces Gunst genießt, erreichen sie, die «Eccellenza Petacci», täglich viele Hunderte von Briefen, Bittschriften zumeist, die sie mit der Mutter liest, sortiert, weiterleitet oder fortwirft. Sie hält sich in politischen und personellen Fragen noch besser auf dem Laufenden als früher, und sie hat enorme Ausgaben. Der Duce ist geizig, er fragt nicht, wie Claretta, die kein Einkommen hat, ihre Garderobe bestreitet. Er schenkt ihr ein einziges Mal Schmuck, ein Medaillon an silberner Kette mit seiner Fotografie, und ein einziges Mal Kleidung: zwanzig wunderschöne Morgenröcke, ihre Lieblingskleidungsstücke, in allen Farben, Mustern, Stoffen und Schnitten. Die trägt sie abwechselnd im Appartamento Cybo, wenn sie auf ihn wartet. Die Blumen, die seinen Schreibtisch schmücken, stammen von Claretta. Sie wird weder zum Essen ausgeführt, noch macht sie Reisen mit ihrem Geliebten. Im

Gegenteil: Wenn er den Sommerurlaub in Riccione verbringt, wird sie in die Nähe beordert, wo sie auf eigene Kosten wiederum zur Verfügung zu sein hat, wenn er morgens um fünf Uhr auf dem noch unbevölkerten Strand einen Spaziergang mit ihr machen möchte oder wenn er, eskortiert von seinen Geheimpolizisten, in der glühenden Mittagshitze mit ihr in ein Wäldchen fahren will, für ein halbes Schäferstündchen.

Einmal vertraut Claretta einem Freund an, wie sie leide: «Sehr traurig ist meine Liebe, voll des schmerzhaften Schweigens, der unterdrückten Tränen. Wenn ich mich von ihm entfernen würde, weil ich erschöpft bin, ausgezehrt von diesem unmöglichen Kampf, glaub mir, in seiner unendlichen Güte und, nennen wir es ruhig Naivität, würde er zum Gegenstand von tausend Erpressungsversuchen und würde die Skandalchroniken der Zeitungen in aller Welt füllen. Nicht allein für mich verteidige ich ihn, sondern für alle Italiener. Aber niemand ist mir dankbar für mein langes Leiden.»

1939. Claretta ist mit ihrer Familie in ein neues, modernes Haus am Monte Mario gezogen. Die Mutter lässt für die Favoritin des Duce das gesamte Parterregeschoss «repräsentativ» einrichten (verspiegeltes Schlafzimmer mit Riesenbett, Salon, Badezimmer mit in den Boden eingelassener schwarzer Wanne). Claretta kann sich mit ihren neuen Gemächern nicht anfreunden und benutzt lieber ein kleines Zimmer im ersten Stock. Die Kosten der Villa haben alle Grenzen gesprengt, und die Petacci haben einen erheblichen Kredit aufnehmen müssen. Im Volksmund heißt es jedoch, Mussolini habe seiner Geliebten das Haus gebaut. Man regt sich auf.

Doch dann hört das Gerede fürs Erste auf, denn Deutschland beginnt den Zweiten Weltkrieg. Der Stahlpakt zwischen Hitler und Mussolini lässt dem kriegsunwilligen Duce jedoch bald keine andere Wahl, als mitzuziehen. Zeit hat er nun immer weniger für Claretta, die im Sommer 1940 wiederum die Ferien in seiner Nähe verbringt, in Rimini. Sie ist seit kurzem schwanger und hat in ihrem Überglück schon die gesamte Babyausstattung angeschafft. Der Duce freut sich auch, hat ihr aber auferlegt, mit niemandem darüber zu sprechen. Plötzlich jedoch stellen sich Bauchschmerzen bei Claretta ein. Der Vater entschließt sich, die Tochter nach Hause zu transportieren. Eine lebensbedrohliche Bauchhöhlenschwangerschaft wird festgestellt. Noch am selben Tag, dem 27. August, wird das große Spiegelzimmer Clarettas in einen Operationssaal verwandelt.

Mussolini kommt als Krankenbesuch in die Villa, glücklich, dass Claretta lebt, dass das Fieber sinkt. Doch nach einer Woche verschlechtert sich ihr Zustand, sie droht zu sterben. Eine Krise, die Eltern beschließen, den Duce zu verständigen, der seine Sitzungen sofort unterbricht und herbeieilt. Myriam erinnert sich: «Unbeweglich saß er in einer Ecke, mit schreckensgeweiteten Augen, die ins Leere blickten. Er hörte nichts von dem, was gesprochen wurde, und er sah auch weder meinen Vater noch Professor Noccioli, die sich beide im Zimmer der Kranken ablösten. Er wirkte wie ein Marmorblock.» Drei Stunden dauert die Krise, abends können beide Ärzte sagen, dass Claretta außer Gefahr ist, doch wie endlos war die Zeit für alle, insbesondere für «Ihn», der später gestehen wird, dass er an diesem Nachmittag nach der Kinderlähmung seiner Tochter Anna Maria zum zweiten Mal in seinem Leben gebetet habe. Die kleinen Fortschritte, die sie in den Wochen der Rekonvaleszenz macht, bespricht und lobt er liebevoll in seinen Briefen. Er schickt ihr Nestrovit, ein Stärkungsmittel aus vier Vitaminen: Bald soll sie wieder in den Palazzo Venezia kommen.

Doch die glücklichen Tage der Liebe sind vorbei. Mussolinis Laune verschlechtert sich, denn er hat begriffen, dass er nur die Befehle Hitlers auszuführen hat. Das alte Leiden des Duce, die Gastritis, ist wieder auf dem Plan. Am 7. August 1941 kommt Mussolinis Lieblingssohn Bruno in seinem Militärflugzeug ums Leben. Mussolini fühlt sich nicht mehr jung und unverwundbar. Claretta muss ihn trösten.

Und noch ein neues Problem: Seine Minister fordern ihn auf, gegen Clarettas Bruder Marcello vorzugehen, der in Devisengeschäfte verstrickt ist, in Zeiten des Krieges ein Kapitalverbrechen und rufschädigend. Er fühlt sich mehr und mehr von der ihn überschwänglich liebenden jungen Frau und ihrem Anhang überfordert und versucht, sich von ihr zu befreien, indem er ihr den Zutritt zum Palazzo verwehren lässt. Claretta fasst es nicht, sie läutet ihn zehnmal telefonisch an, sie kämpft, lässt kein Argument gelten. Und sie wird wieder zugelassen.

1943. Die Alliierten sind am 10. Juli in Sizilien gelandet. Mussolini werden vom König die Ämter entzogen. Kurz zuvor hat er Claretta gewarnt, sie solle sich in Sicherheit bringen. «Du machst mir Angst», sagt sie. – «Es gibt nichts, vor dem man sich ängstigen müsste, wir sind beim Epilog angelangt … bei der größten Wandlung der Geschichte … mein Stern hat sich verdunkelt», antwortet er. Kurz darauf wird er in das Gefängnis Regina Coeli gebracht.

Erst jetzt, gemeinsam mit dem Bericht über die Verhaftung, wird Donna Rachele, Mussolinis treuer Ehefrau, die Nachricht von der Liaison mit Claretta Petacci hinterbracht. Eine weitere Ironie besteht darin, dass alle Welt, ihre

Kinder eingeschlossen, darüber auf dem Laufenden waren, während sie, die einen Informations- und Überwachungsdienst aufgebaut hatte, fast neun Jahre im Dunkeln darüber lebte.

Es ist das Jahr 1944. Während der sechshundert Tage von Salò geht Rachele zur Offensive über: Mussolini ist nach den Monaten der Inhaftierung von Hitler wieder eingesetzt worden und residiert in der Villa Feltrinelli am Gardasee. Claretta, die mit ihrer Familie ebenfalls Monate in einem Gefängnis in Novara verbrachte, hat eine benachbarte Villa bezogen. Mussolini verharrt wie gebannt, ist zu keiner Entscheidung mehr fähig.

In dieser Situation möchte Rachele, die Ehefrau, die Geliebte zur Rede stellen. Sie beschwört sie, den Gardasee zu verlassen, um Benitos, des Friedens, der Kinder willen. Claretta weint, schüttelt den Kopf, schweigt. Rachele packt die Wut, sie schüttelt Claretta und zwingt sie zu sprechen. Diese fällt von einer Ohnmacht in die nächste. Als Rachele geht, schleudert sie der Rivalin einen letzten Satz zu: «Sie werden ein böses Ende nehmen, man wird Sie auf die Piazza Loreto stellen!»

Benito gibt der erschöpften Ehefrau zu verstehen, dass er einen Menschen wie Claretta, die so viel für ihn getan und gelitten habe, nicht einfach wegschicken könne.

20. April. Der deutsche Botschafter von Rahn will dem Duce den Rückzug nach Norden vorschlagen, eventuell nach Österreich, da erblickt er auf dem Schreibtisch Mussolinis einen Gedichtband, Mörike: «An die Geliebte. / Wenn ich, von deinem Anschaun tief gestillt, / Mich stumm an deinem heilgen Wert vergnüge, / Dann hör ich recht die leisen Atemzüge / Des Engels, welcher sich in dir verhüllt …»

Nein, Mussolini will bleiben. Hingegen befiehlt er seiner

Frau und den Kindern telefonisch die Flucht in die nahe Schweiz.

25. April. Der Duce hat sich entschieden. Er will mit einem Konvoi von Getreuen und einer Flakabteilung der Waffen-SS in das Veltlin hochfahren, es heißt, um gegen die Partisanen zu kämpfen. Am Ausgang von Mailand stößt ein Wagen mit Diplomatenkennzeichen dazu. Marcello Petacci mit Frau und Kindern und Claretta.

27. April. Von Como aus setzt sich die Kolonne im Morgengrauen in Richtung Meran in Bewegung, wo die deutsche Militärzone beginnt. Mussolini ist in dem Panzerwagen der Deutschen. In Dongo wird Mussolini, der einen betrunkenen Deutschen mimt, entlarvt. Er wird inhaftiert, ebenso Claretta, die sich weigert, ihre Identität preiszugeben. Während eines der Verhöre durch den Partisanen «Pedro» bittet Mussolini um einen Dienst: «Ich habe eine Freundin, eine besonders gute Freundin ... eine Dame. Sie ist im Rathaus von Dongo ... Ich würde ihr gern eine Nachricht übermitteln lassen.» Zögernd nennt Mussolini Clarettas Namen – erst als man sie mit Mussolinis Grüßen konfrontiert, gibt sie zu, Claretta Petacci zu sein. Nun hat sie einen Wunsch: Man soll sie mit ihm zusammenbringen.

28. April, nachts gegen ein Uhr. Zwei Autos treffen an dem Wildbach Albino zusammen. Mussolini ist erstaunt, Claretta zu sehen. Eine Bauernfamilie in Bozzaniga di Mezzegra gibt ihnen Quartier: Ein Zimmer mit hölzernem Ehebett, zwei Nachttischchen, zwei Stühlen und einem kleinen Tisch ist der Schauplatz ihrer letzten Nacht, die auch die erste gemeinsame ist. Es ist 3.30 Uhr.

Am Nachmittag des 28. April sind der Duce und Claretta tot, vermutlich erschossen von dem Partisanen «Valerio», mit bürgerlichem Namen Walter Audisio, später kommunistischer Senator im italienischen Parlament. Ob Claretta irrtümlich mitgetötet wurde, weil sie, um Mussolini zu schützen, in die Kugel lief, ob der Duce zuletzt doch selbst Hand an sich gelegt hat und sein Tod nur von den Partisanen reklamiert wurde, ob er schon vor seiner Erschießung am Nachmittag tot war, diese Fragen werden wohl nie gelöst werden. Nicht vergessen hat jeder, der es sah, real oder auf Fotos, die kopfunter in Mailand aufgeknüpften Leichen Bens und seiner Claretta, an einer Tankstelle des Piazzale Loreto.

Er ist besessen
von prallen Frauen,
sie ist zierlich und treu.

Federico Fellini und
Giulietta Masina

Rom 1938: Ein junger Mann, dem die Mitschüler, weil er so mager ist, den Spitznamen «Gandhi» gegeben haben, kommt in die Hauptstadt. Er stammt aus Rimini, ist Sohn eines Handelsvertreters und hat sich schon als Karikaturist hervorgetan: «Ich war sehr bleich und romantisch. Mein Hemd war immer schmutzig und mein Haar lang. Ich arbeitete als Sekretär bei ‹Il Popolo di Roma›, machte die Post auf und erledigte Botengänge.» Nebenbei zeichnet er Karikaturen für ein Dutzend Zeitungen und Zeitschriften, schreibt Sketche und Varietélieder, Werbetexte und Kurzhörspiele fürs Radio. In der Nähe des Bahnhofs hat er sein möbliertes Zimmer, inmitten von chinesischen Krawattenverkäufern, Gaunern und Nutten. Zwischen 1939 und 1942 veröffentlicht er siebenhundert Artikel in dem populär-humoristischen Blatt «Marc Aurelio», das für seine subtilen Spitzen gegen das faschistische Regime bekannt ist. Er macht sich hier einen guten Namen, der ihm bald auch Rundfunk- und später Drehbuchaufträge einbringt.

Herbst 1942. Ein einundzwanzig Jahre altes Mädchen, Studentin der Archäologie und im Nebenberuf Schauspielerin, klein, etwa zweiundvierzig Kilo schwer, vom androgynen Typus, ein Mädchen mit eindrucksvollen großen Augen, ein Mädchen, das Sängerin hat werden wollen, aber irgendwann hat einsehen müssen, dass das Stimmvolumen dafür nicht ausreichte, ein Mädchen, das auch sehr schön Klavier spielte, dessen Hände jedoch zu klein sind für die großen Griffe und die Pianistenlaufbahn, ein Mädchen, das selbst für den professionellen klassischen Tanz, den es ebenfalls gut beherrscht, leider zu klein ist, ein Mädchen aus gutbürgerlicher Familie, das vielfältig musisch begabt ist und sich daher der vieles vereinigenden Schauspielkunst verschrieben hat, ein Mädchen, das von seiner Tante, bei der es lebt, streng behütet wird, denn die Doktorarbeit soll trotz des Studententheaters abgeschlossen werden, dieses Mädchen, das beim Rundfunk als Sprecherin sein erstes Geld zu verdienen gedenkt, trifft im Büro seines Redakteurs auf den damals noch rechtmäßig den Namen «Gandhi» führenden Fellini. Das Mädchen, es heißt Giulia Masina, sieht einen hageren, groß gewachsenen, freundlichen jungen Mann. Und damit hat es sich.

Einige Tage später. «Gandhi» ruft Signorina Masina an. Er möchte einen Film drehen, die Geschichte eines jungverheirateten Paares, da könnte eine Rolle für die «Duse des Uni-Theaters» dabei sein. Er braucht ihr Foto. Dringend!

Tags darauf. Man hat sich für halb zwei Uhr vor dem Portal des Rundfunks verabredet. Signorina Masina hat sich einverstanden erklärt, mit «dem vom Film» zu Mittag zu essen, aber die Tante darf nichts wissen, und daher muss die Signorina an diesem Tag zweimal zu Mittag essen: einmal bei der Tante zu Hause und einmal mit «Gandhi» im Luxusrestaurant. Der im Übrigen hineinhaut, dass es die Signorina mit der Angst zu tun bekommt. Ob das denn alles stimmt, ob der genug Geld dabei hat? Oder ob dann am Ende sie die

Rechnung …? Sie isst jedenfalls nur eine Minestrone. Als die Rechnung kommt, zieht «Gandhi» lässig ein Bündel Banknoten hervor. Niemals später, beteuert Giulietta Masina, habe sie ihn mit so viel Geld in der Tasche gesehen.

Acht Monate später. Es hat gefunkt zwischen «Gandhi» und der Signorina Masina, dem Großen und der Kleinen. Im Rückblick sieht «Fefe», wie seine Freunde Fellini später nennen, die Zeit der ersten Liebe mit Giulietta so: «Giulietta und ich waren gemeinsam jung. Zusammen entdeckten wir das Leben. Ich führte sie in die Liebe ein. Keiner von uns hatte schon sehr viele Erfahrungen im Leben, in der Liebe gemacht. Ich mehr als sie …» Aus dem Film ist nichts geworden, denn es ist ja Krieg. Eigentlich will Fellini die junge Giulietta auch nicht heiraten, aber es ist ja Krieg. Und da empfinden die Menschen stärker, da beschleunigen sich die Vorgänge. Fellini meint andererseits, er habe noch lange nicht genügend Erfahrungen gesammelt. Er fühlt sich unreif für eine Ehe, doch er liebt Giulietta. Aber in seinem Kopf schwirren diese Bilder herum, Frauen, schöne Frauen, dicke Frauen, gewaltige Hinterteile, enorme Busen, kurz: Sex, Sex, Sex. Und Giulietta ist so anders. «Sie war so zierlich und brauchte meinen Schutz. Sie war so lieb, so unschuldig, so gutherzig, so vertrauensvoll. Ich überragte sie. Sie blickte in jeder Weise zu mir auf, nicht nur in körperlicher Hinsicht. Sie war sehr beeindruckt von mir.» Für Giulietta stellt sich, so meint jedenfalls Fellini, die Sache weitaus einfacher dar: Sie ist eine Frau, die sich einmal für einen Mann entschieden hat und deren Universum von diesem Augenblick an um diesen Mann kreist. Einfacher? Wenn der Auserkorene Fellini heißt? Fellini, der die Dinge so sieht: «Für den Mann ist die Ehe ein unnatürlicher Zustand. Er empfindet sie als Willkür und akzeptiert sie nur, weil man ihm das von Kindheit an so eingetrichtert hat. Jahrelang habe ich das Giulietta zu erklären versucht, aber ihre Meinung zu diesem Thema steht in krassem Gegensatz zu der meinen, und sie ist genauso starrköpfig wie ich.»

Die Zeiten sind nicht gemütlich, rein äußerlich nicht, und im Inneren herrscht, wie es scheint, auch nicht eitel Harmonie. Aber es wird geheiratet. Federico Fellini verschickt jedenfalls eine von ihm selbst gezeichnete Anzeige, die ihn mit seiner Braut zeigt, wie sie in der Kirchenbank knien, während sich ein über dem Paar im Himmel spielender Engel zum Abflug nach unten in das neu errichtete Heim aufmacht, ein zarter Hinweis auf das Baby, das unterwegs ist. Aus Sicherheitsgründen findet die Trauung allerdings nicht in der Kirche statt, sondern zu Hause, wo glücklicherweise auf demselben Stockwerk Monsignore Cornaggia de' Medici wohnt, der die Dispens hat, die Messe auch außerhalb der Kirche zu lesen. Federicos Bruder Riccardo singt das Avemaria dazu, die Gäste sind nicht gerade zahlreich, nicht einmal die Eltern der Brautleute erhielten die hübsche Anzeige, denn die Telefon- und Postverbindungen sind massiv gestört. Fellinis Eltern in Rimini erfahren erst später über das Rote Kreuz von der Hochzeit ihres Sohnes.

März 1945. Überglücklich ist Federico Fellini. Er ist Vater geworden! Nachdem Giulietta wenige Monate nach der Hochzeit einen Treppensturz und dadurch verursacht eine Fehlgeburt erlitten hatte, hat sie die zweite Schwangerschaft austragen können und jetzt den kleinen Federico pünktlich zur Befreiung Roms zur Welt gebracht.

Ostern 1945. Federico trauert. Giulietta liegt am Kindbettfieber darnieder. Der kleine Federico ist gestorben. Giulietta wird noch einige Jahre mit ihrer angeschlagenen

Gesundheit kämpfen müssen, und immer bleibt da die Wunde: kein Kind zu haben.

«Meine Filme sind unsere Kinder!», sagt Fellini immer trotzig, wenn die Rede auf den großen Schmerz, die Tragik ihrer Beziehung zu sprechen kommt. Das ist, wie der an der Psychoanalyse geschulte Regisseur weiß, auch eine Form der Distanzierung. Und doch ist in seinem und Giuliettas Fall etwas Wahres daran über die banale Weisheit hinaus, dass ein Kunstwerk oft unter Schmerzen von seinem Schöpfer erzeugt wird und dass er es liebt.

Fellini entdeckt das Filmen als seine Ausdrucksform, als eine Art optimiertes Karikaturenzeichnen und als Mittel der erinnernden Selbstanalyse. Für Giulietta und oft mit ihr macht er seine Filme; aber insbesondere zwei tragen den ganzen Bogen seiner Arbeit wie gewaltige Brückenpfeiler am Beginn und am Ende des Wegs: «La Strada» und «Ginger und Fred». In der Beziehung zwischen Giulietta Masina und Federico Fellini ereignet sich das, was sich die meisten Menschen wünschen, was jedoch den wenigsten gewährt wird: Zwei Menschen werden durch ihre Liebe, die an der Trauer zunächst und dann am gemeinsamen Schaffen wächst, zu einer höheren Einheit. Tatsächlich sprach nichts für eine lange Beziehung zwischen Giulietta und Fellini. Er ist sexbesessen, sie ist treu. Sie liebt die Gesellschaft, er nicht. Sie reist gern, er nicht. Und so weiter – fast scheint es, als hätten sie keinerlei Gemeinsamkeiten. Unerklärlicherweise bleiben sie trotzdem beieinander, brauchen einander wie das tägliche Brot, telefonieren wohl zehnmal am Tag, wenn sie sich nicht sehen können. Und eine Form ihres immer wieder neu vollzogenen Liebesaktes ist der Film: Ich sehe dich, wie du nicht bist, aber sein könntest; ich stülpe das Allerinnerste nach außen, stelle mich als seelenlosen

Tiermenschen dar, der dich zugrunde richtet, der dich verbraucht. Ich zeige dir etwas von mir und frage dich, ob du, wenn auch ich so wäre, immer noch zu mir hieltest. Ich bin Zampanò, und du bist Gelsomina, die holde Einfalt, die Clownin, die aufbegehrt und es dennoch nicht schafft, sich von mir zu lösen. Ich bin der starke Riese, und du bist der hässliche, dumme Zwerg. Mein Film ist meine Forderung an dich, meine Bitte, meine Liebeserklärung.

Giulietta und Federico können die Qualen ihrer Liebe filmisch ausleben. Sie können die Eifersucht, ein beherrschendes Thema ihrer Beziehung, darstellen. Das unterscheidet sie von uns, aber es erklärt auch den überragenden Erfolg der Filme von ihrer Liebe und der Unmöglichkeit dieser Liebe. «La Strada» wäre also das Beispiel für eine Liebe und einen Film, in denen sich Realität und Schein, Analyse und Aktion, Projekt und Sehnsucht, Schmerz und Gelingen, Liebesarbeit und Dreharbeit spiegeln, erklären, überlagern, vermischen, wie es nur bei diesem Paar sein konnte.

Die Skizze für das Drehbuch ist bereits seit 1949 fertig. Fellini findet keinen Produzenten für den Film, weil er die Hauptrollen mit zwei unbekannten Schauspielern besetzen will, einem gewissen Anthony Quinn und mit Giulietta Masina. Sehr viel später hat Fellini über den Entstehungsprozess von «La Strada» geschrieben: «Die Geschichte stand in ihren Figuren, im Ton, im Kolorit ihrer Abenteuer schon so fest, daß man denken konnte, sie sei vielleicht schon vor langem entstanden und habe nur darauf gewartet, wiedergefunden zu werden. Aber was war es denn, was sie mich hat wiederfinden lassen? Vor allem, glaube ich, war es Giulietta. Ich wollte schon eine ganze Zeit einen Film für Giulietta machen.»

Merkwürdig, dass ein junger Regisseur, der die Chance

hat, einen internationalen Film zu drehen, auf so «dummen» Forderungen besteht, die die ganze Sache um Jahre verzögern. «La Strada» jedenfalls ist erst 1953 fertig, denn so lange dauert es, einen Produzenten zu finden, der das Wagnis eingeht, mit der Masina zu drehen. Zur Belohnung wird dann alles glorios: dreißig internationale Preise, darunter der Oscar. Giulietta erhält «tausend» Briefe von dankbaren Frauen: Ihre Männer hatten sie verlassen, waren aber, nachdem sie «La Strada» gesehen hatten, zu ihnen zurückgekehrt. In Amerika nennt man Fellini bei der Oscar-Verleihung «Mr. Masina», so überstrahlt Gelsomina-Giuliettas Ruhm den ihres Schöpfers. Die anstrengenden Dreharbeiten, den Kampf um die Rollenauffassung der Gelsomina, den Giulietta mit Federico ausgefochten hat und der ein Kampf um die Rollen in ihrem eigenen Liebesfilm ist, all das spüren die Zuschauer und bewundern es. Giulietta will mehr das prädestinierte Opfer, das Aschenputtel an Gelsomina hervorarbeiten, während Federico in ihr ein zwiespältiges Wesen sieht, das von jeher in Giulietta selbst schlummert. Ende 1953 ist das Team losgezogen und hat mit einigen Unterbrechungen bis zum Ende des folgenden Frühjahrs fast ausschließlich im Freien gedreht. Die Temperaturen bewegen sich immer um null Grad, kein Komfort begleitet die Truppe. Da passiert es: Giulietta verstaucht sich den Knöchel. Sie soll gemäß dem Befehl des Produzenten umbesetzt werden. Fellini kämpft für sie, sie bleibt. Dann sind nur noch drei Wochen zu drehen. Die Crew ist glücklich, allein Fellini wirkt auf einmal müde und abgespannt, lustlos, er verkriecht sich in das Hotelbett, schlaflos. Er versucht, seinen totalen psychischen Zusammenbruch, den er später einmal als «eine Art Tschernobyl der Psyche» bezeichnet hat, sogar vor Giulietta zu verheimlichen. Er hält die mörderische Sublimation der Ängste, die er als Kind empfunden hat, nicht mehr aus. Aber Giulietta versteht, ohne dass er sprechen muss, und sie handelt. Sie schickt ihn in die psychoanalytische Behandlung Emilio Servadios, eines Jung-Schülers. Fellini taucht in die Welt der Analyse ein, die Begegnung mit der Welt seiner Kindheit beginnt. Deutlicher kann nicht werden, dass Giulietta und Federico innerhalb ihrer Arbeit an «La Strada» an eine Grenze geraten sind, auf einen schmalen Grat zwischen Normalität und Wahn, Glück und Depression. Die Geschichte von der Unmöglichkeit einer Liebe, ihrer Liebe erzählt zu haben ist im Nachhinein der Beginn einer neuen, tieferen Liebe.

Andererseits hat Fellini, indem er aus Giulietta Gelsomina gemacht hat, seine Frau sakrosankt gemacht. Einer Frau, die diesen mythengleichen Erfolg im Rücken hat, kann kein Regisseur mehr irgendeine Rolle anbieten. Sie selbst findet an dem wenigen, was da jetzt noch kommt, immer etwas auszusetzen. Nichts hält dem Vergleich mit «La Strada» stand, kein Mann dem mit Fellini. Auch wenn Giulietta ihren Mann nicht direkt zu einem Film inspiriert wie in «La Strada», wie in «Die Nächte der Cabiria», wie in «Giulietta und die Geister», wie zuletzt in «Ginger und Fred», speist seine mit ihr gewonnene Erfahrung all seine Filme: Die Welt dieser Frau ist geheimnisvoll, unergründlich, sie kommuniziert mit geheimnisvollen Kräften, sie ist ein Rätsel. Jeder Kontakt mit ihr entfacht seine Lebens- und Arbeitskräfte. Sie ist sein Jungbrunnen. Einmal, Federico ist auf Reisen und ruft Giulietta zu Hause an, ist sie nicht da. Sie meldet sich einfach nicht: «Auch nicht sehr spät am Abend. Ich stellte mir die fürchterlichsten Sachen vor, die ihr passiert sein konnten. Ich gelobte mir selbst – und Gott –, daß ich von nun an ein perfekter Ehemann sein würde, wenn ich sie nur gesund und wohlbehalten wiederfände. Sie kam nach Hause und meldete sich am Telefon. Danach war ich immer noch kein perfekter Ehemann, aber ich glaube, ein guter.»

Giulietta lässt ihren Federico auch, wenn sie selbst nicht mitwirkt in einem Film, aufbrechen, entweichen in die Welt von Cinecittà Studio 5, den mittlerweile zum Mythos gewordenen Ort, wo Fefe die Gestalten seiner Phantasie erst aufs Papier kritzelt und dann wie der Prinz im Märchen Boten ausschickt, die «allüberall im Lande» nach ihnen suchen und sie herbeischaffen, die Riesen mit der platten Nase, die Kuh mit den achtzehn Zitzen, die Doppelgänger von Proust und Kafka, die Combo von achtzehn tanzenden und musizierenden Liliputanern und die Frauen, die schönen und schönsten Frauen, die begehrenswertesten Frauen: «Die Beziehung zum anderen Geschlecht war für mich immer ein Problem. So ist es merkwürdig, wenn ich eine Frau wiedertreffe, mit der ich vor zwanzig, dreißig oder vierzig Jahren eine kurze Affäre hatte. Sie meint, ich würde ihr etwas schulden. Vielleicht schulde ich ihr, daß ich mich daran erinnere, aber manchmal weiß ich es einfach nicht mehr. Giulietta hat solche Dinge sehr viel genauer im Gedächtnis als ich. Manchmal erinnert sie sich sogar an Dinge, die nie geschehen sind. Ich glaube, ein Mann hat mehr das Ganze, das Gesamtbild im Blick. Eine Frau sieht vor allem die kleinen Dinge.»

Mit «La Strada» kam der erste Welterfolg ihres Liebesfilms. Hand in Hand damit wurde aber auch Giuliettas und Federicos wahre Liebe, ihre Ehe, in das Licht der Öffentlichkeit gerückt und entsprechend idealisiert oder in Krisen geredet. Wie, so fragen die sensationslüsternen Journalisten im Laufe der Jahre immer bohrender, geht es an, dass dieser Regisseur, dessen Leidenschaft offensichtlich, wie schon erwähnt, Riesenbusen, die Kleidung sprengende weibliche Hinterteile sind, glücklich leben kann mit einer Frau, die ihm das jedenfalls nicht bietet? Während der fünfzig Jahre währenden «unmöglichen» Beziehung von Fefe und Giulietta finden böse Zungen oft genug Gelegenheit zu Schmähreden. Anita Ekberg, Claudia Cardinale, Sandra Milo – alle sind sie natürlich Fellinis Geliebte.

So stimmt das jedoch nicht, auch wenn es Seitensprünge gab. Fellini wischte deren Bedeutung am liebsten ganz beiseite.

Wenn überhaupt, dann war es die Liaison mit Sandra Milo während der Dreharbeiten zu «8 ½», die der großen Schüssel der Liebe von Fellini und Giulietta einen Sprung versetzte. In den Anmerkungen zu diesem Film, der auch Anouk Aimée und Mastroianni zu einem Liebespaar vereinte, schreibt Fellini über die Hauptperson, den Regisseur Guido (Fellini): «Seine Bindung an das friedliche Dickerchen (Sandra Milo in der Rolle der Geliebten Carla) beruht auf einem dumpfen physischen Wohlbehagen; es ist für ihn, als sauge er an der nährenden Brust einer törichten Amme, um dann satt und selig einzuschlafen.» Giulietta nahm die Sache diesmal ernst, sie wollte ausziehen oder die gemeinsame römische Wohnung so teilen, dass keiner dem anderen mehr über den Weg zu laufen brauchte. Aber auch hier schwieg sich Federico Fellini aus, schwieg sich auch Giulietta in der Öffentlichkeit aus, und es war die Milo, die, um von sich reden zu machen, in dem Buch gleichen Titels über «ihren lieben Federico» sprach. Darin beschreibt sie Federicos «unstillbaren Hunger auf jedwede Kreatur» und nennt sein unaufhörliches Suchen nach der Vereinigung mit jeder sich bietenden Frau eine Abart davon, gewissermaßen eine «Schatzsuche». Mit Hilfe der Zwei-Hälften-Theorie erklärt

Sandra Milo dann sogar das Paradox des liebenden Ehemanns der Giulietta: Die eine Hälfte seines «großen, unordentlichen Körpers» schweife ruhelos umher, «gefräßig, gierig und verzweifelt», die andere suche die Ordnung im Leben und in den Gedanken und finde sie bei Giulietta.

Fragen wir die weitaus diskretere «Betroffene», Giulietta, lange nachdem die Klippe umschifft ist: «Wie fühlen Sie sich als Frau eines Mannes, der wie nur wenige von den Frauen verehrt, begehrt und umworben wird?» Antwort: «Wenn man den Mann noch bei sich weiß und er einem immer noch Rosen schenkt und Liebesbriefe schreibt – dann fühlt man sich sehr gut.» Frage: «Und wie sehen Sie dieses Problem, Federico?» Anwort Fellini: «Ich mag: Bahnhöfe, Risotto, Rosen, die Marx Brothers, Piero della Francesca, alles, was an schönen Frauen schön ist, Simenon, Faber-Bleistifte Nr. 2. Ich mag nicht: Partys, Witze, Brecht, Schwarztee, Kutteln, Interviews.»

Während des Drehens, so berichtet Federico freimütig, habe er von jeher stärkeren Appetit als sonst auf Essen gehabt und auch auf Sex. Das gehöre für ihn zur Arbeitsatmosphäre, zur Dimension seines berühmten Archivs, des Gesichterarchivs, des Nasen- und Hinterteilarchivs (unterteilt in große Hinterteile und enorme Hinterteile), des Busen-, Zwergen- und Riesenarchivs. Die Diven gehören in die kleinere Abteilung des Archivs weiblicher und männlicher Stars, denn auch Richard Basehart, Marcello Mastroianni und Donald Sutherland sind zu nennen, die man abwechselnd als Fellinis Alter Ego bezeichnet hat. Giulietta hat gelernt, mit diesem Stoffwechsel umzugehen, und spielt eine Rolle jedenfalls nicht: die der eifersüchtigen Ehefrau, obwohl oder gerade weil sie rasend eifersüchtig ist. Federico fasst das komplizierte Verhältnis so zusammen: «In all den Jahren, die seitdem vergangen sind, habe ich keine einzige Frau getroffen, mit der ich lieber als mit Giulietta verheiratet gewesen wäre.»

Giulietta hat sich nicht so dezidiert geäußert. Fellini vermutete, dass er auch ein Kreuz für sie war, das sie immer wieder lernen musste, neu zu tragen. Sie hat ihre Karriere der seinen untergeordnet, hat sich für ihren Mann verfügbar gehalten, hat sich mit kämpferischem Elan gefügt, aber nie ergeben. Mit den Jahren, als ihr klar wird, dass die Filmrollen eher noch seltener werden für sie, fängt sie an, sich außer mit Fellini mit Dingen zu beschäftigen, die ihrer humanitären Gesinnung entsprechen. So betreut sie mehr als zehn Jahre lang eine Kolumne in der Turiner Tageszeitung «La Stampa», in der sie den Lesern allwöchentlich eine Herzensfrage à la «Gibt es die Liebe heute noch, Frau Masina?» oder «Wie kann man im 20. Jahrhundert spirituelle Erfahrungen sammeln?» beantwortet. Den Kindern in aller Welt hilft sie, die Kinderlose, als Leiterin der italienischen Sektion der Unicef. Vor einigen Jahren hat sie auch die Gedanken und Gebete der Mutter Teresa auf Kassette gesprochen. Bewegend ist es, ihre Stimme zu hören, die Stimme einer Kettenraucherin. Als «Bariton» hat man sie bezeichnet. Giulietta Masina hat nie resigniert, denn sie hat nie aufgehört, ihren großen Federico zu lieben, der das Leben so liebevoll feierte wie sonst nur noch sie.

Ein Freund erzählt, wie Giulietta auf Fellini am Flughafen warten musste. Das Flugzeug hatte eine halbe Stunde Verspätung. Als Fellini seine Frau endlich sieht, stürmt er heran, hebt sie hoch wie ein Kind, wirbelt sie herum und küsst sie herzhaft ab. Das ist noch gar nicht so lange her. Fellini und Giulietta hatten keine Kinder, aber sie ersetzten sie sich einander: Giulietta umsorgte Fellini wie ihr Kind, Fellini erzog sich Giulietta. Beide hatten sie Respekt vor der

Welt des anderen, beide Welten konnten sich aber auch berühren, ergänzen, verändern und bereichern. Sie waren einander Geliebte, Geschwister, Freunde, Partner – alles, was ihnen die Welt ihrer Kunst nicht bieten konnte.

In «Ginger und Fred», 1985, dem letzten Film, den Fellini für Giulietta ersonnen hat, dem ersten, in dem Giulietta zusammen mit Marcello Mastroianni vor der Kamera steht, kommt es zu einigen Bekenntnissen, die wahrscheinlich der «Wahrheit» sehr nahe kommen. Es geht hier neben vielen anderen Themen um die einmal gewesene Liebe zweier Imitationsstars, die sie im Moment ihres Wiedersehens gegen ihren Willen wieder empfinden: Ginger und Fred alias Amelia und Pippo alias Giulietta und Marcello alias Giulietta und Fellini – in dieser unendlichen Spiegelung ist es allein das wirkliche Paar, das auf der Erde nicht mehr vereint ist, das die von dem Regieassistenten im Film beschworene kitschige Idealität, «ein Paar auf der Bühne, ein Paar im Leben», ganz unverkitscht gelebt hat: «Wahre Liebesgeschichten liebt das Publikum doch allzu sehr.»

Am 30. Oktober 1993 will das Paar seine goldene Hochzeit im Freundeskreis feiern. Fellini benutzt als Vorlage für die Einladungskarte die handgemalte Einladung zur Hochzeit 1943. Seit dem 15. Oktober liegt er jedoch, von einem Schlaganfall hingeworfen, auf der Intensivstation des Poliklinikums Umberto I. Es gibt nichts mehr zu feiern. Am 31. Oktober stirbt er, der den Hochzeitstag hatte vorfeiern wollen, weil er glaubte, Giulietta könne ihn nicht mehr erleben. Giulietta Masina überlebt ihren Mann um knapp fünf Monate. Bevor sie am 23. März 1994 stirbt, äußert sie den Wunsch, mit einem Foto Federicos in der Hand begraben zu werden.

Fellinis langsames Sterben wurde vermarktet, wie es die

Berlusconi-Republik nur eben vermochte. Giulietta, die selbst schon Lungenkrebs im Endstadium hatte und der ihre Ärzte abrieten, Fellini im Krankenhaus zu sehen, erfuhr die Einzelheiten seines Abtretens haargenau aus der Zeitung, ein Foto des Toten sah sie auf der Mattscheibe, erhascht von einem Paparazzo, der sich in Krankenhauskleidung eingeschmuggelt und dem Toten alle Schläuche abgerissen hatte. Der weltberühmte Regisseur, für dessen Filmideen in den letzten Jahren kein Produzent mehr aufzutreiben war und der sich daher darangemacht hatte, Werbespots zu drehen, war zumindest in den langen Stunden seines Sterbens wieder der Erwähnung wert. In «Ginger und Fred», Fellinis Abschieds-Liebesfilm für Giulietta, zieht Pippo das Fazit: «Wir beide sind Gespenster, die aus dem Dunkel auftauchen und wieder im Dunkel verschwinden.»

Die

Eigensinnigen

Wahrheit und Freiheit!
Franziska Gräfin zu Reventlow

Das fünf Jahre alte, zarte, blonde Mädchen hat nur einen Wunsch: Am sechsten Geburtstag möchte es, so wie seine Brüder auch, ein Junge sein! Das hat ihm doch das Kindermädchen versprochen, als es wieder einmal getröstet werden musste, weil die Mutter verbot, dass es mit den Brüdern auf die Bäume kletterte. Groß ist die Enttäuschung am 18. Mai 1877, als keine wundersame Verwandlung mit ihm vorgegangen ist.

In der Erinnerung der holsteinischen Komtess Fanny Liane Sophie Auguste Wilhelmine Adrienne zu Reventlow war die Kindheit ein Martyrium, das sie mit grauen Strickstrümpfen und einer nichts sagenden Fibel, neben der Mutter sitzend und sehnsüchtig nach dem Getobe der Brüder schielend, verbrachte: «Mama und Prügel kriegen waren so ziemlich die ersten Begriffe.»

Anders als die folgsame Älteste, die Schwester Agnes, gehorcht Fanny eben nicht, büxt aus in die Natur, zum Schwimmen, Hüttenbauen und Fechten. Die Hauptrolle in ihrer Kindheit spielen die Brüder, die Mutter erregt Angst und Ärger, die Schwester ist langweilig, vom Vater, dem Landrat von Husum, erzählt sie so gut wie nichts.

In den «Übergangsjahren» schicken die Eltern das impulsive Mädchen weg von zu Hause, zu eng erscheint ihnen der Umgang Fannys mit ihren Brüdern Ernst und Karl, genannt Catty. Sie kommt in das Freiadlige Magdalenenstift zu Altenburg in Thüringen, wo sie im Kreise anderer junger Gräfinnen, Baronessen und Freifräulein lernen soll, was ihr dereinst – nach der vorteilhaften Heirat, die man für sie anvisiert – von Nutzen sein kann, insbesondere französische Konversation. Die Zwänge und die Verlogenheit, die sie in der strengen Erziehung wahrnimmt, provozieren die fünfzehnjährige Fanny. Sie schreibt: «Die Erste jeder Klasse war verpflichtet, auf alles aufzupassen; wegen kleiner Vergehen wurde man notiert, z. B. wenn man *cochon* zu einer anderen gesagt hatte, wenn man in einem statt zwei Unterröcken durch den Schlafsaal ging (eine wurde für diesen Fall vom Pastor auf Befehl der Pröbstin ver…, ‹weil sie es sonst doch wieder getan hätte›), wenn man um ½ 7 im Bett lag etc. pp. Sprach man deutsch, so bekam man ‹die Kette›, eine schwarze Kette … Abends nach der Andacht mußte man sie mit tiefem Knicks der Pröbstin überreichen, wofür sie einem 1 M vom Monatsgeld abzog. (Ich habe meistens überhaupt keins zu sehen bekommen, weil es für lauter Strafen weggegangen war.)»

Das schlimme Ende ist programmiert. Keine Regel, die sie nicht übertreten hätte, keine Tollheit, die sie nicht, aus bloßer Lebenslust, begangen hätte. Immer wieder wird sie mit *silence* belegt oder eingesperrt, und nach und nach wenden sich alle Mädchen von Fanny ab, denn wer mit ihr verkehrt, fällt auch in Strafe. Allein, Fanny nimmt keine Lehre an. Sie lässt es weiter auf alles ankommen. Um Weihnachten 1886 schreibt die Pröpstin an die Eltern, der Zögling sei nach der allgemeinen Einsegnung nach Ostern aus dem Stift abzuholen. Dies geschieht auch, nicht ohne dass die gestrenge Frau anlässlich der vorösterlichen Zeugnisausgabe von «Krebsschäden» spricht, die die Atmosphäre des Stifts in der letzten Zeit zu verseuchen begonnen hätten und nun durch einen «raschen Eingriff» beseitigt werden müssten. Fanny bleibt ungerührt. Voll innerlichen Triumphs notiert sie in ihrer Erinnerungsschrift «Altenburg»: «Mit mir seid ihr doch nicht fertig geworden.»

Für die Eltern ist die Relegierung Fannys eine Schande, und die Mutter nennt sie «verloren und unbrauchbar». Man weiß nichts Rechtes mit ihr anzufangen und schickt sie vorläufig zu Verwandten und Bekannten auf nahe gelegene Güter. Hier ist sie meist wohlgelitten und genießt bescheidene Freiheiten. Sie erhält zeitweise auch Malstunden und träumt bald von einer regelrechten Ausbildung zur Malerin.

Mit dem Umzug ihrer Familie nach Lübeck im Jahre 1889 und dem Verlust des Kindheitsparadieses, des Schlosses und Parks von Husum, ist Fanny zunächst gar nicht einverstanden, doch uninteressant ist Lübeck nicht. Über ihren Bruder Catty, der jetzt in Lübeck das Gymnasium besucht, findet sie nämlich rasch Zugang zu «moderndenkenden» Kreisen. Man liest Ibsen. Heimlich verschlingt sie «Nora» und den «Volksfeind», und ebenso heimlich trifft sie sich, unterstützt von Catty, mit dessen Klassenkameraden Emmanuel Fehling, ihrer ersten Liebe.

«Ich will und muß einmal frei sein, es liegt nun einmal tief in meiner Natur … Die kleinste Fessel, die andere gar nicht als solche ansehen, drückt mich unerträglich, unaushaltbar – muß ich mich nicht freimachen, muß ich mein Selbst nicht retten – ich weiß, daß ich sonst daran zugrunde gehe.» So schreibt sie 1890 an den um zwei Jahre jüngeren Schüler. Und weiter: «Oh, wie mir diese ganze Aristokraten-

163

sippe zuwider ist, die Hohlköpfigkeit und Beschränktheit –
wie es erdrückt, ein junges Mädchen aus guter Familie zu
sein!»

Die Ibsen-Lektüre lässt sie recht bald von dem Zigeuner-
oder Zirkusleben, das sie für sich imaginiert hat, abkommen.
Jetzt richten sich ihre Wünsche auf eine ordentliche Ausbildung, wie man sie ihren Brüdern zuteil werden lässt, denn
anders glaubt sie, die Ibsen'schen – und ihr absolut entsprechenden – Ideale «Wahrheit und Freiheit», die sie im Chor
mit den übrigen Ibsen-Adepten von jetzt an fordert, nicht
verwirklichen zu können. Leider gibt es noch kein Lyzeum
in Lübeck, und Fanny träumt auf lange Sicht weniger von
einer Universitätsausbildung als von einer Malakademie in
einer großen Stadt. Für den Augenblick muss sie sich mit
weniger zufrieden geben, doch immerhin ist das Leben
nicht mehr so langweilig, sondern erhält Glanz durch das
«Verbotene», ihr «eigentliches» Leben, bestehend aus
nächtlicher Lektüre, geheimen Treffen mit Emmanuel in
der Marienkirche und Austausch mit anderen Ibsen-Club-
Mitgliedern. Auf der anderen Seite lebt sie noch das «normale» Leben, bestehend aus Hilfe bei der Hausarbeit, dem
Besuch für sie öder Teegesellschaften und einem täglichen
«Rennen», also Spazierengehen, mit dem «Greis», ihrem
Vater. Fanny findet keinen Zugang zu dem Pensionär, obwohl der Vater als besonnener, milder Mann gilt, die Literatur liebt und bestens mit Theodor Storm befreundet war.
Immer im späteren Leben wird sie schreiben, dass die Eltern an ihrem Leben «schwer gesündigt», dass sie die «Blüte ihrer Jugend achtlos zertreten» hätten.

In Lübeck munkelt man um 1890, Fanny habe mit ihrem
Bruder Catty ein «unerlaubtes» Verhältnis, und es heißt,
Thomas Mann habe sich dieses Geschwisterpaar zum Vor-

bild seiner Novelle «Wälsungenblut» genommen. Fanny und Catty gehen, das steht fest, über Jahre durch dick und dünn. Fanny ahnt inzwischen, dass Emmanuel Fehling und sie Welten trennen, dass der junge Mann bereits gefestigte Wertvorstellungen vertritt, während sie selbst das Gefühl hat, «als ob ich eigentlich kein moralisches Gefühl besäße. Es schwankt immer alles hin und her und ich weiß nicht, was das Rechte ist.»

Eins weiß sie aber genau: Sie möchte ins Leben hinaus. Von alledem dürfen die Eltern nichts wissen, vor allem nicht, dass sie in freidenkerischen Häusern verkehrt, in denen die Boheme-Kreise von München und Paris das erklärte Ziel sind. Fannys Eltern ahnen mehr, als sie wissen, und quartieren sie wieder und wieder am liebsten auf die Güter der Verwandten aus. Dort beobachtet man die junge Gräfin teils amüsiert, teils erstaunt: Extrem ist sie, die den halben Tag auf Bäumen verbringt, mit Kleidern schwimmen geht, wenn sie mag, nächtelang liest oder mit jungen Vettern herumalbert, dann wieder deprimiert mit rasenden Kopfschmerzen zu Bett liegt. Fanny empfindet ihre Veranlagung wie einen Fluch: «… ich fühle immer ein unbegreifliches Etwas, was mich hindert zu leben, was mich überall verfolgt. Es ist, als ob das Leben an mir vorüberginge und ich kann es nicht erfassen, nicht leben, liegt das an mir? Und dann bin ich wieder so unsinnig lebenslustig, daß ich mich gar nicht zu lassen weiß, und ich sehne mich hinaus ins Freie, ins Leben, um alles zu lernen und wirklich einmal zu leben.»

Zielstrebig unterbreitet sie dem Vater im Sommer 1890 ihre Pläne: Sie möchte das zweijährige Lübecker Lehrerinnenseminar durchlaufen, um später auf eigenen Füßen stehen zu können. Von den Malschulplänen verrät sie vorderhand noch nichts. Die Eltern glauben nicht recht an die

Durchhaltekraft ihrer Tochter, doch Fanny hält den harten Anforderungen des Seminars stand und besteht im Frühling 1892 erfolgreich das Lehrerinnenexamen. Inzwischen ist die Beziehung zu Emmanuel Fehling der zu dem Ibsen-Club-Mitglied Karl Schorer gewichen, aber man ist diesmal einen Schritt weiter gegangen und hat sich – heimlich – verlobt. Fanny hat nun Übung in der Inszenierung heimlicher Liebestreffen und im konsequenten Belügen der Eltern. Was dazu kommt: Sie genießt ihr Doppelleben.

Doch da nehmen die Eltern einen Verwandtenbesuch der soeben volljährig gewordenen Tochter zur Gelegenheit, Fannys Schreibtisch zu erbrechen. Die Katastrophe ist komplett: Nicht nur die ein aktives erotisches Leben decouvrierenden Korrespondenzen mit verschiedenen jungen Männern in ungesicherter Position und ohne Adelsprädikat düpieren die Eltern, insbesondere der freigeistige Hauch, der giftig den Konvoluten entweicht, lässt Schlimmstes befürchten.

Mit Härte reagieren die Eltern und lassen Fanny wenig später in einem geschlossenen Wagen spedieren. «Wie ein sibirischer Häftling» kommt sie sich vor. Sie landet in einem Pfarrhaus in Adelby bei Flensburg, wo sie ein Jahr lang unter Kuratel stehen soll. Schon bei ihrem Eintritt untersucht sie die Fluchtmöglichkeiten. Gleichwohl versucht sie noch einmal – der undatierte Brief wurde wahrscheinlich Anfang des Jahres 1893 geschrieben –, die Einwilligung der Eltern zu einem selbstverantwortlichen Leben zu erwirken. Sie schreibt: «... Ich will nur freistehen, mich selbst erhalten, mit Schorer ungehindert correspondieren können und ihn eventuell dann u. wann bei seinen Eltern sehen.» Der Vater reagiert jedoch auf diesen Brief nicht, und daher setzt Fanny ihre Flucht ins Werk.

Ostern 1893 ist es so weit. In der Nacht schwingt sie sich aus dem Fenster, rennt zum nächstgelegenen Bahnhof und fährt mit dem Zug zu Ibsen-Freunden nach Wandsbek.

Zu Hause sind alle wie versteinert. Auch die Geschwister wenden sich jetzt ab von ihr, denn sie ist nicht mehr wert, zu ihnen zu gehören. Im Übrigen haben die Reventlows schwere Stunden, denn der Vater liegt krank auf den Tod. Der Kummer über Fanny, die im Frühsommer munter in Lübeck Freunde besucht und keine Aussöhnung mit den Eltern anstrebt, habe bei ihm eine «Äfective Affection», einen Schlaganfall, verursacht, schreibt unversöhnlich Bruder Ludwig.

Nein, für Fanny ist das Elternhaus ab sofort verschlossen, befinden die Mutter und die Geschwister. Selbst dem sterbenden Vater darf sie nicht mehr Lebewohl sagen. In ihrem autobiographischen Roman «Ellen Olestjerne» beschreibt sie ihre damalige Stimmung beim letzten Blick auf das Elternhaus: «Die letzte weiche Saite in mir sprang klirrend entzwei.»

Dem dramatisch und endgültig klingenden Posaunenton im Roman entspricht die Realität nur teilweise. Obwohl die Tagebücher Fannys nun von der Familie schweigen, heißt das nicht, dass kein Kontakt bestanden hätte. Wenige Wochen später werden die brieflichen Bande, sowohl zu den Brüdern wie auch zur Mutter, erneut geknüpft, und die Familie hat Fanny – auch finanziell – niemals wirklich fallen gelassen.

Mit der konfliktreichen Lösung vom Elternhaus beginnen sich in Fannys Leben die Ereignisse zu überstürzen. Mitte Juni stirbt der Vater, Ende Juni informiert Fanny Bruder Catty von der Lösung der Verbindung mit Schorer und der wie aus dem Zauberhut gehexten Verlobung mit dem respektablen Hamburger Rechtsassessor Walter Lübke. Im August 1893 bereits wünscht die Mutter eine Aussöhnung. So wäre für die Irrfahrt eines jungen Mädchens endlich das Ziel, der Ehehafen angesteuert, bald erreicht?

Mitnichten. Fanny, die sich jetzt Franziska nennt, handelt streng nach den einmal für sich selbst aufgestellten Richtlinien «Wahrheit und Freiheit» und verfolgt auch als respektabel Verlobte noch den Plan, in München bald die Malschule zu besuchen. Und Walter, literarisch gebildet, ebenfalls Ibsen-begeistert, geht darauf ein, finanziert generös ein Jahr lang das Malstudium in München.

Endlich! Franziska hat, was sie so lange schon wollte – den Umgang mit Künstlern, das nächtliche Herumsitzen in unordentlichen Ateliers bei Kerzenschein, das Sinnieren über Kunst und Leben, Emanzipation, freie Liebe. Sie lässt sich treiben, ist faul und verrucht und genießt die «Lebensglut» besonders, wenn sie in den unübersichtlichsten Konstellationen steckt. Wohl besucht sie Anton Azbés Malschule, daneben aber findet das eigentliche Leben statt. Walter Lübke erzählt sie von den Erfahrungen, Flirts und Leidenschaften nichts. Noch plant sie, trotz all der Erlebnisse, seine Frau zu werden und nach Hamburg zurückzukehren. Da tritt ein Ereignis ein, das sie zu überfordern droht: Franziska wird schwanger, und der nur mit «A.» in ihren Tagebüchern bezeichnete Kindesvater, den man im Nachhinein als den Kunstmaler Adolf Herstein identifiziert hat, will von dem Kind nichts wissen. Vielmehr rät er ihr, nach Hamburg zu fahren und ihren Verpflichtungen nachzukommen, sprich: Walter Lübke zu heiraten.

Franziska handelt wie in Trance und tut, was Herstein vorschlägt. Aus der jungen Gräfin Reventlow wird vor dem Gesetz die Frau Assessor Lübke. Im Wonnemonat Mai des

Jahres 1894. Im Tagebuch schreibt sie im Rückblick: «Eine Art Freude in mir bei alledem, ein Stolz, so va banque zu spielen, so ganz allein und so ganz stark, die Kraft, die niemand ahnte, schwoll in mir empor. Fort comme la mort, jetzt für immer und nie mehr und nie wieder schwach.»

Nur wenige Wochen darauf erleidet sie eine Fehlgeburt. Das Schlimmste ist, dass sie ihrem Mann nichts sagen will und darf, obwohl sie sich vor Schmerzen windet und wochenlang das Bett hüten muss. Auch das wird von jetzt an zur Konstante in ihrem Leben: der Rausch, der ersehnt und bis zur Neige ausgekostet wird – und der darauf unweigerlich folgende körperliche Zusammenbruch. Einmal ist es die Darmkrankheit, chronisch, erblich, die sie immer wieder zu damals gefährlichen Operationen zwingt, dann wieder schmerzen der Kopf, die Zähne, die Augen, plagt sie das Heufieber.

Nach der Fehlgeburt braucht sie lange, um sich zu erholen, doch im Jahr darauf erwirkt sie von ihrem Mann erneut die Erlaubnis, nach München zu gehen, das sie in Bann geschlagen hat. Das Malen ist jetzt Nebensache.

Sie trifft A. wieder, merkt, dass die Leidenschaft von ihrer Seite aus erloschen ist – und findet neue Amouren. Ein nie enden wollender Reigen von Männern wird nun eröffnet. Sie wird die feinen Unterschiede in eroticis später einmal anmutig formulieren: «‹Man› tut doch schließlich in erster Linie, was einen freut, und weil es einen freut. Und das ist natürlich jedes Mal etwas anderes. Es kann wohl manchmal Liebe und ‹große Leidenschaft› sein, aber ein andermal – viele, viele andere Male ist es nur Pläsier, Abenteuer, Höflichkeit – Moment – Langeweile und alles mögliche. Jede einzelne Spielart hat ihre besonderen Reize, und das Ensemble aller dieser Reize dürfte man wohl Erotik nennen.»

Sie ist blond, zart, blauäugig, ein Mädchen mehr als eine

Frau. Auch später, als sie weit über dreißig ist, wirkt sie zerbrechlich und kindlich auf Männer, die das Strahlende ihres Blickes, das wohltönende, silberhelle Lachen so anzieht. Eine stets wirre Frisur und unkonventionelle, oft schäbige Kleider sind ihre Erkennungszeichen. Die Gräfin ohne Strümpfe in Sandalen, wie sie am Abend über die Leopoldstraße geht, um rasch noch die leere Petroleumkanne füllen zu lassen, ist ein beliebtes Bild jener Jahre.

Aber zurück: Noch ist Franziska Reventlow Frau Assessor Lübke. Noch lebt sie in dem Glauben, Walter zu lieben. Nur hat sie seit kurzem entdeckt, dass Liebe und Erotik für sie auseinander fallen. Sie lebt in einer Lüge, die immer unerträglicher für sie wird – lange ist das vor wenigen Jahren noch so spannende Doppelleben nicht mehr für sie aufrechtzuerhalten.

Zuweilen geht die große Lebenskünstlerin mit drei lustigen Studenten, vor denen sie sich Luise nennt und die für sie sammeln. Zuweilen empfängt sie den Besuch von «Monsieur», einem stadtbekannten Rechtsanwalt, der ihr nie Geld gibt. Franziska kennt Künstler, Maler und Schriftsteller und liefert dem «Simplicissimus» Witze für 3 Mark das Stück. Mit der Frauenrechtlerin Anita Augspurg badet sie bei Sonnenuntergang nackt in der Isar, und auf dem Fasching tanzt sie als Bacchantin im zerfetzten schwarzen Trikot. Kein Vergnügen lässt sie aus, denn, wie sie am 23. Februar 1895 dem Tagebuch anvertraut: «... mich reuen die Sünden, die ich nicht beging ...», und so hat sie in all ihrer Sanftheit ihrem geliebten Walter nicht ein, sondern hundert Hörner aufgesetzt. Im Rückblick formuliert sie die Gefühlslage so: «Dieser Sommer – Gott, da jubelte es wieder alles in mir – ich war gesünder und dachte mir, nun ist alles möglich. Ich wollte Walter behalten und die andern alle auch – was habe ich in der kurzen Zeit alles erlebt – einen nach dem andern. Warum fühle ich das Leben herrlich und intensiv, wenn ich viele habe? – immer das Gefühl, eigentlich gehöre ich allen. Und dann wieder der haltlose Jammer, daß ich dadurch gerade den Einen verliere, der mich liebt. Warum gehen Liebe und Erotik für mich so ganz auseinander?»

Das volle Geständnis Franziskas geht selbst über Walter Lübkes Liebeskräfte, obwohl sie ihm «noch lange nicht alles gesagt» hat, denn: «Kein Mensch würde mich verstehen, wenn ich ihm alles sagte. Er würde mich als Abschaum der Menschheit empfinden.»

Die das in der Neujahrsnacht 1896/97 schreibt, ist übrigens sehr zu ihrer Verwunderung zum zweiten Mal schwanger, aber sie hält, wie mit all ihren abgründigen Erfahrungen, hinter dem Berg, bleibt in diesem Bereich ganz die diskrete Gräfin von Geburt. Immerhin hat sie den Kindesvater im «Salon der Frau X.» kennen gelernt, einem Edelbordell, in dem sie ab 1896, sooft sie Geld brauchte, betuchte Herren traf, wie aus dem Tagebuch hervorgeht: «Aber was ist das für ein Leben, das ich führe, diese Misere. Und ich komme und komme nicht heraus, immer noch Schulden. Von denen weiß niemand. Bei Frau X. hab' ich meine Glanzgewänder, aber sie gehören mir nicht, ich muß sie immer als Pfand dalassen.»

Der Bruch mit der bürgerlichen Welt ist gänzlich vollzogen, Franziska schert sich nicht drum, für sie ist die erlangte Freiheit das Entscheidende. Walter Lübke, der sofort auf ihr Geständnis hin die Scheidung eingereicht hat, lässt sie nicht nur die Prozesskosten tragen, er hängt ihr zudem noch eine Klage wegen «Tötung keimenden Lebens» an: die Fehlgeburt! Doch diesen Vorwurf kann sie mit dem Hinweis auf die erneute – und letztlich erwünschte – Schwangerschaft entkräften. Die besseren Kreise, in denen sie bis dahin auch verkehrte, wenden sich angewidert von ihr ab und sehen in ihr die große Hure. In der Münchner Boheme aber, die ledige Mütter madonnengleich verehrt, genießt sie die uneingeschränkte Bewunderung, wird sie als «die genialste», «wunderbarste» Frau Schwabings bezeichnet, und man sagt ihr nach, sie habe «als Ferment und als Sprengstoff» gewirkt.

Während der Schwangerschaft findet sie zeitweise jeden Morgen ein kleines Gedicht ihres Freundes Rilke im Briefkasten.

Diese liebeshungrige und freiheitsdurstige Frau besitzt, anders als man vermuten könnte, auch ein großes Talent zur Freundschaft. Von dem wenigen, was sie ihr Eigen nennt, gibt sie regelmäßig ab, hilft diskret, wo sie kann. So kommt es, dass auch größere Geldsummen durch ihre Finger rinnen und der Gerichtsvollzieher immer wieder pfänden muss. Ihr Umgang mit Geld ist ihrem Liebesverhalten recht verwandt: Hier wie dort verschwendet sie alles, was sie hat. Sie lebt im Heute – haushälterisches Bewahren und Sparen ist ihre Sache nicht. Einen einzigen Menschen gibt es, dem Franziska Reventlow lebenslange Liebe und Fürsorge schenkt. Das ist Sohn Rolf, genannt Bubi, das «Göttertier», geboren unter Qualen am 1. September 1897. Wie um zu beweisen, was Mutterliebe eigentlich ist (jedenfalls nicht das, was sie selbst erfahren hat), was eine Mutter auch in widrigsten Lebensverhältnissen für ihr Kind zu tun imstande ist, schindet sie sich noch in den letzten Schwangerschaftswochen und übersetzt schlecht bezahlt nächtelang Maupassant für den Verleger Albert Langen. «Dem Jungen soll es an nichts fehlen!» ist ihr – und hierin allein ist sie konventionell – Grundsatz. Dementsprechend schafft sie auch noch in Rolfs erstem Lebensjahr im Salon der Frau X.

an, wenn die Kasse leer ist. Dem Tagebuch vertraut sie an: «Ach, guter Gott, in Geschichten werfen sich sündige Mütter dann an der Wiege ihres Kindes nieder etc. Ich komme müde heim, bin froh, wenn ich etwas mehr Geld in der Tasche hab' und wieder bei meinem Bübchen bin … Mein einziges Verbrechen ist, daß ich nicht reich bin.» Meist ist sie gut gelaunt dabei, gibt sich den «Aventüren» hin, die der Tag bringt, und konstatiert nur gelegentlich resigniert wie am 10. Juli 1898: «Wie ein Verhängnis: Sobald ich etwas Nützliches in amore inszenieren will, kommt etwas anderes, worin ich mich verliebe, und die Kreise sind wieder gestört.» Der «in Sünden erworbene Reichtum» zerrinnt ihr immer schnell unter den Händen, Wäsche, Stiefel und Kleider für Bubi und – die grauen Lebensbegleiter Franziskas, die Schulden. Doch kein Gedanke, sich etwa von einem Gönner «etablieren» zu lassen! Dann müsste sie den geliebten Sohn in Pension geben und außerdem: der Freiheit ade sagen!

Den dreijährigen Rolf nimmt sie auf eine mehrere Monate dauernde Reise nach Samos mit, die der Freund und Archäologe Albrecht Hentschel, genannt Adam, ihr finanziert, und später gelingt es ihr mit einer Spezialerlaubnis, Bubi den Besuch der Schule zu ersparen und ihn selbst zu unterrichten.

Franziskas wirtschaftliche Verhältnisse bleiben desaströs: Sie gründet ein Milchgeschäft und geht nach drei Tagen damit in Konkurs. Als junge Mutter nimmt sie Schauspielunterricht in der Hoffnung, eine beispiellose Theaterkarriere zu starten, aber sie scheitert bereits beim ersten Engagement. Dann verspricht sie sich etwas davon, Masseuse zu werden, aber auch das gelingt ihr nicht. Sie makelt mit Versicherungen – die Firma geht ein. Oft muss sie die Miete schuldig bleiben, und als einzige Ruhestätte in ihren ständig wechselnden Domizilen bleibt ihr «Diwan, der Schreckliche», ein durchgelegenes Sofa.

Dafür ist die tolle Gräfin die Intima aller wichtigen Boheme-Zirkel Münchens. Im August 1899 lernt sie den Kosmiker Ludwig Klages kennen. Sie ist fasziniert von seiner Gedankenwelt und diskutiert gleich animiert mit ihm und Hans Hinrich Busse das «Mutter- und Hetärenthema». Schnell ist Klages auch in Franziskas verknäulten Beziehungswirrwarr eingeweiht, und sie zeigt sich überglücklich über das Verständnis, das er ihrer prekären Existenzform entgegenbringt: «Ich sehnte mich ja immer nach einem Menschen, der fliegen könnte, und ich glaube, er kann es. Wohl mir, daß ich ihn gefunden habe.» Ist Ludwig Klages Franziskas große Liebe?

Franziska bleibt sich selbst treu, und das heißt: Sie bleibt untreu. Sie schreckt vor jedweder Vereinnahmung zurück. Offen schreibt sie ihm: «Man kann mir Geliebter sein auf Augenblicke, die in mir und für mich selbst unberechenbar sind, wie der Wechsel von Sonne und Regen, die kommen und gehen und wiederkommen können … aber wenn man mich besitzen will, nicht in dem Sinne des Ehe-Besitzens, aber des inneren – meine Leidenschaften besitzen – davor weicht es in mir zurück.»

Er hingegen war so nachhaltig beeindruckt, dass er noch Jahrzehnte später von dem «metaphysischen Band», das seine Seele mit der Franziskas verknüpfte, sprach und verklärend das «Element nordischen Heidentums» beschwor, das von ihr ausging. Eros und Liebe klaffen wieder auseinander für Franziska, und sie nimmt zudem wahr, dass für Klages die Jünglingsschönheit weitaus attraktiver ist als die der Frau. In einem resümierenden Brief aus dem Frühjahr 1902 schreibt sie: «Zu dem tiefen gemeinsamen Leben, das Ihre Sehnsucht wollte – zu dem bin ich nicht fähig, meine Seele wird niemals mehr – auch wohl nur danach verlangen, in eine andere überzufließen.» Als Ratgeber während der Abfassung ihres Romans «Ellen Olestjerne», als Vormund ihres Sohnes Rolf und als anspruchsvoller Freund bleibt er ihr jedoch wichtig und öffnet ihr überdies die Tür zu den Jours bei Karl Wolfskehl, wo auch Stefan George verkehrt. Um Silvester 1902/03 stürzt sich Franziska in eine Amoure mit «Carlo», ohne dass dies seine junge Ehe mit Hanna Wolfskehl störte. Es ist die Atmosphäre jener Jahre in Schwabing, die alles möglich macht, die nach der Liebe von allen zu allen ruft. Gruppenerfahrungen, in Franziskas Sprache so genannte «Knäuel» oder «grands caressements», werden, insbesondere im lang ausgewälzten Fasching, zur dionysischen Lebensform erhöht. Schwabing scheint ein einziges Sündenbabel zu sein, und Franziska, die «Große Aspasia», ist meist mit von der Partie. Sie lernt in dieser Zeit auch den über lange Jahre sie begleitenden Gefährten, den Kunstgewerbler, Puppenspieler und Glasmaler Bogdan von Suchocki, genannt «Such», kennen, der so schön kochen kann. Aber auch «Monsieur», den fremden Mann, gibt es noch sowie als weitere Habitués an ihrer Seite «Adam» und Roderich Huch, den Sonnenknaben, nicht zu vergessen die anderen, Zufälligen, Momentanen. Franziskas Lebenslust ist gesteigert wie nie zuvor: «Mir ist manchmal, ob ich reicher wäre, mehr umschließen könnte mit meinen Armen wie alle andern Menschen.»

Wenn nur nicht die ewigen Geldsorgen wären! Da hat der Schriftsteller Franz Hessel, der auch gelegentlich von den «trop de tendresses» der Gräfin profitiert, eine glänzende Idee, nämlich die Gründung einer Wohngemeinschaft!

Die wirtschaftlichen Argumente tun ihr Übriges – so ziehen im September 1903 Such, Rolf, Franzl und Franziska in die Kaulbachstr. 63, das so genannte «Eckhaus». Ein regelrechtes Familienleben, in dem natürlich auch nächtlich durchs Fenster einsteigende Gäste willkommen sind, wird inszeniert. Doch auch dieses Idyll ist bedroht, denn die «Kosmische Runde» um Klages bedrängt Franziska, mit Hessel wie mit Wolfskehl wegen deren jüdischer Abstammung zu brechen.

Wir schreiben mittlerweile 1904, und Wolfskehl hat soeben ein großes antikes Fest mit Maskenzug veranstaltet, auf welchem er als Dionysos, Stefan George als Caesar, Klages als indischer Mönch, Franziska, O. A. H. Schmitz und der «Hesselfranz» als bekränzte Bacchanten auftreten. Klar, dass Franziska den Franz nicht aus ihrem Freundeskreis stößt! Stattdessen verfasst sie gemeinsam mit ihm eine Zeitschrift namens «Der Schwabinger Beobachter», in der sie alle Protagonisten Schwabings, die «Enormen» um Klages und deren kosmische Geheimnisse, aber auch den Patriarchen Wolfskehl, ironisch persifliert und gewisse Eigentümlichkeiten der Betroffenen satirisch verzerrt dem Gelächter preisgibt.

Im Mai stellt Franziska erstaunt fest, dass sie wieder schwanger ist, und diesmal gibt sie bekannt, wer der Vater ist: Such. Eine sommerliche Italienreise ist vielleicht zu anstrengend für die werdende Mutter, und es kommt zur Frühgeburt. In Forte dei Marmi wird im Herbst 1904 eines der Zwillingsmädchen tot geboren, das andere, Sybillchen, lebt nur einen Tag.

Nachdem die Eckhauswohngemeinschaft laut Franziska 1906 am Geiz Franz Hessels scheitert, drängt sie Such, wie jeden Mann vor ihm, förmlich von ihrer Seite. In «Von Paul zu Pedro», ihrem galanten Roman von 1912, formuliert sie die Gründe leichtfüßig so: «Für mich dauert jede Liebe, auch die ganz ernsthafte, nur so lange, wie ich eben die stärkste Attraktion für den in Frage kommenden Mann bin. Dann hört sie ganz von selbst auf. Und dass er meine Hauptattraktion war, ist immer schon vorher zu Ende gewesen. Auch habe ich nie das Verlangen gehabt, einen Menschen ganz zu ‹besitzen› oder ihn über Gebühr festzuhalten. Dazu ist das Leben zu kurz. Und wer mich festhalten wollte – es kam hier und da vor – ist niemals sehr zufrieden mit dem Ergebnis gewesen.» Zum Thema Treue meint sie ehrlich, aber auch wieder leicht spöttisch: «Treue ist vielleicht eine besondere Begabung, ein Talent. Wie kann man Talent von jemand verlangen, der es nicht hat?»

Als die ewige Hetäre die vierzig erreicht und sich immer noch keine Konsolidierung ihres Lebens abzeichnet, beschließt sie, Deutschland auf immer den Rücken zu kehren und in Ascona ihr Glück zu suchen. Nicht der Monte Verità hat es ihr jedoch angetan, viel prosaischer ist es die Aussicht auf ein Vermögen. Erich Mühsam macht ihr im Herbst 1910 den Vorschlag, den Baron Rechenberg-Linten zu heiraten, der in der Schweiz lebe und darauf warte, seiner baltischen Familie eine standesgemäße Ehefrau zu präsentieren, damit er in den Genuss eines stattlichen Erbes kommen kann. Ihren Münchner Freunden beschreibt sie den neuen Ehemann im Brief so: «Es ist ein Seeräuber. Wettergebräunt … Reithose und russische Bluse. Versoffen und … ganz taub … hat Angst vor Frauen, weil er fürchtet, sie möchten ihm den Kopf abreißen, und vergewaltigt sie dann aus Angst.»

Franziska verstand sich mit der kuriosen Mischung aus «Seeräuber» und «Kavalier» aber dennoch recht gut und vermochte sogar den greisen Vater Rechenberg von ihren guten Absichten zu überzeugen. Die Ehe wird geschlossen, wenn auch nur zum Schein: «Es war der reinste Karneval … wir legten unsere Zigaretten nur weg, um ‹Si› zu sagen.» Die Gräfin Reventlow ist zu dieser amüsanten Zeremonie im heiteren Strandkleid erschienen.

Wenig später stirbt, wie es vorauszusehen war, der greise Vater des Seeräubers. Der Erbfall, von beiden Eheleuten heiß ersehnt, tritt ein. Alles scheint sonnig. Der Bank ist die Transferierung des Vermögens bereits avisiert. Rolf Reventlow erinnert sich, dass sich die Mutter reich vorgekommen sei und im Vorgriff auf das Kommende mit ihm eine Weihnachtsreise nach Mallorca unternommen habe sowie eine «Spritzfahrt» nach Monte Carlo.

Bei der Rückkehr erfolgt das böse Erwachen. Die Bank, die das Geld in Verwahrung genommen hat, der Credito Ticinese, hat inmitten des großen Tessiner Bankkrachs falliert. «Es filmt wieder», sei der einzige Kommentar der Enttäuschten gewesen.

Unverdrossen beginnt Franziska jetzt, des puren Überlebens wegen, den Hauptteil ihrer Romane zu schreiben.

Die «Große Aspasia» der Jahrhundertwende ist jetzt mit einem Rechtsanwalt aus Ascona, Mario Respini-Orelli, liiert. Für dessen Familie gilt die Beziehung zu der Gräfin als Stabilisierung, und deshalb wird die Heirat vehement betrieben. Franziska jedoch lehnt ab, nicht zuletzt ist sie ja noch formal mit dem «Seeräuber» liiert. Noch einmal, 1914, wird sie schwanger, doch aus gesundheitlichen und Gründen des Alters bricht sie die Schwangerschaft ab. Den Ersten Weltkrieg verfolgt sie im Wesentlichen als besorgte Mutter. Ihre einzige große Liebe, Sohn Rolf, desertiert sehr zu ihrer Freude 1917 aus der deutschen Armee.

Das Kriegsende erlebt die Gräfin nicht mehr. Sie stirbt

im Tessin im Jahre 1918 an den Folgen einer erneuten Darmoperation. Sie wurde 47 Jahre.

Rolf Reventlow ließ sich zum Fotografen ausbilden, nahm aufseiten der republikanischen Armee später am Spanischen Bürgerkrieg teil, arbeitete nach der Flucht vor Franco in Algerien als politischer Redakteur, gründete eine – normale – Familie und arbeitete als Gewerkschaftsredakteur und Autor von Büchern und Zeitungsbeiträgen. Er starb mit 82 Jahren. Das Lebenswerk seiner Ehefrau Else Reventlow war die Herausgabe des vielfältigen Gesamtwerks Franziskas, bestehend aus Briefen, Tagebüchern, Aufsätzen, Erinnerungen und Romanen.

Mit 39 fängt das Leben an.
Peggy Guggenheim

«Ich sehe mit großer Freude auf mein Leben zurück», sagt die Greisin im Jahre ihres Todes, 1979. «Ich denke, es war ein sehr erfolgreiches Leben. Ich habe immer getan, was ich wollte, und kümmerte mich nie darum, was jemand dachte. Women's lib? Ich war eine befreite Frau, lange bevor es den Namen gab.»

Die Gegenwart fand sie «very boring». Mit Ausnahme der täglichen Ausfahrt in ihrer Privatgondel durch Venedigs Wasserstraßen gab es für die «letzte Dogaressa», wie die Einheimischen ihre verrückte Amerikanerin nannten, nicht mehr viel Anregendes. Und wie hatte es doch gefunkelt in ihrem Leben!

Wie hatten sich die Leute, vor allem ihre zahlreichen Onkel, Tanten, Cousins und Cousinen, Neffen und Nichten, die Mäuler über sie zerrissen. Und allen, allen hatte sie es gezeigt, sie, die unverbesserliche, kunstwütige, zugleich schüchtern und provokant wirkende, Männer konsumierende Peggy Guggenheim.

Zunächst sieht es nicht nach rabenschwarzer Schafskarriere, nach Bereicherung der Chronique scandaleuse des 20. Jahrhunderts aus. Brav, mit historischem Schäferinnenhut malt Franz von Lenbach das vier Jahre alte Mädchen in München. Bei Guggenheims weiß man, was man sich schuldig ist.

Man hat nämlich aufzuholen, verglichen mit den alteingesessenen jüdischen Familien ist der Reichtum der «Googs», wie man sie verachtungsvoll nennt, frisch.

«Die Familie muss zusammenhalten – zusammen vermögt ihr alles, alleine werdet ihr gebrochen.» Das ist der Hauptgrundsatz Meyers, des Auswanderers und Firmenbegründers. Herdreinigungspaste, Uniformzubehör, Lebensmittel, Schweizer Spitzen. Später Silber, Blei und Kupfer. Alles im großen Stil. In guter jüdischer Tradition gibt er jedem seiner sieben Söhne einen Stab in die Hand. Keiner kann dieses Bündel von Stäben zerbrechen.

Zusammenhalten – fünf seiner Söhne, die ältesten, Isaac, Daniel, Murry, Solomon und Simon, befolgen Meyers Lektion zu ihrem großen Vorteil bis zum Lebensende. Benjamin, der zweitjüngste Sohn, Peggys Vater, glaubt bald, allein besser zurechtzukommen. Er macht so manches anders, als man es von ihm erwartet. Zwar heiratet er Florette Seligman, setzt drei Töchter in die Welt, doch …

Seine Tochter Marguerite, genannt Peggy, 1898 in New York geboren, wird im Rückblick schreiben: «Meine Kindheit verlief im höchsten Maße unglücklich; ich kann mich einfach an nichts Angenehmes erinnern. Als kleines Mädchen hatte ich nie Freundinnen.»

Schon früh wird sie samt ihren Schwestern Benita und Hazel aus der Kindheit gerissen. Mit fünf Jahren begreift sie, dass die rothaarige Krankenschwester, die der Vater zur Massage seiner chronischen Kopfneuralgie eingestellt und im Hause installiert hat, seine Geliebte ist, und sieht die Enttäuschung der Mutter über den Mann, der von nun an immer neue Geliebte hat, wahllos, denn er liebt die Frau an sich. Und Peggy versteht alles, denn beide Eltern ziehen sie mit ihren Sorgen ins Vertrauen. Nach außen, so will es die doppelte Moral, hat man zu schweigen.

Das Ereignis des Jahres 1912 darf als zweiter Fixpunkt in der Entwicklung Peggys gelten: Die Schwestern gehen von einer Familienfeier nach Hause. «Extrablatt!» wird gerufen, und Benita liest: Die *Titanic* ist gesunken.

Der Vater. Er ist doch auf dem Wege nach Hause. Nach über acht Monaten der Abwesenheit hat er das Schiff genommen. Nein, der Vater gehört nicht zu denen, die gerettet wurden. Sie sind am angegebenen Tag im Hafen, um die Geretteten zu sehen. Ein Wunder vielleicht? Nein, kein Wunder. Stattdessen die Blondine, die sich als Mrs. Benjamin Guggenheim ausgibt und sagt, Ben habe sein Leben geopfert, um ihres zu retten.

Zusammen mit 1516 Menschen versank Benjamin Guggenheim im Alter von siebenundvierzig Jahren im eiskalten Wasser.

Der Schock macht aus den nicht religiösen Mädchen Peggy und Hazel eifrige Synagogenbesucherinnen. Für kurze Zeit. Peggy wird ihre lebenslange Rastlosigkeit immer auf den verlorenen Vater zurückführen, den sie in jedem Mann wieder suchte. Ein weiterer Schlag trifft die Familie.

Bens Vermögen ist aufgrund etlicher verheimlichter Fehlinvestitionen stark zusammengeschmolzen. Seine Brüder bieten Hilfe an, doch Florette zieht es vor, den aufwendigen Lebensstil drastisch einzuschränken. Peggy verdaut den Umzug in eine kleine Wohnung ohne Dienstboten nur schlecht: «Ich fühlte mich wie eine arme Verwandte und litt unter einer großen Demütigung, wenn ich dachte, wie unterlegen ich dem Rest der Familie war.»

Wohlgemerkt handelt es sich um ein Gefühl, denn weiterhin reist Florette mit den Kindern nach Europa, um deren Bildung zu bereichern, richtet selbst im Weltkrieg noch einen Debütantinnenball im New Yorker Ritz für Peggy aus, die sich aber mit den jungen Leuten der guten Gesellschaft entsetzlich langweilt. An ernsthafter Ausbildung, einem Studium etwa, ist sie auch nicht interessiert.

Hatte schon Peggys Vater als Motivation seiner Handlungen die Langeweile auf seinen Schild geschrieben, so gilt dies für seine vitale Tochter in noch größerem Maße. Aus Langeweile strickt sie für die Soldaten Strümpfe, aus Langeweile lernt sie Maschineschreiben, um Kriegshilfsdienst zu leisten, ein kurzes Gastspiel. Aus Langeweile verlobt sie sich mit einem Fliegeroffizier. Eine beginnende Nervenkrankheit kann geheilt werden, wirft aber ein Schlaglicht auf die Person, die in ihrer Mischung aus Kraft und Schwäche, Unverfrorenheit und Mitleidsfähigkeit einzigartig ist.

Ziel von Peggys Träumen ist der Tag der Volljährigkeit und damit die freie Verfügung über ihr väterliches Erbe, 50 000 Pfund. Für Mutter Florette brauchte dieser Tag nie zu kommen, verliert sie doch die Kontrolle über die freiheitsdurstige Tochter. Die steht bereits in den Startlöchern zu einer Nord-Süd-Tour durch Amerika. Der Fliegeroffizier, Peggy ist seiner längst überdrüssig, ruft sich in Erinnerung, indem er die Verlobung löst. Grund: Peggy hat den Provinzialismus seiner Heimatstadt Chicago kritisiert.

Peggy zuckt die Achseln, sie hat schon ein neues Ziel, diesmal ist es die Nase, ihre prominente, von Meyer ererbte Guggenheim'sche Kartoffelnase. Miss Guggenheim deutet auf eine kecke Stupsnase. Der Schönheitschirurg verspricht das Blaue vom Himmel – und versagt. Resultat der 1000-Dollar-Aktion ist eine schmerzende und auf immer unförmig geschwollene Nase, mit der sie sich nicht mehr nach Hause zurücktraut.

Der Buchladen ihres Vetters Loeb ist ihre nächste Station. Angetan mit Pelzen und Schmuck, weht sie herein, um inferiore Tätigkeiten zu verrichten. Statt eines Arbeitslohns bringt ihr die Arbeit Kenntnis der modernen Literatur und die Bekanntschaft mit berühmten Leuten ein. Besonders bewundert Peggy den Maler und Schriftsteller Laurence Vail. Ein Mann, der keinen Hut trägt und sich nicht im Geringsten darum kümmert, was andere Leute sagen! Am Ende der sich anschließenden Europareise sieht sie ihn wieder. In Paris.

Er muss es sein. Ihr erster Liebhaber. Er muss mit ihr alle, aber wirklich alle der herrlichen Stellungen ausprobieren, die sie auf den Wandgemälden in Pompeji gesehen hat, von denen sie Fotos mitgebracht hat.

Peggy weiß es genau. Mit diesem Mann an der Seite wird sie dem alles Leben unterdrückenden, nur ans Geldverdienen denkenden Guggenheim-Clan entfliehen können. Endlich ist da ein Mensch, mit dem es nie langweilig ist, der von nichts lebt (oder vom Geld anderer, aber das merkt sie erst nach der Heirat), der so gut wie jeden Maler und Schriftsteller in Paris kennt und fabelhafte Partys veranstaltet, der mindestens so sprunghaft wie sie ist und den Heiratsantrag, den er ihr auf dem Eiffelturm macht, fünf Minuten später bereut.

Peggy will den Mann ohne Hut.

In den Augen Florettes und aller Guggenheims und Seligmans ist es ein großer Fehler, Vail zu heiraten: einen Künstler ohne geregeltes Einkommen und – das Schlimmste – unvermögend!

Laurence selbst schwankt – und heiratet.

Für Peggy folgt bald die Ernüchterung: «Nun, da ich hatte, was ich für so erstrebenswert hielt, war es nicht mehr so viel wert für mich.» Außerdem – der Mann ohne Hut liebt eigentlich nur seine Schwester! Mit ihr, Peggy, gibt es dagegen schon bald Streitereien. Laurence inszeniert seine Szenen wie seine Partys. Er ist der Mann, der das gesamte Geschirr zertrümmert, alle Spiegel und Leuchter, der ihre Schuhe aus dem Fenster wirft, Marmelade in ihre Haare schmiert und ihren Kopf in der Wanne untertaucht, bis sie glaubt zu ersticken. Auch in der Öffentlichkeit geht das so. Peggy, die inzwischen schwanger ist, rächt sich, indem sie ihn spüren lässt, dass es ihr Geld ist, das er ausgibt. Der Mutter sagt sie, unter dem Vorwand, sie wolle sie nicht aufregen, bis zum Ende der Schwangerschaft nichts von dem Nachwuchs. Schwester Benita macht Peggy Vorwürfe über das abenteuerliche Leben, das sie führt. Die lacht sich eins, ist ein wenig traurig über den Leibesumfang, mit dem sie sich wie das Ei von Brancusi fühlt, und mietet Ende April in Camden Hill ein hübsches Haus, wo Sohn Sindbad geboren wird.

Zwei Jahre später erblickt Tochter Pegeen das Licht der Welt. Inzwischen war man, Kindermädchen und Sohn im Schlepptau, in Ägypten, wohnt wieder in Paris, wo man noch zügellosere Partys feiert und immer mehr Kritik von der Familie einheimst. Statt mit Louis-Seize-Stühlen möbliert das Paar mit Büchern und lebt flott in den berühmten Cafés der Zeit, dem Dôme, Coupole, Sélect und Deux Magots.

Weiter zieht es die von der Langeweile Getriebenen. Jetzt ist Paris fad, stattdessen wird ein Bauernhaus in der Provence angekauft. Primitivität ist Trumpf, kein Strom und kein Kühlschrank sind nun die Vorteile des Lebens. Was zunimmt, sind Vails Wutausbrüche, sein Alkoholismus und damit verbundener Vandalismus, das zu schnelle Fahren, die ständigen Gefängnisstrafen wegen Beleidigung und Körperverletzung. So beschreibt es Peggy und gibt zu Protokoll, ihre Ausbruchsversuche, die gelegentlichen Seitensprünge, seien nur Reaktionen auf Vails Vorgaben gewesen. Dieser ist kreativ und verwurstet das gemeinsame Leben zu einem satirischen Roman namens «Murder! Murder!».

Es kommt, wie es kommen muss und von nun an in Peggys Leben immer wieder kommen wird: Peggy braucht die Liebe eines anderen Mannes, um sich aus der desolaten Beziehung lösen zu können. In den Armen des erfolglosen Schriftstellers und Alkoholikers John Holms findet sie Trost und die Kraft, Laurence zu verlassen. Mit einem gewissen kindischen Stolz beschreibt sie, wie Laurence Holms bei einem Zweikampf fast getötet habe. Sie beantragt die Scheidung und überlässt Laurence, ohne dass dies nötig gewesen wäre, das Sorgerecht für Sindbad.

Drei wichtige Dinge, so wird sie später resümieren, hat ihr diese Ehe eingebracht: ihre zwei Kinder, eine dauerhafte Freundschaft mit Laurence Vail (nach der Scheidung verstehen sie sich weitaus besser als während der gesamten Ehe) und drittens – das Wichtigste: «die totale Befreiung von meiner früheren jüdischen Herkunft».

John Holms ist für Peggy wie eine Droge, ein Mann, dem sie sich bis zum Verlust der eigenen Identität unterwirft, mit dem sie zwei Jahre herumreist, an dessen Mund sie klebt und dessen Kenntnisse sie in sich aufsaugt, während die kleine Pegeen zumeist mit dem Kindermädchen zu Hause bleibt.

Doch nach und nach vergiften der Alkoholismus, der es Holms unmöglich macht, auch nur eine Zeile aufs Papier zu bringen, und das Fehlen von Sindbad, der oftmals nicht einmal die vereinbarte Zeit mit der Mutter verbringen darf, das Idyll. Peggy empört sich: Immerhin unterhält sie Vater und Sohn!

Im Jahre 1934 stirbt Holms mit siebenunddreißig Jahren an den Folgen eines Autounfalls, eigentlich jedoch, weil sein Körper durch den Alkohol zerstört ist. Peggy leidet unter Schuldgefühlen und – wirft sich in die Arme des fünf Jahre jüngeren Douglas Garman, mit dem sie ein englisches Cottage umbaut. Unglückseligerweise wird Garman Mitglied der Kommunistischen Partei und gibt Peggys Geld für den Kommunismus aus, was sie nicht komisch findet. Es endet in Zank und Schlägereien. Die an Jahren reife Frau von neununddreißig Jahren muss ernüchtert feststellen: «I think, my life is over.»

Weit gefehlt! Am Anfang des neuen Lebens steht der Entschluss, mit dem Ererbten etwas Sinnvolleres anzufangen als bisher. Einen Verlag gründen, schlägt die Freundin Peggy Waldmann vor, oder eine Kunstgalerie. Eine Kunstgalerie, meint Peggy, ist besser, denn sie ist nicht so teuer.

Es ergibt sich, dass Mutter Florette gerade das Zeitliche segnet und Peggy die zweiten 450 000 Dollar hinterlässt. Dank geschickter Geldanlagepolitik der schrecklichen Googs-Onkel erhält die Nichte rund 50 000 Dollar an Zinseinnahmen pro Jahr.

So kann «Miss» Guggenheim schon wenig später «Guggenheim Jeune» in der Londoner Cork Street eröffnen. Eigentlich hätte sie lieber alte Meister ausgestellt, aber Sir Herbert Read, den sie «Papa» nennt, während er sie als weiblichen Casanova bezeichnet, rät ihr zu modernen Werken. Die Eröffnungsschau widmet sie Jean Cocteau, so hat es Marcel Duchamp, ihr alter Freund und Mentor in Sachen abstrakter und surrealistischer Malerei, der die Bilder auch für sie hängt, vorgeschlagen. Später zeigt sie Kandinsky, Tanguy, Alexander Calder, Brancusi und Hans Arp, alle zu dieser Zeit relativ unbekannt, sowie Max Ernst, Picasso, Braque und Miró.

Dann, Weihnachten 1937, taucht wieder ein Mann auf. Er ist ein faszinierender Ire mit grünen Augen, der immer nur vom Selbstmord spricht. Sie lernt den «mad drunk» bei einem Dinner von Joyce kennen. Er bittet, sie nach Hause bringen zu dürfen, und bleibt bis zum folgenden Abend. Samuel Beckett ist erschöpft vom Reden und all dem Erlebten und sagt resigniert: «Vielen Dank. Es geht halt alles mal zu Ende, aber es war sehr nett.»

Die Beziehung soll dreizehn Monate dauern, was sie nicht daran hindert, in dieser Zeit unter anderem auch mit Tanguy, dem bretonischen Seemann, Exinsassen eines Irrenhauses und Autodidakten, den sie ausstellt, anzubändeln. Das ist nicht gerade leicht, denn Frau Tanguy schöpft Verdacht.

Peggys Leben für die Kunst ist in erster Linie ein Leben mit den berühmten Künstlern ihrer Zeit – Peggy geht in die Kunst, um ihrem Leben Glanz zu geben und Künstler zu Freunden zu gewinnen. Nur wenn die Hindernisse, die sich ihren Wünschen in den Weg stellen, unüberwindlich scheinen, fühlt sie sich belebt. Was die Welt und die amusische Familie sagen, in der man sie misstrauisch beäugt und zum Teil schneidet? Es kümmert sie nicht, das war die Lektion des Mannes ohne Hut. Und ungerührt lässt sie in einer absurden Wiederholung ihre Kinder zu Zeugen ihres unsteten Lebenswandels werden.

Dass «Guggenheim Jeune» nach nur eineinhalb Jahren scheitert, ist unausweichlich. Zu sehr steht für Peggy das persönliche Leben im Vordergrund. Allerdings – auch aus dieser Phase gibt es bleibende Werte. So legt sie den Grundstock zu ihrer heute legendären Sammlung der klassischen Moderne, indem sie aus jeder, auch der erfolglosesten Ausstellung, meist anonym, ein Bild kauft.

Es wäre müßig, alle Liebhaber Peggys aufzählen zu wollen, die wie ein bunter Reigen bedeutender und weniger bedeutender Männer dieses Jahrhunderts ihr Leben bereichern. Mit ihrer Schwester Hazel, die demselben Sport wie sie frönt, zählt sie einmal, um herauszufinden, wer von beiden mehr Liebhaber aufzuweisen habe. Aber bei den «Tausendunddrei» des «Don Giovanni» geben sie es auf.

Erst eine unerwünschte Schwangerschaft mit über vierzig Jahren muss erfolgen, damit Peggy anfängt, sich zu konzentrieren.

Die Rettung aus dem gescheiterten Unternehmen von «Guggenheim Jeune» kommt in der Gestalt des Schriftstellers und Kunsthistorikers Herbert Read. Er legt für Peggy eine Liste von bedeutenden Werken der modernen Kunst an und fordert sie auf, so viele wie möglich davon in Paris zu kaufen. Im mittlerweile vom Einmarsch der Deutschen bedrohten Paris sind die meisten Künstler mehr als gerne dazu bereit, ihre Werke vor dem Sprung in die Emigration in klingende Münze umzusetzen. Hier erweist sich Peggy, die ganz dem Familiengrundsatz folgt, große Geschäfte bevorzugt in Zeiten anzugehen, in denen alle Welt das Gegenteil tut, als kaltblütige Erbin.

Während der «drôle de guerre» kauft sie jeden Tag ein Bild. Einen Vogel von Brancusi für 1000 statt für 4000 Dollar, einen herrlichen Léger für 1000, einen Man Ray von 1916, einen Arp, einen Giacometti, einige Max Ernsts für fast nichts.

Endlich beschließt auch sie, die Koffer, sprich: Bilder zu

packen. Doch wohin mit ihnen? Der Louvre erklärt ihre Sammlung für unwert, gerettet zu werden, und verweigert ihren Kandinskys, den Klees und Picabias, dem Braque, Gris, Léger, Gleizes, Delaunay, Miró, de Chirico, Tanguy, Dalí, Magritte und den Plastiken den sicheren Kellerraum.

Peggy, die durch ihren amerikanischen Pass nicht in unmittelbarer Lebensgefahr schwebt, setzt jetzt alles daran, die Sammlung nach Amerika zu schaffen. Als Haushaltsgeräte deklariert, gehen die Werke von Marseille nach New York. Erst jetzt denkt sie an ihre Kinder und Freunde, bezahlt für André Breton und seine Familie sowie für Max Ernst, der ihr dafür Bilder schenkt, die Kosten für die Reise. Die allerdings lässt auf sich warten.

Zeit genug für Peggy, sich «madly» in den gerade fünfzig Jahre alten, gut aussehenden Künstler zu verlieben. Was kümmert es Peggy, dass Max Leonora Carrington liebt, die ihrerseits einen Mexikaner heiratet? Was kümmert Peggy ihr entsetzlicher Wachtraum, als der Geist von John Holms sie anfleht, ihre Verbindung mit Max Ernst aufzulösen, denn sie werde nie glücklich mit ihm? Sie kann nicht aus Fehlern lernen und schenkt auch dem Traum keine weitere Beachtung.

Am 14. Juli 1941 landet Peggy mit erweiterter Familie und Max Ernst in New York. Die Zeitungsschlagzeile lautet: «Während die Hauptstädte des Alten Kontinents in Schutt und Asche gelegt werden, rettet Miss Guggenheim die Kunstschätze.»

Ihr vierstöckiges Sandsteinhaus in der 51. Straße wird, ebenso wie die Galerie «Art of this Century» in der 57. Straße später, zu einem Zentrum der modernen Kunst. Bei der Einweihungsfeier geht es gleich tüchtig toll her. Zwei Intellektuelle brechen einen Zweikampf vom Zaun, und Jimmy,

Max Ernsts Sohn, nimmt eilfertig die Kandinskys von der Wand, damit sie keine Blutspritzer abbekommen.

Peggy hat sich Amerika schlimmer vorgestellt. Abgesehen davon, dass Onkel Solomons Geliebte, die Baronin Rebay, die auch Kuratorin seines Museums ist, ihr eine Menge Steine in den Weg legt, um zu verhindern, dass sie ein Konkurrenzunternehmen auf die Beine stellt, ist es ganz nett. Max Ernst wird schnell bekannt, und Peggy hat den richtigen Riecher: Sie gibt den New Yorker abstrakten Expressionisten eine Chance und ermöglicht Jackson Pollock regelmäßiges Arbeiten. Jeden Morgen beeilt sie sich, um in ihre Galerie zu kommen.

Max Ernst, den sie glaubt nach Pearl Harbor heiraten zu müssen, weil sie sonst mit einem «feindlichen Ausländer» in wilder Ehe gelebt hätte, lässt sie mit konstanter Bosheit einen leeren Kühlschrank zurück. Sie hat sich nicht geändert.

Wie zuvor mit den anderen Männern, oft wegen bloßer Bagatellen, weil Max etwa die Schere benutzt hat, mit der sich John Holms selig den Bart stutzte, setzt es Streit. Szenen der Eifersucht. In der Öffentlichkeit. In den Phasen der Versöhnung nennt sie Max ihr Findelkind, er sie seine verlorene Tochter. Und ganz nach dem Muster früherer Jahre suchen beide anderweitig Trost, in den Armen Leonora Carringtons Max und Peggy in denen von Laurence Vail. Daneben trinkt sie und nimmt Schlaftabletten. Marcel Duchamp, mit dem sie nach zwanzig Jahren Freundschaft nun auch ein Verhältnis beginnt, muss oft den Krankenpfleger spielen. In großer Verzweiflung rennt sie auch schon einmal nachts los, um im Gangstermilieu ein Abenteuer zu erleben.

Der Zustand mit Max Ernst wird unhaltbar, als er sich in die Malerin Dorothea Tanning verliebt. Peggy versucht,

André Breton dazu zu überreden, sie einer Psychoanalyse zu unterziehen, aber der Surrealist, der mit Vorliebe in Gesellschaft das Wahrheitsspiel spielte, in dem es um die Aufdeckung der verborgenen sexuellen Gelüste der Mitspielenden geht, hält sich nicht für hinreichend qualifiziert, einen Fall wie sie zu behandeln.

Im Muster Peggy'scher Befreiungen vom Unhaltbaren ist es der Nächste, der allem ein Ende macht, in diesem Fall ein eher Männer liebender englischer Sammler, der nur seinem Vergnügen lebt. Peggy muss es sich mittlerweile gefallen lassen, dass der erwachsene Sohn Sindbad die Sache für albern und unwürdig ansieht. Sie selbst schreibt im Nachhinein: «Ich könnte verrückt werden, wenn ich an alle Männer zurückdenke, die mit mir geschlafen haben und dabei an andere Männer dachten, mit denen ich vorher zusammen gewesen war.»

Als der Krieg zu Ende ist, zieht es Peggy zurück nach Europa. Einzig ihren Schützling Pollock ohne Galerie zurückzulassen schmerzt sie. Aber sie hat eine neue Idée fixe, sie muss sich in Venedig ansiedeln.

Die letzte Phase ihres Lebens beginnt. Der griechische Pavillon der Biennale 1948 steht wegen des Bürgerkriegs leer. Man lädt Peggy mit ihrer Sammlung ein. Bernard Berenson, dessen Bücher für sie als Mädchen die Bibel waren und dem sie dieses Geständnis macht, als er in ihren Pavillon kommt, fragt: «Wenn das so ist, was interessiert Sie dann an all den Sachen, die hier zu sehen sind?»

Nichtsdestotrotz ist die damals schockierende Schau ein Durchbruch.

Nun rennen Künstler und Presseleute der Amerikanerin die Türen ein. Jetzt ist sie als Sammlerin anerkannt. Das registriert auch der wachsame Guggenheim-Clan, der bei der letzten Peggy-Provokation, 1946, noch einmal zu großer Form aufgelaufen war. Peggy konnte es nicht lassen, ihre respektlosen Memoiren «Out of this Century» zu veröffentlichen, in denen sie zwar den Protagonisten ihres Lebens (leicht zu entschlüsselnde) Pseudonyme gab, es darüber hinaus jedoch nicht versäumte, Einzelheiten über den Dissens mit der Baronin Hilla Rebay hinauszuposaunen. Onkel Sol hatte daraufhin die schon in den Buchläden platzierte Auflage aufkaufen lassen, was das Buch – wen wundert es? – zu einem Riesenerfolg werden ließ.

1949 kauft sie den Palazzo Venier dei Leoni am Canal Grande, den berühmten unvollendeten Palast mit den herrlichen alten Bäumen. Ein Garten zum Auslauf für die Lhasa-Apsos, mit denen sie sich umgibt. Ein Palast für die Sammlung. Sie könnte zufrieden sein. Doch immer noch treibt sie Rastlosigkeit an, treibt sie in die Arme des nichtsnutzigen Raoul Gregovich, der mit dem Auto verunglückt, dann in die Arme des jungen Malers Tancredi Parmeggiani, den sie auch sponsert.

Und jetzt werden die Dinge so kompliziert, dass selbst Peggy, die nur das Schwierige liebt, darunter zu leiden beginnt. Tochter Pegeen, inzwischen selbst Malerin, verheiratet mit dem Maler Jean Hélion, mit dem sie drei Söhne hat, wird das Opfer einer Liebesbeziehung zwischen ihrem Mann und der Frau ihres Bruders Sindbad. Eine doppelte Scheidung à la Guggenheim und eine unglückliche Pegeen sind die Folge. Sie wird sich, wie sie es von der Mutter gelernt hat, sofort in die nächste Beziehung stürzen. Mit dem Maler Ralph Rumney hat sie bald ihr viertes Kind. In Venedig.

In einer der Volten, die das Leben erfindet, geschieht das Unglaubliche. Pegeen, die ihr Atelier neben dem Tancredis hat, verliebt sich in den Liebhaber der Mutter. Peggy, die ihr Leben lang anderen Frauen die Männer wegnahm, wird von ihrer Tochter betrogen. Rumney riecht den Braten und zieht mit seiner Familie nach Paris. Tancredi ist unglücklich, hin und her gerissen zwischen zwei Frauen und stürzt sich in den Tiber. Pegeen, die schon vier erfolglose Selbstmordversuche hinter sich gebracht hat, stirbt 1967 an einer Überdosis von Barbituraten. So lautet die Geschichte in der Sensationsversion. Die allerdings von Pegeens Söhnen energisch bestritten wird. Es habe keine Verstrickung der Personen Peggy, Pegeen und Tancredi gegeben. – Peggy nimmt Pegeens Werke in ihre Sammlung auf.

Von nun an erwarten sie auf der Seite der Kunst ihre größten Triumphe, erwartet sie auch der gloriose Wiedereintritt in den Schoß der Familie. Auf der negativen Seite, der Seite der Liebe, die für sie allerdings auch an die Kunst gekoppelt war, erwartet sie die Einsamkeit.

Peggy gründet 1968 die Peggy-Guggenheim-Stiftung. Peggy zeigt 1969 im Museum ihres Onkels Solomon in New York ihre Sammlung. Eine Anekdote am Rande: Ihr sprichwörtlicher Geiz lässt es nicht zu, dass sie ein Flugticket erster Klasse, das man ihr geschickt hat, benutzt. Da ihr Gepäck während des Fluges verloren geht, bietet Tom Messer, der Direktor des Guggenheim-Museums, ihr an, für die Eröffnung ein neues Abendkleid zu besorgen. Aber auch das möchte sie nicht – sie erscheint in Reisekleidung und sagt beim Eintritt in das einst von ihr gehasste Museum: «Wenn Onkel Sol das (die Sammlung) sehen würde, dann würde er sich im Grabe herumdrehen.»

Die Eröffnung der Ausstellung ist auch ein riesiges Familientreffen und so etwas wie eine Versöhnung. Peggy hat es geschafft. Sie, die arme Verwandte, das Enfant terrible der

Familie, hat, sieht man vielleicht von ihrem Vetter Harry ab, die wohlhabenderen Verwandten an historischer Bedeutung überrundet. Und alle, alle sind gekommen und leisten Abbitte.

Sie verbringt ihre letzten Lebensjahre damit, ihr Kind, die Sammlung, umwerben zu lassen. Wem wird sie sie vererben? Da gibt es die Stadt Venedig, da gibt es das Tate Museum – und das Museum von Onkel Sol.

Peggy stirbt am 23. Dezember 1979. Das letzte Hindernis, das die große Unkonventionelle dieses Jahrhunderts überwand, war, die Bestimmung außer Kraft zu setzen, nach der in Venedig niemand auf dem eigenen Grundstück begraben sein darf. Ihre Asche liegt neben ihren «beloved babys», den dreizehn Lhasa-Apso-Terriern.

Das Onkel-Sol-Museum hat das Rennen gemacht. Sohn und Enkel haben als Erben schlecht abgeschnitten, aber es war Peggy immer egal, was man von ihr dachte.

Der Hölle entfliehen.

Annemarie Schwarzenbach

Das Landgut Bocken oberhalb des Zürichsees, ein veritables Schloss aus dem 17. Jahrhundert, bietet eben den idyllischen und zugleich herrschaftlichen Rahmen, den sich der Textilindustrielle Alfred Schwarzenbach für seine Familie vorstellt, als er den Sitz im Jahre 1912 erwirbt. Für seine Frau Renée, die Generalstochter und Concoursreiterin, ist Bocken ein Paradies, und nicht selten geben sich hier Berühmtheiten wie Richard Strauss, Gerhart Hauptmann, Siegfried und Winifred Wagner, hoch dekorierte Armeeangehörige oder befreundete Schweizer Großindustrielle die Ehre.

Fünf Kinder haben die Schwarzenbachs, doch nicht für alle ist Bocken das Paradies.

Annemarie, das dritte Kind, wird am 23. Mai 1908 geboren, und Renée verblutet fast bei der Niederkunft. Die ältere Schwester Suzanne vermutet, dies war der Grund dafür, dass die Jüngere in der Kindheit der Liebling der Mutter war. Annemarie ist schöner, charmanter, intelligenter und begabter, heißt es ständig. Was mag es daher sein, das dieses offenbar von der Natur gesegnete Mädchen im Laufe der Zeit aus der bevorzugten Rolle des Lieblingskindes in die des schwarzen Schafes treibt und am Leben verzweifeln lässt?

«Jeder bekommt seine Kindheit über den Kopf gestülpt wie einen Eimer. Später erst zeigt sich, was darin war. Aber ein ganzes Leben lang rinnt das an uns herunter, da mag einer die Kleider oder auch Kostüme wechseln wie er will.» So lässt Heimito von Doderer einen seiner Romane beginnen.

Betrachten wir Renée etwas genauer, denn Vater Alfred ist so oft abwesend, dass er fast nicht zählt: Jedem erzählt sie, dass sie eigentlich ein Junge werden wollte, und entsprechend hört man sie in Reitstiefeln durch das Haus poltern. Ehemalige Dienstboten wollen gar erlebt haben, dass die Mutter die Kinder auf grausame Weise strafte. Nichts entgeht ihr, alles wird kontrolliert, so die für die damalige Zeit zumindest auffällige Kleiderordnung. Die kleine Annemarie muss Lederhosen, Matrosenanzüge oder Soldatenkostüme tragen, Bubensachen eben. Eine große Sammlung schöner Fotos zeigt das magere, fast als Mädchen nicht zu erkennende Kind unter seinen Brüdern, und schon jetzt blickt sie meist nicht direkt in die Kamera, sondern zur Seite oder zu Boden, als lehne sie es ab, dass die fotografierende Mutter sich von ihr ein Bild macht. Klaus Mann porträtierte Renée Schwarzenbach in seinem Roman «Der Vulkan» uncharmant, aber womöglich zutreffend:

«Weibliche Züge scheinen der kräftigen Person ganz zu fehlen. Gang und Stimme, ja Form und Bildung ihres Gesichtes, der Hände, waren durchaus viril. Die Haare trug sie kurz geschnitten … Über einem steif gestärkten, stets blendend weißen Stehkragen zeigte ihr kantiges Gesicht harte und strenge Züge, doch wirkte es nicht nur herrisch, sondern auch verstört und leidend; in den engen Augen gab es irre Flackerlichte …»

197

Am liebsten hat die Mutter mit Freundinnen Umgang, unter ihnen ist die Züricher Wagner-Sängerin Emmy Krüger die Favoritin. Sie ist auf Bocken Stammgast und zieht sich zuweilen mit der Hausherrin für Tage in ein Jagdhaus zurück.

Als Annemarie sieben ist und gerade eine langwierige Scharlacherkrankung überwunden hat, verbietet Renée ihr den Besuch der allgemeinen Schule und lässt sie von Stund an durch eine Hauslehrerin unterrichten. Diese Entscheidung wird aufgrund der schwachen Gesundheit Annemaries sieben Jahre lang aufrechterhalten, als habe es sich nicht um Scharlach, sondern um bösartige Lungentuberkulose gehandelt.

Das Lieblingskind, das man Emmy zu Ehren in ein eigens gefertigtes Octavians-Kostüm steckt, ist für Renée wie eine Dekoration, eine das eigene Selbst übersteigernde ideal-ephebische Gestalt, die sie nicht von der Seite lassen möchte und der sie zunächst einiges nachsieht, auch das Schwänzen der Privatstunden. Annemarie streift lieber draußen herum, das gefällt der Mutter. Oder sie sitzt auf ihrem Zimmer und schreibt, das gefällt der Mutter gar nicht. Schreiben? Das sollte sie lieber lassen, zu viele Gedanken machen den Menschen blass und krank. Annemarie sollte Sport treiben, am besten Reiten. Und die liebe Annemarie, die Konfrontationen hasst, laute Auseinandersetzungen allzumal, wie sie die temperamentvolle Mutter liebt, versucht einen schmerzhaften Spagat zwischen der Anpassung an das Amazonenideal Renées und dem eigenen, sich in den Jahren um sechzehn immer deutlicher ausbildenden.

Erst 1923 kommt Annemarie auf eine Schule. Vielleicht ist diese Entfernung, mutmaßen die Leute, die Strafe dafür, dass Annemarie etwas Anrüchiges mit einem Mädchen allzu schlecht vertuschte. Die Heranwachsende genießt das Internatsleben jedenfalls nur halb, denn an die Stelle der häuslichen Regeln sind die der Schule getreten, und Annemarie träumt von wahrer Freiheit, wahrer Freundschaft, wahrer Liebe.

Diese absoluten Ideen schieben sich wie eine unsichtbare Wand zwischen sie und die Welt, für die sie schon verdorben ist. Es ist fast so, als trüge sie ein unsichtbares Mal, das sie zu einer Ausgestoßenen macht. Annemarie, heißt es, sah man nie lachen. Höchstens ein halbes, kühles Lächeln streifte gelegentlich ihr faszinierendes Gesicht. An diesem Bewusstsein des «Andersseins» ist nicht allein die Tatsache schuld, dass Annemarie weiß, wie sie es ihrem Konfirmationspfarrer Ernst Merz schreibt, dass sie nur und ausschließlich Frauen lieben kann, daran ist auch ihre grundsätzlich melancholische Haltung zur Welt, ihre pessimistische Einschätzung der aktuellen Geschichte und die demzufolge selbst auferlegte Einsamkeit schuld.

Die Reifeprüfung besteht Annemarie 1927 mit Leichtigkeit, im Wintersemester hat sie sich an der Universität Zürich für Geschichte und Literatur eingeschrieben und stürzt sich voll Eifer in die Arbeit. Gleichzeitig schreibt sie eigene Texte, Geschichten, Skizzen, Novellen und Märchen. Auch an der Universität erregt das Mädchen mit der Garçonnefrisur und der unkonventionell-lässigen Kleidung Aufsehen. Die Aufmerksamkeiten, die Männer ihr entgegenbringen, nimmt sie fast nicht wahr. Liebesbriefe bleiben zum Teil sogar ungeöffnet liegen. Was ihr keine Freundschaft einträgt – man nennt sie «königliche Hoheit» und amüsiert sich ohne sie.

Selbst zieht es sie, je erwachsener sie wird, umso stärker weg von zu Hause. Zunächst geht es für zwei Semester nach

Paris. Die Familie wünscht, dass die Tochter geläufiges Französisch parlierend wiederkehrt, für die anvisierten guten Partien ist das unerlässlich. Annemarie hingegen findet ihre Pariser Freiheit in den Boheme-Kneipen von Montparnasse. Die Studien vernachlässigt sie dabei nicht, denn noch macht ihr das Lavieren zwischen den eigenen Bestrebungen und denen des mächtigen Clans fast nichts aus.

Bei der Rückkehr in die Schweiz, 1930, kommt es zu einer folgenreichen Begegnung: Die Tochter des Textilmagnaten trifft die Tochter des Dichters. Eine Korrespondenz wird ins Leben gerufen. Der erste Brief Annemarie Schwarzenbachs an Erika Mann stammt vom September oder Oktober 1930. Das «Schweizerkind» schlägt die Leitthemen seines schwierigen Lebens gleich an: «Schon tagsüber hatte ich ganz unberechenbare Anfälle völliger Entmutigung, ziemlich schwer zu beschreiben und noch schwerer zu ertragen: Eine plötzliche Leere, so ganz ohne Hoffnung, daß man schreien könnte – … ich möchte, wie ein Kind, andauernd sagen, daß man mir helfen soll …» Es folgt der Bericht von den Auseinandersetzungen mit der Mutter, die ihren Umgang kontrollieren will. Die Freundin Erika ist sofort «mein großer Bruder Eri, den ich sehr liebe», und Eri soll helfen. Annemarie gibt sich ihrem unauflösbaren und existenziellen Leiden hin. Im Oktober jammert sie erneut über die Eltern, schildert sie aber im gleichen Satz als wunderbare Menschen, mit denen sie sich «gerade jetzt ganz selten stark verbunden» fühle.

Dass die politisch überwache Mann-Tochter, die bereits jetzt weiß, dass ein großer Teil der Bevölkerung «hochgradig ‹vernazit›» ist, das Kreisen Annemaries um immer gleiche psychische Komplexe auf Dauer nervenzerfetzend fand, ist in Erikas Briefen an die Eltern und den Bruder Klaus, mit dem Annemarie sich inzwischen auch angefreundet hat, gut dokumentiert.

Noch ist Annemarie mit ihrer Promotion beschäftigt, noch ist sie gezwungen, in der Schweiz zu bleiben, aber sie gräbt schon die Startlöcher. Sie möchte am liebsten nach Berlin, wo Menschen wie sie ein anonymeres, freieres Leben führen und Gleichgesinnte finden können. Außerdem möchte sie Dichterin werden. Die neue Freundschaft mit Erika und Klaus Mann beflügelt sie: «Freunde um Bernhard» heißt ihr erster Roman, den sie auf eigene Kosten verlegt und in dem die Figur des Bernhard, wie auch später zumeist ihre männlichen Protagonisten, in Wahrheit eine junge Frau ist. Auch diese Camouflage ist für Annemarie kennzeichnend: Keinesfalls möchte sie die Familie brüskieren, ist sie doch die brave Tochter mit den exquisiten Manieren – aber leider muss es heraus, all das Bedrückende, Schwere ihrer Existenz, das Verquere, Andere. Und ebenso wie sie als Mädchen in Jungenkleider gesteckt wurde und seitdem den Herrenlook beibehalten hat, steckt sie jetzt ihr weibliches Erzähl-Ich in einen Männerkörper. Sie freut sich, wenn man sie für einen jungen Mann hält, und war sicherlich auch von Thomas Manns Bemerkung anlässlich der ersten Mittagseinladung in München angetan: «Merkwürdig, wenn Sie ein *Junge* wären, dann müßten Sie doch als *ungewöhnlich* hübsch gelten.»

Annemarie ist stolz auf ihr erstes Buch, das überall in der Schweiz enthusiastisch aufgenommen wird, doch noch vergräbt sie die Wünsche nach der unabhängigen Schriftstellerexistenz in den täglichen Briefe an Erika, ihren «Seidenprinzen», ihr «Kinderhäutchen». Annemarie betet die Freundin an, die all das hat, was ihr selbst fehlt: Selbstvertrauen, den Mut, die eigene Meinung auch gegen Widerstände zu vertreten, Lebensfreude, Vitalität, Sthenie. Erika ist Annemaries Ideal, Erikas Familie die Idealfamilie.

Der eigene Clan lässt die Tochter spüren, dass sie dabei ist, ihr Sympathiekapital zu verspielen. Renée kritisiert ihre Beziehung zu der Schriftstellerin Ruth Landshoff-Yorck, mit der Annemarie einfach nach Venedig fährt. Da sind die Manns, die verderblichen Einfluss auf die Tochter nehmen, besonders in politicis. Links sollen die sein, während man in der Familie Schwarzenbach wie selbstverständlich Nazigrößen empfängt. Renée hat begonnen, lauthals mit Annemarie zu streiten oder sie mit Schweigen zu strafen. All das stürzt die Tochter in immer größere Seelenqualen, von denen sie Erika Kenntnis gibt: «Welche Atmosphäre herrscht, welche Veränderung, welches gründliche Abgeschnittensein! Und wohin gehöre ich? Warum sprechen mich weder Papa noch Mama eigentlich an? Warum vermeiden sie das, warum übersehen sie mich, fragen kein Wort und sind wieder einmal schmerzvoll nicht einverstanden? Mit was, mit was? Das ist nicht einmal ein Kompromiß, das ist vielmehr und für mich die Hölle.» Renée möchte Annemarie in ihrem Einflussbereich halten und vor allem von Erika Mann losschmieden, die ihre Autorität bei Annemarie infrage stellt. Jedes Mittel ist ihr dabei recht, selbst das Aufhetzen aller Familienmitglieder gegen Annemarie und Vorwürfe der Art, dass die Tochter durch ihren schlechten Lebenswandel das Leben der Mutter verhindere. Annemarie erlebt das ganze Haus als «überreizt, ausweglos und trostlos».

Als Annemarie Schwarzenbach im September 1931 mit ihrem Victory nach Berlin fährt, möchte sie der Hölle, die sie nicht ändern kann, entfliehen. Eigentlich hat sie Angst vor dem Alleinleben.

Ihren Eltern erzählt sie, dass sie eine wissenschaftliche

Arbeit auszuführen gedenke. In Wahrheit hängt sie die Wissenschaft jetzt für immer an den Nagel. Ruth Landshoff-Yorck erinnert sich daran, dass Annemarie in ihrem ersten Berliner Winter an einem zweiten Buch schrieb, und schildert ihre Schwierigkeiten: «Zum ersten Male in ihrem jungen Leben war sie ganz ohne Schutz, das heißt, niemand verbot ihr etwas und niemand befahl ... Sie lebte gefährlich. Sie trank zu viel. Sie ging nie vor Sonnenaufgang schlafen.»

Annemarie ist oft verliebt, doch immer unglücklich. Nähe und Distanz sind für sie gleich unerträglich. Einzig das Schreiben, die Darstellung des eigenen Unglücks, befriedigt. Um sich in die Schaffensstimmung zu versetzen, trinkt sie Vermouth und hört beim Schreiben Platten. Wer ihr begegnet, macht sich um sie Sorgen, fragt, wie er dem unendlich traurigen, schönen Geschöpf helfen kann. Doch Annemarie kann Hilfe nicht annehmen, da sie von den anderen grundsätzlich getrennt ist.

Die folgende schwierige Beziehung zu der Journalistin Ursula von Hohenlohe bewirkt bei Annemarie einen ersten Nervenzusammenbruch. Und wieder fragt das «Kind» Annemarie den großen Bruder Erika: «Ob es mir wohl endlich gelingen wird, Eri, *erwachsen* zu werden?»

Wenig später zweifelt sie daran, dass es überhaupt so etwas wie eine glückliche Liebe gibt: «... es ist immer scheußlich, ernüchternd und grenzenlos vereinsamend.»

Die Wiederbegegnung mit der Mutter im Frühling 1932 treibt die Minderwertigkeitsgefühle auf die Spitze: »Meine Mama hat ganz einfach zuviel Initiative und Energie für sich gepachtet, und man fühlt sich überhaupt nicht veranlaßt, selbst noch etwas davon aufzubringen.»

Was fesselt Annemarie, die sich politisch, moralisch und persönlich von ihrem Elternhaus getrennt hat, noch an die

Mutter, die den Lebensentwurf der Tochter völlig ablehnt? Nicht sehr viel mehr als die generösen Zuwendungen, die das bedenkliche Leben finanzieren.

Im Herbst 1932, wieder durch Ruth Landshoff-Yorck, lernt Annemarie die Tochter des Dramatikers Carl Sternheim, Mopsa genannt, kennen. Mit ihrer Bekanntschaft einher geht eine zweite, die mit der Droge Morphium. Annemarie verspürt eine ungeheure Erleichterung von den Ängsten und Unsicherheiten, die sie bedrücken, wenn sie Morphium nimmt. Es ist, als sei das Mittel gerade für sie gemacht. Wenn die Wirkung abflaut, geht es ihr meist sehr schlecht, doch wieder und wieder gebraucht sie Morphium, um in kurzen Momenten nicht leiden zu müssen. Schon bald ist sie abhängig. Weihnachten 1932 flieht sie, diesmal vor den Drogen, nach Bocken und schreibt an Erika: «Ich erhole mich, nach und nach nur – von den Bedrängnissen, die in Berlin von Mops ausgingen und denen ich – du weißt es ja doch nur halb gewachsen war.»

Annemarie korrespondiert mit den drogenerfahrenen Geschwistern Mann offen über Morphium oder «Thunfisch». Klaus ist abhängig, Erika nicht. Das «Schweizerkind» glaubt, sich in Zukunft beherrschen zu können, es soll nicht wieder zu Vergiftungszuständen kommen. Sie beteuert, sie argumentiert, damit Erika wieder «gut» ist. Aus Annemaries Briefen geht hervor, dass Erika ihr eindringlich ins Gewissen geredet und womöglich angedeutet hat, eine Freundin, die sich nur selbst zerstört, könne ihr, gerade in dieser Zeit, nicht von großem Nutzen sein. Doch in Sachen «Thun» sind die Würfel gefallen: Von 1932 bis zu ihrem Tod zehn Jahre später wird Annemarie, von kurzen Unterbrechungen abgesehen, nicht mehr clean sein.

Verschiedentlich ist die Ähnlichkeit zwischen Annemarie

Schwarzenbachs und Klaus Manns Charakterstruktur und ihrem Schicksal betont worden, ihre Verführbarkeit durch das eigene Geschlecht wie durch Rauschmittel, ihre grundsätzliche Lebensüberdrüssigkeit oder Lebensschwäche, ihr fast manisch zu nennender Schreibtrieb, ihre Unrast, deren Ausdruck permanentes Reisen war, die Unfähigkeit schließlich, in einer Beziehung zu einem anderen Menschen etwas von Beständigkeit und Zufriedenheit zu erleben. So wäre eine fast banal klingende Gleichung aufzumachen, die besagte: Was bei Klaus Mann der übermächtige Dichter-Vater und dessen komplizierte Beziehung zu dem attraktiven Sohn war, ist bei Annemarie die erdrückende, beherrschende, Frauen liebende Mutter. Doch sowohl Annemarie wie Klaus mussten etwas wie die Bereitschaft zur Identifikation mit der übermächtigen Figur besessen haben, eine Bereitschaft, Signale meist widersprüchlichen Charakters, bald größte Nähe, bald größte Distanz fordernd, zu registrieren und zu beantworten.

So ähnlich Annemarie Schwarzenbach und Klaus Mann einander sind, es unterscheidet sie deutlich eines: Für Klaus (wie auch für Erika) spielt sich das Leben ab 1933 im Exil ab. Sie sind rassisch und politisch Verfolgte und führen im Rahmen ihrer publizistischen Möglichkeiten ab jetzt ein Leben im politischen Kampf gegen den Faschismus. Sie begreifen diesen Kampf als moralische Notwendigkeit, er ist das Wichtigste. Annemarie Schwarzenbachs Leben und ihre beruflichen Möglichkeiten hingegen sind nicht bedroht. Daher hat für sie der Kampf gegen den Faschismus keine innere Notwendigkeit, bedeutet doch der Sieg des Faschismus für sie zunächst nichts anderes als den Eintritt in die große Kulturlosigkeit, den Übergang einer schönen, aber abgelebten Zeit in eine banausische, aber bedauerlicherweise unvermeidliche. Dass sie selbst mitkämpfen, sich einsetzen könnte gegen die Nazis, die in der Schweiz unter dem Namen Frontisten gleichfalls mehr und mehr erstarken, kommt ihr nicht in den Sinn, und außerdem wäre es gefährlich, müsste sie doch entscheidende Freunde ihrer Eltern bekämpfen. Über diesem Punkt kommt es zum Bruch zwischen ihr und den Manns.

Vielleicht ist die jetzt beginnende intensive Reisetätigkeit der Annemarie Schwarzenbach, die sie fast um die ganze Welt führen wird, die damit verbundene Karriere als Journalistin und später Fotografin, auch eine Möglichkeit, dem Konflikt: hier Eltern, dort die Manns, auszuweichen. Annemarie schreibt für die renommierte «Neue Zürcher Zeitung» und die «Weltwoche». Sie reist, Erika und Klaus Mann sind im März nach Frankreich emigriert, im Mai 1933 nach Spanien, sie trifft die Manns im Juni in Paris, verbringt den Sommer in Berlin. Großzügig gibt sie Klaus Mann vom Geld ihrer Eltern ab, damit er die Emigrationszeitschrift «Die Sammlung» herausgeben kann. Schreiben darf sie, obwohl sie mehrfach Beiträge an Klaus einreicht, nicht in diesem Blatt. Sie reist in den Orient und nimmt dort an Ausgrabungen teil. In Persien lernt sie den französischen Botschaftsrat Claude Clarac kennen. Sie liebt Frauen, er liebt Männer – das erscheint beiden als gute Basis für die anvisierte Heirat.

Annemarie schreibt, fleißig wie eine Biene, aufrechterhalten durch «Thun». Es entstehen *Die lyrische Novelle* und ein heute verschollener Roman, *Die Flucht nach oben*. Auf die regelmäßigen körperlichen Zusammenbrüche folgen die üblichen Phasen großer Reue. 1934 reist sie mit Klaus Mann auf den ersten sowjetischen Schriftstellerkongress nach Moskau und dann wieder nach Persien.

Im November desselben Jahres, noch in Persien, eskaliert die Problematik. Zum ersten Mal gelingt es ihr nicht mehr, die beiden unvereinbaren Pole ihres Lebens, die wahre Familie und die Wahlfamilie der Manns, miteinander zu vereinbaren. Erika Mann gastiert mit ihrer *Pfeffermühle* in Zürich. In einem Chanson mit dem Titel «Weil ich will», das von Therese Giehse vorgetragen wird, klagt sie die Einlassung des Generals Ulrich Wille mit den höchsten Repräsentanten des Nazistaats Hess, Goebbels, Blomberg und Hitler selbst an. Ulrich Wille ist – Annemaries Onkel. Die sozialdemokratischen Abgeordneten Reinhardt und Schneider fordern daraufhin am 6. November im Nationalrat den «Abschied» des Generals. Am 12. November wird ein anonymes Flugblatt in Zürich verteilt, worin es heißt, Erika Mann habe ein Verhältnis mit dem genannten Schneider, außerdem sei sie Mitglied der KPD. Nur zu deutlich ist die Herkunft dieser politischen Lüge aus dem Lager der Frontisten. Die Auswirkungen auf die *Pfeffermühle* sind fatal, die Stimmung wendet sich schlagartig gegen die bislang umjubelte Truppe, die Reaktionen reichen von Presseartikeln bis zu Störungen, zum Teil inszenierter Art. Erika schlägt zurück, dementiert in der Presse, wird rehabilitiert, erhält persönlichen, die Truppe Saalschutz durch die Polizei. Zwei Tage später holen die Frontisten erneut zum Schlag aus. Sie brechen eine Saalschlacht vom Zaune, attackieren die Polizei, rufen «Juda, verrecke!», «Raus mit den Emigranten!» und «Raus mit den Juden!». Kommunisten eilen herbei und mischen auf Erikas Seite mit. Schließlich gelingt es der Polizei, die Ruhe wiederherzustellen, indem sie 24 Personen verhaftet. Unter ihnen befindet sich James Schwarzenbach, Annemaries Cousin, der Erika Mann in einem Leserbrief an die «Neue Zürcher

Zeitung» wenige Tage zuvor als Kommunistin bezeichnet hatte. In der Folge wird auch der Chef der Frontisten, Rudolf Henne, verhaftet, ein alter Verehrer Annemaries, den sie nie erhört hatte. Inzwischen ist die geplante Tournee durch die Schweiz natürlich geplatzt, und Erika schreibt am 1. Dezember an Klaus: «Ja, A. (Annemarie) schreibt, daß sie den jungen Legationsrat heiratet. Sie muß aber erst zuhause fragen, ob sie einen ‹französischen Katholiken› nehmen darf, – schreibt sie wörtlich. Gut so. Mir wäre Frontenführer Henne lieber gewesen für sie. Denn er äußerte zu einer Dame, die es mir selbst erzählte, dass er zur Front *nur* gegangen sei, aus Degout und eines Korbes wegen, den A. ihm gab. Zu schweigen vom Feldzug gegen uns, den er natürlich nur aus diesem Grunde leitete. Er aber ist der sogenannte Führer und die Schweiz wäre gerettet, nähme Prinzeßchen ihn in ihre Arme.»

Als Annemarie Mitte Dezember aus Persien zurückkommt, muss sie Stellung nehmen zu Vorgängen, in denen ihre Familie wahrscheinlich die entscheidende Rolle spielt. In einem Artikel der *Zürcher Post* vom 27. Dezember 1934 greift sie erstmalig ihre Familie öffentlich an, kämpft für die *Pfeffermühle*. Doch die ist bereits verboten. Erika, die schon seit längerem Hausverbot auf Bocken hat, kann Annemarie nicht glauben, dass deren Mutter mit den Krawallen direkt nichts zu tun hatte, und meidet die Freundin, die davon überzeugt ist, erstmals über sich selbst hinausgewachsen zu sein. Wozu denn das alles noch, wenn der große Bruder sich von ihr abwendet, von der Familie ganz zu schweigen?

Im Januar 1935 schreibt sie nach ihrem ersten Selbstmordversuch aus der Entziehungsklinik in Samedan an Klaus: «Ich tu's nicht wieder. Ich bin froh, fast hoffnungsvoll, daß meine Eltern sich in Zukunft so ehrlich bemüht zeigen wie jetzt ...»

Die Drogen, die anfangs eingesetzt wurden, um das Doppelleben, hier Eltern, da Freiheit, ertragen zu können, erhalten nun die Funktion, die Eltern zur Nachsicht zu erziehen. Das ultimative Mittel wirkt – auch Klaus und Erika Mann erklären sich angesichts der zum Glück vorbeigezogenen Katastrophe wieder gesprächsbereit.

Es folgen Reisen – 1937 mit Barbara Hamilton durch die USA, mit Ella Maillart nach Afghanistan und wieder nach Amerika. Annemarie setzt sich für Flüchtlinge ein und berichtet über soziales Elend. Sie fotografiert. All das bewältigt sie nur mit Hilfe der Drogen, die sie schwächen. Zeitweise wiegt sie knapp fünfzig Kilogramm. Schwierige Beziehungen zu Frauen wie Margot von Opel und Carson McCullers, die gleichzeitig um sie kämpfen, unterminieren ihre Psyche. Annemaries Nervenzusammenbrüche werden peinlich, sie schreit in der Öffentlichkeit eines New Yorker Hotels herum, möchte Margot von Opel oder sich selbst umbringen, wird in die Nervenheilanstalt von Greenwich in Connecticut gebracht, entflieht, kommt in eine zweite Klinik, wird schließlich von ihrem jüngeren Bruder aus Amerika abgeholt.

Renée Schwarzenbach hat nun genug von ihrem einstigen Lieblingskind. Sie zwingt Annemarie, die Schweiz so schnell wie möglich wieder zu verlassen. Bei Zuwiderhandlung, so heißt es apodiktisch, werde sie den Geldhahn endgültig zudrehen. Annemarie nickt, nimmt die neuen Wechsel in Empfang und reist in eleganter Tropenkleidung nach Afrika. Dort schreibt sie ihren letzten großen Prosatext, «Das Wunder des Baums». 1942 kehrt sie in die Schweiz zurück.

Alfred Schwarzenbach ist seit zwei Jahren tot, auch Annemaries Großmutter, geborene von Bismarck, ist gestorben. Annemarie lässt sich in Sils Baselgia, seit Jahren schon ihr Lieblingsort, nieder. Es ist, als sei eine Phase der Ruhe angebrochen, sie möchte sich auf die Umarbeitung von «Das Wunder des Baums» konzentrieren, in dem sie all die Werte ihres bisherigen Lebens, Freundschaft, Liebe, Nächstenliebe und Güte verwirft – der Mensch ist allein, er bleibt allein, sein Schicksal ist so und so der Tod.

Am 7. September 1942 will Annemarie eigentlich den Kaufvertrag für das lange schon gemietete geliebte Haus in Sils unterschreiben und hat sich für die Fahrt zum Notar stilvoll eine kleine Kutsche gemietet. Eine Besucherin fährt ihr mit dem Fahrrad hinterher und holt sie ein. Annemarie ist vergnügt wie lange nicht, behauptet, die Freundin verstünde gar nichts vom Radfahren, sie wolle ihr einmal zeigen, wie das geht. Man tauscht die Plätze, Annemarie, die Mutige, setzt sich in Bewegung, es geht abwärts, sie fährt freihändig. Was kann dieses Kind nicht alles! Da übersieht sie einen Stein, stürzt, kommt hart mit dem Kopf auf, blutet, ist bewusstlos.

In Sils Baselgia verbringt sie ihre letzten Lebenswochen, ohne jemanden zu erkennen. Die Mutter hat zwei Pflegerinnen zu ihr geschickt, keine Freundin darf sie besuchen. Allein stirbt Annemarie Schwarzenbach im Alter von 34 Jahren am 15. November 1942.

Entgegen Annemarie Schwarzenbachs letztem Willen, wonach ihr literarischer Nachlass und ihr ausgedehnter Briefwechsel mit Klaus und Erika Mann an ihre Freundin Anita Forrer gehen und Erika Mann die Herausgabe der unveröffentlichten Schriften unternehmen sollte, vernichtet Renée Schwarzenbach neben literarischen Manuskripten auch Annemaries Tagebücher und die genannten Briefe der Geschwister Mann. Sie tut dies noch am Tage des Todes der Tochter, auf dass kein weiteres Wort die Familienehre schmälere.

Der Capri-Fischer war ihr Glück.
Monika Mann

Dass Monika sich zum schwarzen Schaf innerhalb der sechsköpfigen Kinderschar von Katja und Thomas Mann entwickeln würde, stand am Anfang so eindeutig gar nicht fest. Katja, die immer traurig war, wenn sie von einem Mädchen entbunden wurde, fand sie am hübschesten von ihren Babys. Monika, im Familienjargon «Moni», «Mönchen» oder «Möndchen» genannt, war das vierte Kind, gehörte also gemeinsam mit Golo zu dem Paar der «Mittleren». Das ewige Nicht-groß-und-nicht-klein-Sein, das Schwanken zwischen Selbstüberschätzung und Ohnmacht, das Sich-in-Szene-setzen-Müssen, das Gefühl, immer weniger als die anderen geliebt zu sein, als die «Großen» oder die «Kleinen». Monika lernt – wie auch ihr Bruder Golo – das Sprechen erst spät.

Für Thomas, den Dichter, war der Fall wunderbar klar. Er hatte eine regelrechte Präferenzliste erstellt. Die drei Kinder, die seinem Herzen am nächsten standen, waren Erika, Klaus und Elisabeth, Medi genannt, über die er den «Gesang vom Kindchen» ersonnen hatte. Die anderen Kinder waren und blieben ihm prinzipiell fremd, das vertraute er nicht nur seinem Tagebuch, sondern auch Freunden und Briefpartnern gelegentlich an. Er ließ keinen Zweifel daran, dass Golos finsteres Äußeres ihn abstieß, dass Michaels Charakter und Lachen ihm unangenehm waren und dass er von Monika ganz und gar nichts hielt. Noch im Alter wird Monika bitter bemerken, der Vater habe niemals ein richtiges Gespräch mit ihr geführt. Sie habe immer das Gefühl gehabt, für ihn gar nicht zu existieren.

Und die Mutter? Katja ist nach Monikas Geburt sehr geschwächt. Man legt ihr nahe, keine weiteren Kinder mehr zu bekommen. Eine Kur im Jahre 1911 zeitigt nicht die gewünschten Erfolge. Ab 1912 weiß man dann von ihrer Tuberkulose, und es folgt die Kette langer, mitunter halbjähriger Aufenthalte in Schweizer Sanatorien. Wechselnde Kinderfräulein betreuen die Kinder. Die 1910 geborene Monika ist als damals Jüngste und Abhängigste am stärksten betroffen von diesen Verhältnissen: Für den anwesenden Vater ist sie eigentlich nicht da. Die abwesende Mutter ist für sie nicht da. Die älteren Geschwister üben eine «grausame Herrschaft» über sie aus. Es bleibt als Halt der um ein Jahr ältere Bruder, der von der Natur stärkere Persönlichkeitskräfte erhalten hat als sie. Aber wie kommt es, dass Monika sich auch später keinen Platz in den Herzen der Eltern erobern konnte?

Erika hat als erstes Kind den für die Liebesfähigkeit von Eltern besten Platz inne. Ihre knabenhafte Gestalt, ihr burschikoses, zugleich wieder charmantes Wesen lassen eher an einen Jüngling denken. Und für diese Spezies ist der Vater-Zauberer bekanntermaßen zeitlebens mehr als anfällig. Erika ist mutig, intelligent, früh verrucht, lebt viel von dem aus, was Thomas nur imaginiert hat, kurz, sie ist sein «Wotanskind». Nicht viel anders erlebt der Vater den Sohn Klaus. Er beschreibt die Anziehung, die von Aissis «frühmännlichem Körper» für ihn ausgeht. Auch dieses Kind ist hochintelligent und schreibt leicht, steht mit den dunklen Seiten des Daseins auf Du und Du. Thomas empfindet die ersten beiden Kinder trotz aller Dummheiten und Verschwendereien, deren sie fähig sind, trotz Drogensucht und prekärer Sexualverhältnisse, als die genialen Geschöpfe unruhiger Zeiten: Es sind die Kinder, die zu seinem Selbstbild passen. Und Medi, geboren, als der Vater mit dreiundvierzig Jahren schon hochberühmt ist, spricht ihn als Kindchen unmittelbar an, reißt ihn ebenso wie seine Hunde zu Zärtlichkeiten hin. Eine Liebe zum Kleinen, Kreatürlichen bindet ihn an diese spät geborene Tochter.

Die Dinge, die der Vater von Monika, dem Kinde, aufzeichnenswert fand, betreffen nicht bestimmte Begabungen, von ihrem schönen Klavierspiel abgesehen, vielmehr das Bestreben bereits des kleinen Mädchens, innerhalb des großen Haushalts eine eigene Wirtschaft en miniature zu betreiben, oft zusammen mit Bruder Golo. So beschreibt er zu Weihnachten 1918, dass die fast acht Jahre alte Moni, «die wie Golo auf Wunsch ein kleines Separatbäumchen bekommen hatte», damit hereingetanzt kam und das Bäumchen küsste. Monika spart auch irgendwelche Lebensmittel auf und richtet gemeinsam mit dem Bruder Abendessen mit und ohne Kasperltheater aus, wobei sie die oft alten Esswaren besonders schön zu dekorieren weiß. Am liebsten träumt das Kind aber. Das immer leicht wirre, nach einer Seite fallende Haar und das zarte Gesicht verleihen ihr etwas Unsicheres, Vages. Ein aus dem Nest gefallenes Vögelchen, könnte man meinen. Gleich ihren Geschwistern liebt sie das Haus in Tölz, wo die Familie über Jahre hinweg den Sommer verbringt. In diese Zeit zurück reicht eine Erinnerung, die sie dem Vater anlässlich seines Geburtstags im Jahre 1936 zukommen lässt. Sie beschreibt die Szenerie des Himbeersuchens im Wald:

Natürlich füllt die Mutter am schnellsten das Körbchen, aber auch die anderen sind recht erfolgreich bei der Suche, Klaus ersinnt nebenbei noch ein Gedicht, und Golo, der «emsige, geheimnisvolle Zwerg», der zwar schon an Armen und Beinen blutet, setzt doch allen Ehrgeiz darein, sein Körbchen, und sei es mit hässlichen und zerquetschten Beeren, zu füllen. Monika findet so gut wie gar nichts. Vier oder fünf magere Beeren. Ihre ungeheure Angst vor dem Wald und seinen Geräuschen hindert sie daran, sich auf das Suchen zu konzentrieren. Sie wird müde und mutlos. Und plötzlich sind die anderen verschwunden, sie ist allein und findet nicht zurück. Man sucht sie, es gibt Rufe, sie weint, nach einer Ewigkeit wird sie gefunden. Monika, inzwischen sechsundzwanzig Jahre alt, schreibt weiter in dem Brief: «Aber wird in all den Jahren Gott mir eine Lösung schicken, die das große und geheimnisvolle Leben verlangt?»

Klaus, der große Bruder, veröffentlichte im Jahre 1926, gerade zwanzig Jahre alt, seine «Kindernovelle», in der er seine drei nächsten Geschwister naturgetreu darstellt. Monika heißt Lieschen, schaut «töricht und benommen um sich, hübsch wie ein kleiner, harmloser Engel». Sie richtet den Kindern, die Hochzeit spielen, das Festmahl, und als die Mutter sich die Zukunft für ihre Kinder vorstellt, so ist es in Lieschens Fall nicht das Außergewöhnliche, Abenteuerliche und Abgründige, das da zum Lebensprinzip erhoben wird, sondern ein ganz normales Frauenschicksal: «Und nun Lieschen; die Mutter lächelte, weil sie Lieschen sah. Aus Lieschen war rasch eine junge Frau geworden, wer hätte das wohl gedacht. Wußte man allerdings, ob sie glücklich war? Liebte sie ihren Mann? Oder litt sie an seiner Seite? – Sie sprach ja nie viel. Aber freundlich trug sie ihr schlichteres Schicksal, während die Geschwister so gewagte Wege gingen.»

Das war Monikas Lebensprogramm in den Augen der Familie Mann: eine Frau, die eine Familie gründen, eine Frau, die ihr Schicksal freundlich tragen würde. Womit schon der Stab über ihre Person gebrochen war, denn sowohl in der Familie Pringsheim, aus der Katja stammte, wie in der Familie Mann war man nur etwas wert, wenn man Intellektueller war, Wissenschaftler oder Schriftsteller. Mathematikerin wäre Katja geworden, hätte sie nicht sechs Kinder in die Welt gesetzt.

Monika, so stellen Eltern und Geschwister bedauernd fest, ist leider Gottes ein recht weibliches Mädchen, lässt sich treiben. Sie fängt viel an und wird so recht mit keiner Sache fertig. Auf der Höheren Töchterschule in München, wo vor ihr Erika die Schulbank drückte, «tat sie nicht gut», wie sie selbst in ihrem Erinnerungsband «Vergangenes und Gegenwärtiges» von 1956 schreibt.

Natürlich ist man in der Familie Mann der Ansicht, auch Monika müsse eine gute Ausbildung erhalten, deshalb schickt man sie, wie zuvor schon den Bruder Golo, auf das Landerziehungsheim Schloss Salem, das 1920 gegründet worden war. Hier blüht das Mädchen auf und schätzt besonders die Förderung, die ihrer musikalischen Erziehung zuteil wird. Ein Erfolg bei einem Schulkonzert, wo sie Schumanns «Kinderszenen» zu Gehör bringt, weist ihr einen Weg: Musik ist es. Sie will Pianistin werden.

Monika verliebt sich oft, der Vater nennt sie «schalkhaft, nichts weiter», wenn sie im Haus in ihrem fraisefarbenen «Stilkleid» den bedrohlichen Charleston tanzt. Sie besitzt als Tochter eines Nobelpreisträgers – für jene Zeiten eine Seltenheit –, wie die ältere Schwester auch, ein kleines Auto, die feuerrote «Opelette». Mit ihr braust sie abends über Land und genießt die Stimmung an einem der Seen rund um

München. Während ihre älteren Geschwister langsam berühmt und gescheit werden, dauert Monikas Ausbildung Jahre um Jahre, mal ist es die Kunstgewerbeschule, mal die Musik. Sie legt wohl Fleiß und Interesse an den Tag, aber prägende Personen oder Lehrer, Freunde oder Künstler nennt sie nicht. Wer sollte schon gegen die illustre Gesellschaft, die sich Tag für Tag im Hause Mann am Herzogpark versammelt, ankommen? Überdies ist Moni nicht der Mensch, der gern spricht. Sie schweigt lieber. Und das ist das wirklich Schlimme für Eltern und Geschwister.

Monika ist prinzipiell anders als die übrigen Mitglieder ihrer Familie. Der Vater kreidet ihr es an, dass sie stumm am Essen oder bei einer seiner geliebten Vorlesungen teilnimmt, er wünscht sie weg, wenn sie bittet, die Eltern besuchen zu dürfen, sie wird ihm und Katja zum Problem. Soll sie doch wie Klaus und Erika etwas «Aufheiterndes» nehmen, etwas zum Schlafen wie er selbst, ein bisschen medizinische Hilfe, was schadet's? Gegen jedes Übelchen, jede Laune, jede Depression eine Pille. Sich-gehen-Lassen ist die unzulässige Alternative, das ist «monihaft», das tut man nicht.

Ab 1933 dann – die Tagebücher der Jahre 1922–1932 sind von Thomas Mann in Amerika im hauseigenen Verbrennungsofen zerstört worden – liest man im Tagebuch häufiger, er habe sich mit Kindern oder Freunden über «das Problem Moni» unterhalten. Worin bestand das Problem? Zum einen vermutlich darin, dass diese Tochter immer weiter nur Geld kostete und sich in Wunschkarriereträume verbiss, die sie nie realisieren würde, darin, dass sie, wo sie auch weilte, ein Klavier beanspruchte, um zu üben, dass sie von einer unglücklichen Liebesaffäre in die nächste schwebte und dass man sie in der Familie nur schwer ertragen konnte. Je älter

Monika wurde, umso öfter hatte sie laut ihres Vaters Tagebucheintragungen so genannte «hysterische Ausfälle», denen dann wieder tagelanges Schweigen und Fernbleiben von den Mahlzeiten folgte.

Für Monika war das Elternhaus über Jahrzehnte ein Magnet, zugleich hasste und liebte sie die Atmosphäre in den wechselnden Exildomizilen der Familie. Unbeirrbar kehrte sie, wie auch die anderen Kinder, immer wieder zurück, setzte sich den immer gleichen Lebensritualen aus, die nur dadurch variierten, dass der Vater immer neue, noch großartigere Werke zu Gehör brachte. Während die anderen Kinder jedoch darin wetteiferten, die passende Formulierung, den treffenden Gedanken zum eben ins Leben getretenen Text des Vaters abzuliefern, pflichtschuldig ihren Tribut als Kinder des Dichters zu zollen, sagte Monika nichts. Wie schrecklich, wie peinlich! Selbst in ihren Briefen, die zumeist als «fatal» oder «typisch» abgetan werden, lachend als pseudo-poetisch am Familienteetisch von Hand zu Hand gereicht werden, wenn sie nicht da ist, verweigert sie dem Vater die intensiv-deutende Bewunderung seines Werks. Monika ist eben dumm, oberflächlich, so denken Eltern und Geschwister. Und in der Tat, Monikas Kommentar zur Haltung Thomas Manns, der ins französische Exil gegangen ist, ist oberflächlich: «Er saß auf der kleinen Terrasse seines südfranzösischen Studios und blickte entsetzt vor sich hin, blind vor den glühend bunten Blumen, dem blauen Himmel und dem blauen Meer.» Thomas Mann als «Kleiner Prinz», das ist mehr eine Projektion Monikas als eine scharfe, dem Wesen des Vaters entsprechende Beobachtung. Monika lebt wie eine Raupe im Kokon ihrer Vision der Welt, deren Schönheit sie aber aus schicksalhaften Gründen nur in Traurigkeit genießen kann.

In dieser von Thomas Manns Wesen so unterschiedlichen Einstellung zur Welt, einer typisch weiblichen, liegt die tiefste Kränkung, die sie ihren Eltern zufügte, ohne es zu wollen: Indem sie ist, wie sie ist, ist sie ihnen fatal. Hineingeboren in eine andere Familie, ohne diesen himmelstürmenden Anspruch, wäre das, was Monika war, lebte, dachte und später schrieb, durchaus etwas Respektables gewesen. Nicht so bei Manns.

Thomas Mann notiert im Tagebuch am 24. Januar 1934: «K. (Katja) berichtete von dem wunderlichen Stimmungsbrief, den Moni kurz vor ihrer Abreise Reisiger hat zukommen lassen: ein charakteristisches Produkt einer künstlerischen Oberflächenbegabung und halb mystifikatorischer Art.» Im September 1934 trägt er Katjas Enervierung durch die «Renitenz, Undankbarkeit und Hypochondrie der Patientin Moni» ein, die immerhin an Gelbsucht darniederliegt. «Es wäre besser, das Kind hätte das in Florenz abgemacht», fügt er hinzu. Ein Jahr später wird beim Familienabendessen einer «von Monis verfehlt poetischen Briefen» besprochen, im März 1936 trifft ein «recht unglückseliger Brief von Moni» ein, «über ihr Liebesleid und ihre nach menschlichem Ermessen aussichtslose Musik».

Als Monika im Oktober 1936 wieder einmal zu den Eltern kommt, wird ihr «unbefriedigender Zustand» konstatiert und ein internistischer Check vom Vater angeordnet, der jedoch «von negativem Ergebnis in körperlicher Hinsicht» war. Moni bleibt bis zum Weihnachtsfest bei den Eltern, nimmt aber wegen «nervöser Depression» an der Bescherung nicht teil.

Im Januar 1937 reist sie gegen den Willen ihrer Eltern nach Wien ab. Von dort vernimmt man ein Jahr später die Kunde ihrer Verlobung mit dem ungarischen Kunsthistoriker Jenö Lanyi. Verschwunden ist, o Wunder, die Depression, die Kränklichkeit geht auch zurück! Monika ist verwandelt. Das konstatiert jedenfalls Bruder Klaus in einem seiner Briefe an den Vater, im Juni 1938: «Kinder ich sag's euch: das Mönnle ist ein ganz feines Ding geworden. Nicht ohne seltsame Züge freilich, aber auch durchaus nicht ohne gewinnende – und wenn ein Mensch von artigem Niveau, wie der Lanyi, ihr mit so schwärmerischer Treue ergeben ist, muß überhaupt etwas an ihr dran sein. Wirklich, sie ist ganz leise und würdig, schwermütig halb, halb humorvoll, nicht ohne bizarre Einfälle, mit Anmut, zurückhaltend, auch ziemlich hübsch. (Die seltsamen Züge an ihr kennst du selber, da brauche ich nicht drauf einzugehen …)»

Bei Manns war man nun einmal notorisch taktlos. Immerhin, das «Problem Moni» schien nun endlich gelöst. Zwar war aus ihr selbst nichts geworden, aber sie hatte sich wenigstens den respektablen Kunsthistoriker geangelt. Das Paar siedelt sich in London an. Da bricht der Krieg aus, und bald schon kommen ängstliche Briefe zu Thomas ins nun amerikanische Exil geflattert: Sie, Moni, habe Angst vor den Bombardements, ob der Vater wohl behilflich sein könnte, die Erlaubnis zur Überfahrt nach Amerika zu erwirken? Nein, der Vater möchte sich eigentlich nicht einsetzen. Er hat auch keine Angst um Moni, wohl jedoch um Erika, die als Kriegsberichterstatterin in Europa, just in London, weilt, und um Golo, der in Nîmes interniert ist. Allenfalls möchte er sich für Golos und Heinrichs, des Bruders, Wegkommen von Europa engagieren. Anfang August 1940 registriert er den Empfang eines «unangenehmen Briefs» von Lanyi. Wörtlich heißt es in einem Brief vom August 1940 an Agnes Meyer, die reiche und mächtige Gönnerin, als es Monika und ihrem Manne dank eines doch noch von Thomas Mann «ausgefertigten» Briefs gelungen war, ein Visum für Kanada zu erhalten: «Gerade habe ich von Seiten der kanadischen Regierung inbetreff Monikas und ihres Mannes ein überraschend freundliches Entgegenkommen gefunden … Es wäre schön, wenn eine solche Rücksicht von Seiten der Vereinigten Staaten auch noch meinem so viel mehr gefährdeten und übrigens meinem Herzen viel näher stehenden Sohn zugute kommen könnte!» Dann überstürzen sich die Ereignisse.

Am 20. September erreicht den Vater ein Telegramm, dass es Golo und Heinrich gelungen ist, nach Lissabon zu gelangen, und dass sie dort auf ein Schiff nach Amerika warten. Zwei Tage später: «Trauernachricht von der Torpedierung eines englischen Kinderschiffes, nach Canada bestimmt.» Am Tage darauf vermerkt er, dass der politische Redakteur des «Berliner Tageblatts», Rudolf Olden, sowie dessen Frau «bei der ruchlosen Torpedierung des Kinderschiffes umgekommen» seien. Am Morgen des 24. September erreicht ihn Erikas Telegramm, «daß Moni und Lanyi auf dem torpedierten Schiff waren, der Mann tot ist und Moni sich in einem Hospital in Schottland befindet (in welchem Zustand?), von wo Erika sie abholt. Sie scheint also transportfähig. – Grauen und Abscheu. Erbarmen mit dem gebrechlichen Kind. – Nicht gearbeitet.» Für den Abend trägt er die Smoking-Toilette ein, die er für eine Hollywood-Premiere anlegt, und: «kann lachen».

Das englische Schiff *City of Benares* war im Nordatlantik von einem deutschen U-Boot torpediert und versenkt worden. 104 Erwachsene und 19 Kinder wurden gerettet. Monika Mann beschrieb dieses grauenvolle Ereignis in «Vergangenes und Gegenwärtiges», und ihre einfache Schilderung gehört, leider, zu dem Eindrucksvollsten, was sie je verfasst hat: «Es fehlten Rettungsboote, die waren durch das Torpedo kaputtgegangen, und wir fielen alle auf den Grund des Meeres fast, weil wir zu viele waren, auch waren die Seile kaputt ... und als wir wieder heraufkamen, schrien wir so gut es ging, nahe am brennenden Schiff, wir hatten Petroleum geschluckt und waren zerschlagen und suchten nach etwas zum Anhalten, wir riefen einander, ich hörte seinen Ruf, dreimal, und dann nichts mehr. Und dann waren lauter Tote um mich rum und ganz schwarze Nacht und ganz hohe Wellen, und ich war durstig, und ich hatte keine Stimme mehr, und meine Hände waren unendlich kalt ... meine Schwester konnte nicht begreifen, wie ich das alles ausgehalten, es sei ein Wunder ... Ich wies auf meine Hände, als erklärten sie es. Ich hielt mich immer ganz fest, ganz fest. An dem Floß oder Holz, an dem Stück Boot? Ja. Am Leben, du hieltest dich wohl am Leben fest, mochte meine Schwester denken ...»

Als Witwe trifft die dreißig Jahre alte Monika Mann «in kläglichem Zustande» am 28. Oktober 1940 in New York ein. Bei ihrer Ankunft wird ein Wiedersehensfoto von Katja und ihr geschossen, für die Tageszeitung. Moni blickt weinend in die Kamera, Katja küsst die Tochter, sie ist in Seitenansicht abgebildet, übermächtig mit großem Hut und riesigem Pelzkragen scheint sie das winzige weiße Gesicht der Tochter fast zu zerquetschen.

Thomas hat es geahnt. Dieses Ereignis bringt das «Problem Moni» wieder ins Haus. Zum einen das alte Lied: Monika verdient nichts, kostet nur Geld, und auch Michael, Klaus und Golo werden ja noch unterstützt. Aber darüber hinaus ist die «arme Moni» nun wirklich zu bedauern, und das geht ihm, je länger ihr Verweilen dauert, je länger er Zeuge ihrer tiefen Depression ist, umso mehr auf die Nerven. Immer wieder kommt es ihrerseits zu Anfällen, Zerwürfnissen mit Katja, und Thomas Mann spricht der Tochter die volle geistige Potenz ab und drängt zumindest auf ihre «Entfernung». Es folgt eine Zeit möblierter Zimmer in New York, Chicago und anderswo, unterbrochen von langen Aufenthalten bei den Eltern. Was tat sie in diesen Jahren? Außer dass sie sich mit umfangreichen, mehrsprachigen Lektüren die Zeit vertrieb und dem Vater bei dessen New-York-Besuchen beim Lunch Gesellschaft leistete, weiß man nicht viel. Es ist, als ob ihre Jahre zwischen dreißig und vierzig dahinplätscherten, als habe sie sich, nachdem sie als Frau Lanyi fast schon ein bunter Schmetterling gewesen war, wiederum verpuppen müssen, um eine neue Verwandlung vorzubereiten.

Am traurigen Tiefpunkt, 1948, beschließt die Familie, Moni in dem anthroposophischen Heim unterzubringen, in dem «Heinrich und Huxley zeitweise lebten». Zuvor hatte man erwogen, ob sie an einem «physischen Gehirnleiden» erkrankt sei, diese Hypothese jedoch wieder verworfen. Am 28. August 1948 schreibt Thomas: «Moni nach arger Szene, blödem Gebaren, von Gret zu größter Erleichterung K.s expediert.»

Bald darauf kommt Monika zu zwei Entschlüssen: Erstens möchte sie, wie ihre Familie auch, wieder nach Europa übersiedeln, und zweitens möchte sie fortan ihren Lebensunterhalt mit Schreiben verdienen.

Nichts Besseres hätte ihr einfallen können, um ihre Unbeliebtheit innerhalb der Familie zu steigern. Hatte man sich zuvor lediglich über ihre poetischen Briefschaften lustig gemacht, so wurden ihre Veröffentlichungen für Thomas Mann zur reinen Qual. «Manuskript von Moni, penible», heißt es in seinem Tagebuch 1949. Er schreibt ihr «kritisch» über ihr «Manuskriptchen» zurück. Ihren Beitrag für das

Gedenkbuch für den Bruder Klaus nennt der Vater wieder in seiner beliebten Monika betreffenden Diktion «fatal» (er wird daher auch nicht abgedruckt).

1953 hat dann selbst die begriffsstutzige, weil gutmütige Monika begriffen, dass sie in ihrer Familie nur ungern gelitten ist. Sie ist nach Italien gezogen und hat sich auf Capri ihr poetisches Paradies errichtet. Aber natürlich ist das den Eltern wieder nicht recht gewesen, sie haben sich fürderhin jedoch resigniert über alles ausgeschwiegen. Insbesondere über die von Monika (am ersten Tage ihres Aufkreuzens auf Capri) fulminant begonnene Liebesbeziehung zu dem gleichaltrigen Fischer, Maurer, Getränkeverkäufer und Andenkenbastler Antonio Spadaro.

Fischer? Antonio war Sohn des berühmtesten aller Capri-Fischer, des großen Antonio Spadaro mit dem Riesenbart, und er hatte einen großen Teil der Schiffe, die in die Blaue Grotte fuhren, noch unter sich. Ein herzkranker, herzensguter Mann war Monikas Antonio, «un santo», ein Heiliger ohne Kutte, und in der gleichfalls am Herzen leidenden, seelenguten Monika fand er die Frau, die ihn aufopferungsvoll bis zum Tode pflegte. Nie jedoch, erzählen die Capresen, sei das Paar gemeinsam in Capri erschienen. Entweder sah man Antonio oder Monika. Allein. Sie wahrten die Dehors. Er nannte sie nur «Signora», war sich der ungeheuren Kluft zwischen ihnen bewusst, teilte daher auch kein Zimmer mit ihr. Er verehrte sie offenbar auch als die Tochter des berühmten Vaters. In erster Linie liebte er sie jedoch, weil sie war wie er: ein alterndes Kind, etwas vage vor sich hin träumend, verliebt in die Schönheit und die Poesie. Verliebt auch in Capri. Es war eine ganz besondere Beziehung, es war etwas Magisches um die Insel, Antonio und Monika. Er schnitzte kleine Schiffsmodelle und verkaufte sie den Touristen, und Monika stand stundenlang in der Küche und ersann seltsame, phantasievolle Speisen. Wie damals als Kind. «Monika Mann – scrittrice e giornalista» stand auf ihrem Türschild. In Kilchberg anrufen bei den Eltern, einfach hallo sagen, nein, das ging jetzt nicht mehr. Monika lebte nun ihr Leben. Zum achtzigsten Geburtstag musste sie natürlich erscheinen, aber das war auch alles. Sie hatte begriffen, und sie hatte ihren Frieden geschlossen, mit sich und ihrem Schicksal, das schwarze Schaf in einer Familie von Genialen zu sein. Und schlecht hatte sie es in ihren zweiunddreißig Jahren auf Capri nicht. Als Antonio 1985 gestorben war, zog Monika nach Zürich, aber nicht in das Kilchberger Haus, in dem inzwischen Golo lebte. Alles war zerfahren zwischen den Geschwistern.

Monika Mann starb 1992.

Immer anders, ewig liebend.

Frida Kahlo

Als Frida Kahlo am 6. Juli 1907 in Coyoacán, einem südlichen Stadtviertel eine Stunde vom Zentrum Mexiko-Stadts, zur Welt kommt, dürfen sich ihre Eltern sagen, dass sie es «geschafft» haben. Ihr Vater, der jüdisch-deutsche Einwanderer Wilhelm Kahlo, der sich in Mexiko ab sofort «Guillermo» nennen wird, hat mit der Entscheidung, nach dem Kindbetttod seiner ersten Ehefrau eine gewisse Matilde Calderón zu heiraten, eine berufliche Wahl gleich mitgetroffen: Er übernimmt einfach die Profession seines Schwiegervaters und wird Fotograf. Es ist ein aufstrebendes Gewerbe zur damaligen Zeit, und unter der prosperierenden Regierung von Porfirio Díaz erhält Kahlo bedeutende Aufträge.

Frieda – so schreiben die Eltern ihren Namen, und erst später tilgt sie das e, um keine Assoziationen mit Hitler-Deutschland und dem Germanenkult aufkommen zu lassen – ist das zweite Mädchen der Eheleute, und bereits zwei Monate nach ihrer Geburt ist die Mutter zum dritten Mal schwanger. Die Entthronung durch die kleine Cristina lässt nicht auf sich warten. Schon bald wird Frida einer Amme übergeben und erfährt alle Ängste und Wünsche des mittleren, des «Sandwich-Kinds», speziell aber hat sie das übermächtige Bestreben, sich von «oben» und «unten» abzusetzen, etwas «Besonderes» zu sein oder einfach «anders».

Frida kann die schlechten Gefühle, die sie beschleichen, wenn sie glaubt, zu kurz gekommen zu sein, im Grunde gut kompensieren, denn sie ist sowohl intelligenter wie auch dominierender als die ältere Adriana und die jüngere Cristina. Der Vater sieht in ihr einen Ersatz-Sohn. Jedenfalls ist es immer Frida, die den Vater auf fotografische Exkursionen oder Malausflüge begleiten darf, während ihre Schwestern die typisch weibliche Erziehung durch die Mutter erhalten und vornehmlich im Haus leben. Die unabhängige Frida lehnt, wen wundert es, diese weibliche Welt inklusive der in ihren Augen übertriebenen katholischen Frömmigkeit der Mutter ab. Fridas Andersartigkeit zeigt sich also auch in ihrer Respektlosigkeit überkommenen Denk- und Verhaltensnormen gegenüber.

Währenddessen hat sich in Mexiko ab 1910 die permanente Revolution installiert, ein wirtschaftlicher Einbruch für die Kahlos, denn die Regierungsaufträge bleiben schlagartig aus. Gerade Fridas Mutter erlebt dies als einen Schock, den sie nie verkraften wird.

Aber auch Frida selbst erleidet einen ersten empfindlichen Rückschlag in ihrer Entwicklung: Vermutlich im Jahre 1913 wird sie, der Wildfang unter den Schwestern, plötzlich schwer krank. Als die Diagnose «Kinderlähmung» lautet, sind die Eltern verzweifelt. Wieder ist es der liebende Vater, der die vorgeschriebenen Umschläge wechselt, der morgens und abends die Tochter in Gesprächen aufmuntert, die sich ansonsten nur noch in einer Phantasiewelt bewegt. Sie erfindet sich ein Alter Ego, das kommt, mit ihr tanzt und sie auf die abenteuerlichsten Ausflüge mitnimmt. Und Ausflug ist hier wörtlich gemeint, denn die erfundene Freundin kann fliegen, und wenn Frida mit ihr aufbricht, kann sie das selbstverständlich auch. Überhaupt: «Fliegen können» wird zu einer Schlüsselvorstellung Frida Kahlos – Fliegen ist ihr Traum vom Glück.

Ihr Wunsch, anders zu sein als alle übrigen Mädchen, hat sich jetzt erstmalig in grausam-zynischer Weise verwirklicht: Lebenslang wird sie ein zu dünnes, verkrüppeltes rechtes Bein behalten, das ihr noch viele Leiden bescheren wird.

Das Verständnis des Vaters für das Problem der Tochter ist stark durch sein eigenes Gesundheitsproblem geprägt: Seit Jugendjahren leidet er an periodisch wiederkehrenden, wahrscheinlich neurologisch motivierten Ohnmachts- oder epileptischen Anfällen, die oft mit Stürzen verbunden sind. Er nimmt die Ratschläge der Ärzte, man müsse Fridas Muskeln durch ausgedehntes sportliches Training kräftigen, sehr ernst. So fährt das Mädchen nach der Genesung Rollschuh und Fahrrad und spielt Fußball, entsprechend sind ihre Freunde eher die Jungen, während sie von den Mädchen oft grausamen Spott ertragen muss: «Frida, pata de palo!» (Holzbein-Frida), so rufen sie. Frida rächt sich dafür an den «Ziegen» mit wüstesten Beschimpfungen im Gassenjargon, seit jeher ein Genuss für sie, ist sie doch «anders».

Frida äußert jetzt zuweilen den Wunsch, Ärztin werden zu wollen. Guillermo unterstützt diese Idee wahrscheinlich auch, weil er sich sagen muss, dass Fridas Heirats- und damit Versorgungschancen aufgrund des «Makels», des dünnen Beins, eher geringer geworden sind. Dass zudem ihr aufmüpfiges Wesen ja ohnehin nicht jeden Mann anziehen werde und es somit vernünftig wäre, diese intelligente, der Naturbeobachtung und dem menschlichen Leid so aufgeschlossene Tochter einen «vernünftigen» Beruf erlernen zu lassen, könnte hinzukommen. So sinnt Vater Kahlo darüber nach, wie er Frida an die Universität bekommen könnte. Geld hat er keines, wohlgemerkt. Gleichzeitig, und dies ist wahrscheinlich durch die wirtschaftliche Not bedingt, lässt er sich von der in diesen Dingen trotz der sonstigen Ungeduld sehr präzisen, perfektionistischen Tochter beim Retuschieren und Kolorieren der Fotografien helfen, das damals eine wichtige Fertigkeit jedes Fotografen war, nicht ahnend natürlich, dass aus Frida einmal eine der berühmtesten Malerinnen Mexikos werden würde.

Fridas Haupterfahrung in diesen Kinder- und frühen Jugendjahren ist, dass alle menschlichen Zustände, seien es wirtschaftliche, familiäre oder gesundheitliche, vergänglicher Natur sind, dass mithin größte Unsicherheit im Menschenleben herrscht, aber dass man negative Zustände auch zu ändern vermag und dass ein starker Wille viel vermag, wenn nicht alles. Einen solchen Willen kultiviert das junge Mädchen.

Als sie fünfzehn Jahre alt ist, haben sich auch die Verhältnisse dahin gehend entwickelt, dass sie an ein Universitätsstudium im Fach Medizin denken darf: Ab 1920 steht die landesweit beste Vorbereitungsschule für die Universität, die Escuela Nacional Preparatoria, auch Mädchen offen, und Frida kann nach bestandener schwieriger Aufnahmeprüfung gemeinsam mit sechs weiteren Mädchen dort «einrücken».

Frida Kahlo im Jahre 1922 – wie eine brave Oberschülerin wirkt sie im blauen Faltenrock, in weißer Bluse und blauem Sweater, langen Strümpfen, Schnürstiefeln und mit einem Strohhut mit dunklem Band. Sie hat vor kurzem ihr langes Haar abgeschnitten, einziges Zeichen dafür, dass sie es mehr mit den modernen Zeiten hält als mit der traditionellen Denkweise ihrer Eltern.

Entsprechend wird die «Prepa» – so kürzen die Schüler

den Namen des Instituts ab – für Frida zum Hort der Freiheit, einem Ort, der weit, weit vom Elternhaus entfernt ist, hier kann sie tun und lassen, was ihr gefällt. Den Rat der Mutter, sich an die verschwindende Minderheit der Mitschülerinnen zu halten und den Jungen aus dem Weg zu gehen, schlägt sie in den Wind. Bald ist sie neben der späteren Romanistin und Lyrikerin Carmen Jaime das einzige Mädchen in der Clique der «Cachuchas» (so benannt nach den einheitlichen Käppchen, die sie tragen) und etwas später in eines der Cliquenmitglieder unsterblich verliebt. Alejandro! Welchen Spaß haben sie nicht miteinander – kein Scherz ist zu grausam oder verboten, als dass die wilden Cachuchas ihn nicht doch ausführten! So schmieren sie dem berühmten Maler Diego Rivera – mit seinen 36 Jahren ein wahrer Opa in den Augen der Jugend –, der gerade die Schulaula ausmalt, den Weg zu seinem Malgerüst mit Seife ein, in der Hoffnung, Rivera könnte, massig, wie er ist, beim Stürzen einen rasend komischen Anblick bieten. Doch Rivera läuft über die Seife wie Jesus über das Wasser. Überhaupt dieser Rivera! Verheiratet, aber nach wie vor ein wahrer Don Juan – immer hat er ein Verhältnis mit seinem derzeitigen Modell –, und rechts und links nimmt er ohnehin mit, was sich bietet. Frida reißt den Mund weit auf, sie möchte schockieren und behauptet daher im Kreise der braveren Mädchen, sie wünsche sich sehnlichst – ein Baby von Diego Rivera. Natürlich Frida, die immer alles anders macht als die anderen, die raucht und trinkt und den ganzen Tag mit Jungen verbringt, der kein Baum zu hoch ist und kein Witz zu unflätig. So macht es ihr natürlich nichts aus, dass sie beschimpft wird, als sie Diego Rivera bei der Arbeit zuschaut und dieses Zuschauen drei volle Stunden währt. Die Schimpfworte kommen aus dem Munde von Lupe Marín,

Riveras Liebster, die mit einem wohlpräparierten Lunch-korb erschienen ist. Noch nach Jahrzehnten hat Rivera die-se Szene in Erinnerung, und selbst auf Lupe machte es ziemlichen Eindruck, dieses «kleine Mädchen» – Frida ist ausgewachsen nicht größer als einen Meter fünfzig groß.

Alejandro ist vermutlich Fridas erster Liebhaber. Später hat er seine Freundin einmal als «sexuell frühreif» bezeich-net, und es ist gut möglich, dass Frida es ist, die den Sohn aus gutbürgerlicher Familie verführt. Was aber nicht zu be-deuten hat, dass sie ihm treu ist, wenngleich sie mit ihm weitreichende Reisepläne schmiedet. Das Land ihrer Sehn-sucht sind die Vereinigten Staaten.

Frida Kahlo will um jeden Preis das Milieu verlassen, in das sie hineingeboren wurde. Jede Regel missachtet sie und hat vermutlich mehrere Liebhaber und Liebhaberinnen gleichzeitig. Sie genießt in den Augen ihrer «Freundinnen» keinen guten Ruf mehr, kurz, sie ist ein richtiges schwarzes Schaf. Einmal droht gar die Relegation von der Prepa, we-gen unbotmäßigen Verhaltens gegen die Lehrer. Doch ihr Mut und ihr Witz erlauben ihr, dem Erziehungsminister ge-genüber so aufzutreten, dass er den betreffenden Lehrer wegen mangelnder Autorität ermahnt und Frida belässt, wo sie ist.

Es sind wilde Zeiten, und noch lange hätten sie so weiter-gehen können.

Aber da ist der Einschnitt.

Der Unfall. Das Zentralerlebnis in Frida Kahlos jungem Leben, präfiguriert durch die Kinderlähmung, ist prägend für alle ihre Lebensjahre, die folgen werden.

Der unselige 17. September 1925.

Bummeln mit Alejandro nach der Schule. Tausend Zufäl-le, ein vergessener Schirm, ein zu voller Bus, ein Geschenk, das ihr Alejandro kauft zum Trost für den vergessenen Schirm ... sie nehmen einen ganz anderen Bus als vorgesehen. Natürlich einen Bus und nicht die Straßenbahn, denn die Busse sind der letzte Schrei in Mexiko-Stadt, erst seit kurzem beleben sie das Stadtbild.

Dass der Bus dann wenig später mit der Straßenbahn zusammenstößt und das leichte, hölzerne Gefährt einfach zusammendrückt wird wie eine ausgetrunkene Colabüchse, ist vermutlich die Schuld des nervösen Busfahrers, der viel zu schnell und unbedacht fährt und die näher kommende Bahn nicht recht ernst nimmt. Viele Businsassen sterben. Frida wird von einer metallenen Haltestange durchbohrt («meine Defloration» soll sie das launig genannt haben), das Schlüsselbein und zwei Rippen sind gebrochen, die Beine gleich elfmal. Das Rückgrat ist an drei Stellen im Beckenbereich verletzt, der rechte Fuß zerquetscht und ausgerenkt, die linke Schulter ausgekugelt, das Schambein dreifach gebrochen.

Überlebenschancen hat sie so gut wie keine, erklären die Ärzte. Beide Eltern erleiden einen Nervenzusammenbruch.

Drei Monate später ist Frida trotz der anfänglich so schlechten Prognosen wieder auf den Beinen. Ihr Leben hat sich jedoch vollkommen verändert. Die teuren Behandlungen haben die Familienersparnisse aufgezehrt, an einen Besuch der Prepa ist jetzt nicht mehr zu denken, geschweige denn an das Medizinstudium. Man sagt der jungen Frau, sie werde nie Kinder bekommen können. Frida, die während der langen Rekonvaleszenz oft mit depressiven, einsamen Stimmungen zu kämpfen hatte, nimmt also Abschied von dem Wunsch, Ärztin zu werden. Schmerzlicher trifft sie womöglich die jetzt einsetzende Ablehnung durch Alejandro, der den Gerüchten über Fridas losen Lebenswandel inzwischen Glauben schenkt. Sie schreibt Briefe, die mit Tränen-spuren verziert sind, und fängt an zu malen. Zunächst mit klarer Zielrichtung: Ein Selbstporträt, das sie Alejandro schenken will, soll ihr den Freund zurückbringen. Und für kurze Zeit gewinnt sie seine Liebe tatsächlich wieder. Da das Malen solche Erfolge zeitigt, behält sie es bei, malt weiter, zumal es ihr doch sogar während der immer wiederkehren-den Gesundheitstiefs, in den Phasen der mörderischen Rü-ckenschmerzen etwa, möglich ist, im Bett zu arbeiten. Ale-jandro verliebt sich aber nach kurzem doch in eine andere, in eine Freundin Fridas.

Im Frühsommer 1928 gerät Frida dann in den Kreis um die Fotografin und Kommunistin Tina Modotti. Hier ver-kehren Künstler und Linke, die auch alle «anders» sind, gar nicht spießig oder konventionell. Frida fühlt sich hier aner-kannt – und begegnet erneut dem Mann, von dem sie weni-ge Jahre zuvor noch ein Kind wollte, Diego Rivera, der mitt-lerweile zwei Töchter aus der Ehe mit Lupe Marín hat, aber in Scheidung lebt. Dies ist *eine* Version der Wiederbegeg-nung. Die andere, nämlich Fridas Version, geht so:

Um herauszufinden, ob sie wirklich zum Malen begabt wäre, und zwar nicht nur im Sinne eines Hobbys, sondern eines Broterwerbs, habe sie allen Mut und ihre Bilder zu-sammengenommen und Diego Rivera aufgesucht. Sie will von ihm ein kompetentes Urteil in dieser Frage. Rivera habe ihre Bilder gelobt, in ihnen etwas durchaus Eigenständiges erkannt, eine unverwechselbare Handschrift, die sich auszu-bauen lohne. Er habe von ihr verlangt, bis zum nächsten Sonntag ein weiteres Bild zu malen. Dann wolle er kommen und das Bild anschauen.

Der «Elefant» und die «Taube».

Er reist wirklich nach Coyoacán, wo sie ihn auf denkwürdige Weise empfängt: im Blaumann auf einem Baum sitzend und die Internationale pfeifend.

Aus dem ersten Treffen werden jedenfalls viele, in Jahresfrist sind die beiden ungleichen, aber in ihrer Ablehnung der Normalität wiederum ähnlichen Menschen ein Paar. Was tut es, dass bei der Hochzeitsfeier ein paar Schüsse fallen und die Braut verheult ins Elternhaus zurückkehrt? Der Ehemann holt seine Taube schon drei Tage später zurück. In einer Künstlerehe fehlt es eben nicht an Abwechslung, das war es doch, was Frida wollte, nicht das bigotte graue Einerlei einer Spießerehe. Da lebt man schon einmal mit anderen Künstlern zusammen, man würde das heute WG nennen, da werden auch öfter einmal die Koffer gepackt, und unversehens erfüllen sich die Jungmädchenträume zumindest in dieser Hinsicht: Nordamerika, San Francisco, Detroit, New York – Rivera hat Aufträge der nobelsten Sorte, er verkehrt in allen Kreisen der Gesellschaft, er ist ein internationaler Künstler, Spezialist für riesig dimensionierte «murals». Frida, die kleine zarte Taube an seiner Seite, hat flugs auf seinen Wunsch die Blaumänner abgelegt und vertritt jetzt emblematisch den «mexicanismo», den er mit seinen Bildern propagiert. Sie trägt Nationaltrachten der feinsten Machart und kreiert in Amerika geradezu eine neue Mode. Die immer Andere hat sich gehäutet. Ist sie nun am Ziel ihrer Wünsche? Oder ist sie immer noch das schwarze Schaf? – Ihre Palette liegt jetzt in der Ecke, Frida ist nun anderweitig beschäftigt: Sie lernt Englisch, gibt Interviews und bekocht Diego, wenn sie einmal eine Wohnung ihr Eigen nennen. Hat sich Frida angepasst? Es sieht ganz so aus.

Nur wenn die Langeweile sie packt, malt sie noch, oder wenn sie traurig ist. Dazu hat sie allerdings schon bald einen Anlass, denn ihr größter Wunsch, der zweite Jungmädchentraum, ein Baby von Rivera zu bekommen, bleibt ihr versagt. Die Ärzte hatten Recht. Insgesamt fünf Schwangerschaften werden tragisch als Fehlgeburten enden. Die wohl dramatischste, in Detroit, im Juli 1932, verarbeitet Frida Kahlo in einem berühmten Bild, *Henry Ford Hospital oder Das fliegende Bett*, das noch im selben Monat Juli entsteht und ein mehr als deutlicher Verweis auf den Tod des ungeborenen Kinds ist. Die zentrale Figur auf dem Bild ist sie selbst, die in einem Krankenhausbett liegt und verschiedene nabelschnurartige Seile in Händen hält, die zu Dingsymbolen über und unter ihr führen, die die Ursachen und Wirkungen dieses traurigen Ereignisses bezeichnen. Ausgehend von dem Leid, das sie in der wechselhaften Beziehung zu Rivera erfährt, setzt Frida Kahlo das Malen jetzt als eine Art von Selbsttherapie ein. Die Bilder, in der Regel Selbstbildnisse, sind Momentaufnahmen ihrer jeweiligen seelischen Verfassung. Die Attribute, die sie sich zuordnet, Frisuren, Kleidungsstücke, Pflanzen oder Tiere, stehen immer in einem Deutungszusammenhang, der Auskunft über ihre Befindlichkeit gibt. Die dreißiger Jahre sind die schwierigsten in ihrer Beziehung zu Rivera und in ihrem Leben als Frau, weil sie endgültig Abschied von ihrem Kinderwunsch nehmen muss. Gleichzeitig wird sie die berühmteste Malerin Mexikos. Auch dies ist ein leidvoller Prozess.

Nur zwei Wochen nach der Detroiter Fehlgeburt erfährt Frida Kahlo, dass ihre Mutter, die schon länger an Brustkrebs leidet, im Sterben liegt, und vermutlich sind es die ambivalente Beziehung zur Mutter und das soeben erlittene eigene Leid, die sie geradezu magisch an das Sterbebett ziehen. Obwohl Guillermo Kahlo verstört und hilflos wirkt, bleibt die Tochter nur wenige Wochen. Denn ihre Familie, ihr Ein und Alles, Freund, Geliebter, Ratgeber, Vater, Mutter – so drückte sie es auch in einem ihrer Liebesbriefe in Gedichtform an ihn aus – ist Diego Rivera, von seiner Seite will sie nicht weichen.

Er ist ihr alles, und daher kann er ihr auch alles zumuten. Seinem zuweilen sadistischen Charakter zufolge hat er immer diejenigen, die er am meisten liebte, am meisten gequält, das erkannte er selbst: «Frida war bloß das deutlichste Opfer meines abscheulichen Charakterzuges.» Er setzt ihrer allumfassenden Liebe zu ihm seinen sexuell schier unersättlichen Appetit entgegen. Auch in Amerika wechseln seine Liebhaberinnen in einem bunten Reigen. Die unmittelbare Triebbefriedigung sei für ihn naturgemäß und daher notwendig, behauptet er. Frida leidet darunter, nicht zu wissen, wann und ob er kommt. Sie fühlt sich abhängig, weil sie ihn doch so sehr liebt und seine Gegenwart ihr unersetzlich ist. Dann wieder nagt es bohrend in ihr, und sie sagt sich, dass sie doch jung ist, dass auch sie Bedürfnisse hat und Selbstbestätigung braucht. Trotzdem hält sie an der Beziehung zu Diego fest, der seinerseits schließlich den Bogen zu überspannen scheint, indem er 1934 eine Beziehung zu Fridas jüngerer Schwester Cristina aufnimmt. Inzwischen ist das Ehepaar wieder in Mexiko, wo Diego in San Angél ein zweikubiges Doppelhaus hat errichten lassen, das sinnigerweise den Partnern jeweils einen eigenen Bereich sichern soll.

Frida kann es nicht fassen: die hübsche, aber unbedeutende, weil nicht im Geringsten kreative Cristina! Cristina, die von ihrem Mann mit zwei kleinen Kindern sitzen gelassen wurde. Cristina, die immer alles gemacht hat, was Frida wollte. Es ist ein solcher Affront, dass sie auszieht, mit Aplomb und in Rage. Was Diego ironischerweise damit kommentiert, dass er ihr ein rotes Sofa für die neue Wohnung schenkt und Cristina, die er ab sofort ebenso wie Frida unterhält, genau dasselbe in Blau.

Diese neue Liaison Diegos ist die stärkste nur denkbare emotionale Erschütterung ihrer Liebe zu Diego, und Frida ertränkt zuweilen ihren Kummer im Alkohol, spielt mit dem Gedanken einer kompletten Trennung, doch sie kann ihren geliebten «Unkenfrosch» nicht aufgeben. Dass sie diese schier ausweglose Situation auszuhalten bereit ist und ihr unerträgliches Leid nicht abschüttelt, sondern es willig erträgt, macht ihr persönliches Drama aus.

Erneut wählt sie die Malerei, um die Ablehnung, die sie erfährt, zu äußern. Auch ihre Reise in die Vereinigten Staaten hätte Abhilfe schaffen können sowie ihre wechselnden Liebschaften, die Diego verletzen sollen. Letztere zumindest sind jedoch immer auch mit Schuldgefühlen und der Angst gekoppelt, die Syphilis eingetauscht zu haben für Freuden, die eigentlich keine sind, denn Diego allein ist ihr wichtig, und er ist fern.

In dieser Zeit gibt es allerdings eine ernsthaftere Beziehung, die sich von den aus dem Zufall geborenen unterscheidet – Frida ist mittlerweile wieder nach Mexiko zurückgekehrt: Es ist ihre Affäre mit dem aus Japan stammenden amerikanischen Bildhauer Isamu Noguchi. Als Diego dem Künstler bei einem Besuch, den er Frida im Krankenhaus abstatten will, zufällig begegnet, rast er vor Wut und Eifersucht. Er bedroht Noguchi sogar mit der Pistole und verlangt von Frida die Beendigung der Beziehung. Dies ist ein konstantes Verhalten den Männern gegenüber, die sich auch für Frida interessieren, während er den Freundinnen seiner Frau im Grunde fast mit Sympathie begegnet oder solche Beziehungen gar fördert. Frida lässt sich das Erlebnis eine Lehre sein. Zwar gibt sie Noguchi den Laufpass, übt aber von jetzt an strikte Geheimhaltung ihrer Männeraffären. Ohne diese kommt die ab jetzt als offene Ehe definierte Beziehung zwischen Diego und Frida nämlich nicht mehr aus.

Insgesamt öffnet sich das Paar ab 1935 stark dem gastlichen Leben. Auch politisches Engagement nimmt wieder einen großen Platz ein. Cristina Kahlo ist nun vollständig und offiziell einbezogen in das Ehegefüge, darüber hinaus arbeitet sie als Sekretärin Diegos.

Die hilfsbereite Gastfreundschaft des Paars erreicht ihren Höhepunkt, als der schon lange im Exil lebende Leo Trotzki und seine Frau wieder einmal das Land wechseln müssen – dank der Bemühungen Riveras erhalten der alternde Revolutionär und seine Gattin in Mexiko Asyl und werden ab sofort in der «casa azúl» untergebracht, die zur Festung umgebaut werden muss, da Trotzki zu Recht Attentate befürchtet. Auch er gerät in die Fänge der jetzt ebenso unersättlich wie ihr Mann gewordenen Frida und wird für allerdings nur kurze Zeit ihr Liebhaber. Diego darf es auf keinen Fall wissen, und da die Sache wohl ohnehin nicht so richtig interessant ist, lässt die anspruchsvolle Frida den «Alten» auch bald wieder fallen.

Die Jahre 1937 und 1938 erlebt Frida Kahlo als unermüdlich Malende. Ihr Phantasiereichtum ist enorm und zeigt sich am deutlichsten in dem berühmten Bild «Was ich im Wasser sah oder Was mir das Wasser gab», das André Breton dazu animierte, Frida in die Surrealismusbewegung einzureihen, was aus heutiger Sicht allerdings jeglicher Grundlage entbehrt.

Die verstärkte Produktivität sollte sich für Frida auch in verstärkter Publizität niederschlagen, hier ist an erster Stelle ihre Ausstellung in der Galerie von Julien Levy in Manhattan im Oktober 1938 zu nennen. Frida Kahlo zeigt dort insgesamt dreißig Bilder. Die Vernissage ist ein Riesenerfolg, Riveras einführende Briefe haben Wirkung gezeigt. Sie sollte dankbar sein, meint er. Sie allerdings «leckt Blut» und findet Gefallen an der auch materiellen Unabhängigkeit, die sich durch vermehrte Bildverkäufe einstellt. Schon in New York verkündet sie ziemlich überzeugt, sie habe Rivera satt und sich bereits von ihm getrennt. Neben Julien Levy, der in seiner Galerie zuvor schon die Päpste des Surrealismus wie Max Ernst, Dalí, Giacometti, Jean Cocteau, Magritte, Tanguy, de Chirico und Leonor Fini gezeigt hat und in Frida «eine Art von mythischem Wesen, nicht von dieser Welt» sieht, «stolz und völlig selbstsicher, dennoch schrecklich sanft und männlich zugleich wie eine Orchidee», gibt es in ihrem Liebesleben jetzt den aus Ungarn stammenden Fotografen, Zeitungskritiker, Sportflieger und Fechtmeister Nickolaus Muray. Er hat eine der schönsten Porträtaufnahmen von ihr gemacht. Murays Liebe ist belebend, sie macht Frida glücklich, sie fühlt sich an seiner Seite wohl – und doch: Muray spürt von Anfang an deutlich, wie stark das Leben Fridas an das von Rivera geknüpft ist, wie kein anderes Gefühl dem für Rivera gleichkommen kann, wie sie im Grunde jede neue Liebe lediglich einsetzt, um Diego zu treffen und vielleicht doch dazu zu bewegen, sie in neuer Ausschließlichkeit zu begehren und zu lieben. Die immer Andere, das schwarze Schaf der Prepa zieht alle Register von Liebe und Eifersucht, Zahn gegen Zahn, Trennung und erneuter Vereinigung. Eine ihre ohnehin fragile Physis belastende Tour de force, die jedoch keinerlei Erfolg zeitigt.

Diego empfindet die Zeit, die Frida abwesend ist, als Entlastung. Denn niemand kontrolliert ihn und macht ihm Vorwürfe. Folgerichtig ermutigt er die ferne Frau, sich doch auf André Bretons Vorschlag einzulassen und gleich im Anschluss an New York nach Paris zu reisen und dort eine von ihm organisierte Ausstellung zu bestreiten. Frida ist folgsam, wird jedoch von dem chaotischen Breton mehr als enttäuscht. Erst durch Marcel Duchamps Einsatz kann das Ausstellungsprojekt im März 1939 in der Galerie von Pierre Colle realisiert werden. Frida schwimmt auf einer Welle des Erfolgs – alle Großen sind gekommen, um ihr, der mexikanischen «chicua», zu gratulieren: Miró, Kandinsky, Picasso, Tanguy und Paalen ... Mit Recht ist sie stolz auf sich, wenngleich sich finanzieller Erfolg in Gestalt von Verkäufen nicht einstellt. Frida macht im Übrigen in Paris die Bekanntschaft eines gewissen Mornard, der sich als begeisterter Trotzkist ausgibt und Frida bittet, ihn bei Trotzki einzuführen. Zum Glück ist Frida geschickt genug zu behaupten – im Übrigen ist das auch wahr –, dass sich Rivera in ihrer Abwesenheit mit Trotzki überworfen habe, wegen politischer Differenzen natürlich. Dass Diego außerdem von ihren Tête-à-têtes mit dem «Alten» erfahren hatte und deshalb doppelt wütend auf Trotzki war, verschwieg sie natürlich diskret.

Die Rückreise nach Mexiko tritt Frida traurig an, da Nick Muray die Beziehung zu ihr abgebrochen hat, er will sich verheiraten! Außerdem ist sie unsicher darüber, ob es nach der langen Abwesenheit wieder möglich sein werde, die Beziehung zu Diego da aufzunehmen, wo sie bei ihrer Abreise aufhörte. In der Tat hat sich das Paar im Grunde auseinander gelebt, und zum ersten Mal ist es nicht Rage, sondern Desillusionierung und Verzweiflung, die Frida beherrschen und im Sommer 1939 aus dem Doppelhaus in San Angél ausziehen lassen. Sie zieht sich in die «casa azúl» zurück, an den Ort, wo sie als Kind geborgen lebte.

Im September beantragen Frida Kahlo und Diego Rivera einverständlich die Scheidung.

Von diesem Zeitpunkt an kann Fridas Gesundheitszustand, der ja seit dem Unfall immer starken Schwankungen unterworfen war, als massiv gestört angesehen werden. Es vollzieht sich im Laufe der Jahre ein immer dramatischerer Prozess des Abbaus ihrer physischen Möglichkeiten, und man könnte in der Tat so weit gehen zu behaupten, dass das definitive Eingeständnis in den Verlust der Liebe Riveras diese Entwicklung irreversibel einleitete. Zunächst reagieren die Ärzte mit «stützenden Maßnahmen». Im Klartext heißt das: mit der Verordnung von orthopädischen Apparaten und Korsetts. Die unangenehmen Einzwängungsgefühle, die diese verursachen, betäubt die Malerin mit Alkohol, wenig später treten Tabletten hinzu.

Trotz der Scheidung im November 1939 bricht das Paar dennoch nicht die Beziehung zueinander ab, beide bleiben einander freundschaftlich verbunden und sehen sich regelmäßig, auch übt Frida weiterhin administrative Tätigkeiten für Diego aus, die sie vor der Scheidung auch erledigte. In den letzten Monaten des Jahres entstehen zwei Bilder von ihrer Hand, die signifikant ihre Situation wiedergeben: «Zwei Akte im Walde» und «Die zwei Fridas».

Besonders das zweite, berühmt gewordene und für sie ungewöhnlich groß dimensionierte Bild wirft ein hartes Schlaglicht auf Frida Kahlos Verfasstheit, manifestiert die Einsicht in ihre doppelte Natur, die sinnbildlich in den zwei Frida-Figuren dargestellt ist. Hier ist die linke, traditionell europäisch gewandete Frida, da die rechte, sich dem mexikanischen Erbe verbunden fühlende Frida in der Tehuana-Tracht, die Rivera so an ihr liebte. Beide Fridas reichen einander die Hand, doch darüber hinaus besteht noch eine Verbindung des Blutkreislaufs beider Figuren. Die linke Frida ist verletzt, sie zeigt ihr offen liegendes Herz, von dem aus eine Blutbahn nach außen führt, die sie auf der Höhe des Oberschenkels selbst mit einer chirurgischen Schere abklemmt. Auch das Herz der mexikanischen Frida ist zu sehen, es ist jedoch im Unterschied zu dem der europäischen Frida unversehrt. Die mexikanische Frida hält ein kleines Kinderporträt Riveras in der Hand.

Eine Interpretation des Bildes muss den Akzent auf die dargestellte Spaltung dieser Persönlichkeit legen: Fridas eines Ich ist im Herzen getroffen, es leidet, tötet aber diese Gefühle ab, lehnt diesen Anteil ihrer selbst offenbar ab. Die andere Frida ist hingegen stark und gesund, übermächtiger mütterlicher Liebe fähig, sie wirkt unabhängig. Doch in Wahrheit sind beide Hälften wesensmäßig untrennbar miteinander verbunden, die eine Frida kann ohne die andere nicht existieren. Die problematische Bildaussage weist sowohl auf die ungelösten Gefühlserschütterungen in der Beziehung zwischen Diego Rivera und ihr hin, ist aber auch ein Geständnis der Treue zu Diego.

Frida Kahlo ist nach der Scheidung wild entschlossen, für ihren Lebensunterhalt selbst aufzukommen, was sich jedoch zunächst als äußerst schwierig darstellt und zu einer Depression bei ihr führt. Wie so oft ist es das Malen, ist es ihr Ehrgeiz in diesem Bereich, die ihr helfen, sich buchstäblich am eigenen Schopfe aus dem dunklen Sumpf zu ziehen, in dem sie zu versinken droht. Jetzt, 1940, möchte sie an einer großen Surrealistenschau in der Galería de Arte Mexikana teilnehmen, was ihr auch gelingt. Sie sendet «Die zwei Fridas» und «Die verwundete Tafel» ein, ein Bild, das sie speziell zu diesem Zweck gemalt hatte. Rivera, Alvarez Bravo und sie selbst sind im Übrigen die einzigen drei Mexikaner, die bei der hochkarätigen Schau neben den Größen der Bewegung, so unter anderen Hans Arp, Hans Bellmer, Giorgio de Chirico, Salvador Dalí, Max Ernst, Paul Delvaux, Marcel Duchamp, Paul Klee, René Magritte, André Masson, Juan Miró, Henry Moore, Francis Picabia, Picasso und Man Ray, zugelassen werden. «Die verwundete Tafel», die seit 1955 als in Polen verschollen gilt, wird zuweilen als das Opus magnum der Kahlo bezeichnet, was sich nicht nur auf das für die Malerin ungewöhnlich große Format bezieht, sondern auf die künstlerische Bedeutung. Heute kennt man es leider nur noch in Schwarzweißfotografien. Darüber hinaus ist es jedoch ebenfalls ein Eckpfeiler innerhalb des persönlichen und malerischen Dialogs zwischen Kahlo und Rivera:

Frida Kahlo hat in diesem Bild das «Letzte Abendmahl» von Leonardo da Vinci zur Folie ihrer eigenen Problematik gewählt, sich selbst an den Platz der Abendmahltafel gemalt, der Jesus gebührt. Somit hat sie sich als die größte Märtyrerin überhaupt, das personifizierte Leiden präsentiert. Ihren geschiedenen Mann Rivera stellt sie an die Position des Judas. Sie malt ihn als eine Art künstliches Wesen, als Zombie mit einem riesenhaft wirkenden Körper und viel zu kleinem Kopf. Und beziehungsreich platziert sie neben den Tisch bereits den Tod und zeigt das Blut, das schon unter ihrem Rock hervorströmt. Deutlich wird, dass dieses Bild nicht nur ein Kunstwerk, sondern auch ein gigantischer Vorwurf an die Adresse des Mannes ist, der sie verlassen hat, der schuld ist an dem schleichenden Tod, der bereits in ihrem Hause eingekehrt ist. Man muss davon ausgehen, dass jeder, der auch nur Ungefähres von Diego Rivera und Frida Kahlo wusste, genau diese Interpretation nachvollziehen konnte.

Frida Kahlos unendliche Liebe ist in Hass umgeschlagen, so könnte man meinen. Nach einem derartigen Bild scheint keine Annäherung mehr möglich. Doch birgt ihre kreative Raserei auch Kräfte der Selbstheilung in sich und damit auch solche des Verzeihens. In einer seltsamen Gefühls-alchimie vermag sich Kahlo tatsächlich durch das Malen all ihrer Vorwürfe gegen Rivera zu entäußern.

Es entstehen in der zwei Jahre dauernden Trennungsphase sehr viele Bilder. In erster Linie sind es Selbstbildnisse, darunter eines mit abgeschnittenem Haar, ein archaisches Symbol, das Kahlo an verschiedenen Stellen ihres Lebens benutzt, um sowohl Trauer zu zeigen wie ein verändertes Selbstbild zu demonstrieren. Auf dem erwähnten Bild trägt sie einen Männeranzug, gleicht sich also wieder dem Garçonnelook an, dem sie schon einmal gefrönt hatte, vor der Zeit, als Diego ihr die feminine mexikanische Tracht aufge-redet hatte. Ein weiteres Selbstbildnis aus der Trennungs-zeit ist der Erwähnung würdig: Im «Selbstbildnis mit Dor-nenhalsband», einer Abwandlung der Dornenkrone also, entleiht sie ein Attribut der christlichen Ikonographie und des Alphabets des Schmerzes.

Anhand dieser Beispiele wird bereits das Bestreben der Malerin deutlich, ihr Leiden nicht nur zu veröffentlichen, sondern auf die höchste der möglichen Assoziationsebenen, die mit christlichen Märtyrern oder Christus selbst, zu rü-cken. Für Rivera wiederum stellt sich in der gleichen Zeit das Drama der Trennung nicht als ein persönliches dar, son-dern als die Unvereinbarkeit zweier Prinzipien, des männ-lichen und des weiblichen, wie es etwa in seinem Bild «Sym-bolische Landschaft» von 1940 zum Ausdruck kommt, das heute im Museum of Modern Art in San Francisco hängt.

Im selben Jahr, 1940, erfolgt ein erstes Attentat auf Leo Trotzki durch stalinistische Handlanger in Mexiko, das der Auslöser für Riveras übereilte Flucht in die Vereinigten Staaten ist, da der Maler von der Polizei absurderweise der Mittäterschaft verdächtigt wird. Rivera flieht mit seiner Assistentin und Gefährtin dieser Zeit, Irene Bohus. Frida Kahlo bleibt allein zurück. Ihr Gesundheitszustand verschlechtert sich radikal wegen der Sorgen um Trotzki (ein weiteres Attentat scheint nur eine Frage der Zeit zu sein) und der Ungewissheit um Riveras Verbleib. Und wirklich, nur drei Monate später, am 21. August 1940, gelingt es Ramón Mercader (auch unter dem Namen Jackson oder Mornard bekannt …), der sich als angeblicher trotzkistischer Sympathisant monatelang in das Vertrauen von Trotzki hineingelogen hatte, diesen hinterrücks mit dem legendären Eispickel zu erschlagen. Im Alter von sechzig Jahren stirbt Trotzki tags darauf im Krankenhaus.

Frida Kahlo erfährt aus der Zeitung, wer der Trotzki-Attentäter ist – jener Mensch, der sie in Paris bestürmt hatte, ihn bei Trotzki einzuführen! Sie macht sich Vorwürfe, klagt auch Diego an, diesen Mord letztlich durch seine große Hilfsbereitschaft verschuldet zu haben. Und wirklich, wenig später muss sie sich gemeinsam mit ihrer Schwester Cristina der Polizei gegenüber verantworten, da beide als Mitwisserinnen in Betracht gezogen werden. Auch Riveras Haus wird gründlich durchsucht. Erneute schwere Depressionen sind ihre Antwort auf diese Geschehnisse.

Wenig später aber ereignet sich ein kleines Wunder – Fridas Arzt und Vertrauter in San Francisco, Dr. Leo Eloesser, kann sowohl Frida wie Diego klarmachen, dass eine weitere Trennung für beide nur von Übel wäre, dass sie einander brauchten und kompromissbereit wieder aufeinander zugehen sollten. Frida rät er, das Malen zukünftig ins Zentrum ihrer Aktivitäten zu rücken.

Der Versöhnungsbesuch bei Diego in San Francisco führt kurzfristig zu einer neuerlichen Beziehung für Frida, zu dem damals jung verheirateten, fünfundzwanzig Jahre alten

Heinz Berggruen, doch nach wenigen Wochen plagt Frida die Unruhe – sie will zu Diego –, und so kann die Chronik des Künstlerpaares Kahlo/Rivera kurz nach ihrer Rückkehr aus den rauschhaften Wochen mit Berggruen ihre zweite Verehelichung verzeichnen. Von Fridas Seite ist sie an einige Bedingungen geknüpft, so die finanzielle Unabhängigkeit der beiden Partner und den Ausschluss des Geschlechtsverkehrs aus der Beziehung. Rivera gibt in seiner Autobiographie jedoch zu Protokoll, dass diese Forderungen nur graue Theorie gewesen seien. Auf Fridas Wunsch hin wird das Paar ab sofort gemeinsam in der *casa azúl* in Coyoacán wohnen, während das Doppelhaus in San Angél Diego als Atelier – und Liebesnest – zur Verfügung steht.

Was hat sich verändert, inwiefern kann Frida Kahlo sich noch einmal einer für sie früher als unerträglich empfundenen Situation aussetzen? Gewiss, sie tritt Rivera nach der Wiederverheiratung in vielerlei Hinsicht gewandelt entgegen. So ist sie bezüglich ihrer konkreten Lebensumstände viel sicherer geworden, hat in den beiden Jahren der Trennung ihr malerisches Potenzial weiterentwickelt und hier Selbstbewusstsein aufbauen können. Auch in der Frage nach der für sie idealen Lebensform ist sie viele Schritte weiter gekommen in der Phase ihres Alleinlebens und errichtet – gemeinsam oder in Absprache mit Rivera – in Coyoacán, im Haus und im Garten ein unvergleichliches Ensemble von Architektur, Natur, Tieren und kunstgewerblichen Gegenständen, das ihr große Befriedigung bereitet – die «casa azúl» wird zu einem märchenhaften Ort des Rückzugs wie der Geselligkeit. Psychisch hat sich aber in entscheidenden Fragen für Frida Kahlo auch in diesem zweiten Anlauf gar nichts geändert: So wirken sich die Seitensprünge Diegos immer wieder als erschütternd auf ihren Seelen- und Gesundheitszustand aus. Punktuell besonders einschneidend ist außerdem der Tod ihres Vaters Guillermo im Frühling 1941. Von jetzt an ist Rivera wirklich der Einzige, ihre Familie.

Wir schreiben das Jahr 1942, und noch ist Frida Kahlo, abgesehen von schlechten Phasen, in relativ umfassendem Besitz ihrer Kräfte und fühlt sich stark belebt und gefordert, als man ihr eine Dozentur an der neu gegründeten Maler- und Bildhauerschule La Esmeralda anträgt. Auch Rivera unterrichtet dort sein Fach, die Wandmalerei, während man Frida Kahlo für kleinformatige Arbeiten (Stillleben und Porträts) als Lehrkraft einsetzt. Übereinstimmend haben ihre Schüler, die bald insgesamt die «Fridos» genannt werden, die so ganz andere, für eine Lehrperson untypische Aura betont, die von ihrer «maestra» ausgegangen sei. Sie habe nie mit ihren Kenntnissen aufgetrumpft und immer die Individualität ihrer Schüler gelten lassen, ja diese gefördert. Sie habe aber Wert darauf gelegt, dass ihre Schüler sich mit ihrem Land und dessen Sitten und Lebensgewohnheiten identifizierten, dass sie vor allem viel lasen, um ihren Horizont zu erweitern. Im Grunde habe sie mit ihren Schülern wie mit einer Familie gelebt, gegessen, gearbeitet, sei mit ihnen in Wirtschaften oder ins Kino gegangen, und den Malunterricht habe sie schon nach kurzer Zeit aus der Schule in ihr Haus in Coyoacán verlegt. Eine glückliche Zeit für Frida, die sie mit ihren Fridos genießt und diese mit ihr.

Aber auch diese Zeit vergeht, die Fridos stellen sich, Kindern gleich, die ihre Mutter erwachsen verlassen, auf die eigenen Füße, die «maestra» ist wieder auf sich zurückgeworfen, und da Rücken und Bein nicht mehr mitspielen wollen, gibt Frida Kahlo das Unterrichten 1944 auf.

Ein die Atmung behinderndes Stahlkorsett, das ihr im selben Jahr angelegt wird, führt nicht nur zu neuerlichen

Depressionen, sondern auch zu Schlaflosigkeit, die sie wieder mit Alkohol im Verein mit Schlafmitteln bekämpft, von nun an ihre ständigen Begleiter. Rivera zeigt wohl Mitleid, lebt aber unverdrossen sein unabhängiges Leben weiter. Kahlo bleibt als einziges probates Mittel, um ihre Schmerzen zum Ausdruck zu bringen, das Malen. Neben einer Entlastung bedeutet es jedoch erneute Anstrengungen, da der Malprozess oft genug einer Psychotherapie gleichkommt.

Eines ihrer beeindruckendsten Selbstporträts entsteht, «Die gebrochene Säule», in das sie alle schmerzenden Empfindungen legt, als sei das Bild eine Deponie für Ängste und Gefühle. Freunden gegenüber kann sie immer noch launighumorvolle Bemerkungen machen und viel Interesse für deren Probleme aufbringen, während allein Diego und wahrscheinlich auch die Schwester Cristina mit den nachtseitigen Facetten, Fridas nicht vollständig bearbeiteten Ängsten, ihrer Wut, ihrer Not umzugehen lernen. Da ist vor allem die Angst, allein bleiben zu müssen, besonders nachts ein bedrückender Alb – Freundinnen und Pflegerinnen wechseln einander daher als Nachtwachen ab, wenn Diego lange ausbleibt.

Während 1945 eine gewisse Stagnation der Gesundheitsproblematik zu verzeichnen ist und Frida Kahlo entsprechend mehr Energie zum Malen freisetzen kann, beginnt das Jahr 1946 schlecht. Es soll das Jahr der Operationen werden. Eine erste Wirbelsäulenoperation wird im Juni durchgeführt. Man setzt der Malerin in New York ein fünfzehn Zentimeter langes Metallstück in die Wirbelsäule ein, vier Rückenwirbel werden auf diese Weise fest miteinander verbunden. Die Operation gilt als geglückt, aber die Malerin soll sich schonen, mehr als zwei Stunden am Tag zu arbeiten wird ihr verboten. Doch sie, die nie derartige Ratschläge befolgt hat, ist stolz auf ihre Belastbarkeit und ruht auch nicht, bis sich ihr Zustand im selben Herbst dramatisch verschlechtert, was entweder auf die fortschreitende Knochenmarkentzündung zurückgeführt werden könnte, unter der sie nun leidet, oder – wie es einige Freunde taten – auf eine bewusste Sabotage durch Frida Kahlo selbst, die sich in einem Anfall von Verzweiflung nachts ihre Wunden wieder aufgerissen haben soll.

Nachdem sie in der ersten Euphorie nach der Operation das berühmte Bild «Baum der Hoffnung, bleibe stark» malt, entsteht in der Zeit der tragischen Verschlechterung des Zustands ein erschütterndes Bild, «Der verletzte Hirsch», ein Selbstporträt in Hirschgestalt, auf dem das fliehende Wildtier von zahlreichen Pfeilen durchbohrt dargestellt wird. Neben Rivera ist es allein eine letzte, bis in die jüngste Zeit streng geheim gehaltene Liebesbeziehung, die Kahlo befähigt, das schwarze Jahr 1946 zu überstehen: die zu dem aus Barcelona stammenden Maler Josep Bartolí, der von 1942 bis 1946 in Mexiko lebte. Entsprechend fällt Frida Kahlo in tiefe Melancholie, als Bartolí das Land verlässt.

Es entstehen in der zweiten Hälfte der vierziger Jahre die eindringlichen, zum Teil dämonisch wirkenden Selbstporträts Kahlos, die Ausdruck jener unerbittlichen «Vivisektion» sind, die sie lebenslang an sich durchführte – es sind grauenvolle Bestandsaufnahmen eines kontinuierlichen Zerfalls von Jugend und Schönheit, der rasend beschleunigt wird durch die Krankheit und die vielen Mittel, die sie einnimmt.

Rivera dagegen ist weiterhin äußerlich ungebrochen, zeigt lächelnd wie immer schon sein feistes Babygesicht und geht gegen Ende der vierziger Jahre eine stürmische Liebesbeziehung zu der mexikanischen Schauspielerin Maria Félix ein, die von den Medien unerbittlich dokumentiert wird. Sie sprechen bereits von einer neuen Ehe Riveras. Die innerlich tief getroffene Frida Kahlo hält in hartnäckigem Trotz – ihr überstarker Wille ist bekannt – an ihrem Diego fest, sie malt ein Bild, das den Status quo ihrer Beziehung verewigen soll, nämlich «Die Liebesumarmung des Universums, die Erde (Mexiko), ich, Diego und Herr Xólotl». Letztlich ist es ein Wunschbild, in welchem sie sich in einer mythischen Szenerie als Urmutter, Diego auf den Knien wiegend, malt. Dies, die Kultivierung der mütterlichen Seite ihrer Beziehung zu Diego, war offenbar jetzt die einzige Form für sie, den Schmerz, der ihr durch Riveras neue Beziehung zu der Schauspielerin zugefügt wurde, positiv umzusetzen. Und einmal mehr ist ein Wunsch Fridas realitätsstiftend: Die Schauspielerin selbst ist es, die sich, angewidert durch die Pressekampagne, einer Heirat widersetzt. Diego kehrt reuig zu Frida zurück. Einmal mehr.

Das Jahr 1950 verbringt Kahlo – und inzwischen sollte das nicht verwundern – fast ausschließlich im Krankenhaus. Die Zehen des rechten Fußes waren im Januar schwarz geworden, ein Zeichen für Wundbrand und schlechte Durchblutung im Bein. Zunächst werden zwei Eingriffe an der Wirbelsäule durchgeführt, doch schließen sich die Wunden nicht, und Diego Rivera, der im April sein Lager in einem Nebenzimmer von Fridas Krankenhauslager aufschlägt, versucht, seine Frau durch die Vorführung von lustigen Filmen und den Besuch von Freunden abzulenken. Erst im November, nach insgesamt sieben Operationen, kann Frida Kahlo wieder malen, eine Leinwand gestalten, nachdem sie all die Monate lediglich ihre Gipskorsetts malerisch verschönerte. Sie beginnt das Bild «Meine Familie», ein Sujet, das sie bereits Jahre zuvor gestaltet hatte. Das Bild, für das sie dreizehn Familienporträts (ihr eigenes inbegriffen) und die Darstellung eines Embryos plant, wird sie nie vollenden. Gedacht war es vermutlich als eine Art von Trostbild, als der Versuch, sich in einer genealogischen Reihe einzuordnen und hierüber Sicherheit zu finden.

Frida Kahlo verlässt das Krankenhaus im Rollstuhl, diese Information findet sich immerhin in Diego Riveras Lebenserinnerungen, die ansonsten das Leiden, das seine Frau durchlebt hat, zumeist übergehen. Frida Kahlo, einst so selbständig und lebenslustig, ist nun auf die Hilfe ihrer Hausangestellten angewiesen, zu denen sie seit jeher ein herzliches Verhältnis gepflegt hatte. Einer von ihnen, Chucho, genießt ihr besonderes Vertrauen, trägt sie herum, badet sie, hilft ihr beim Auskleiden oder leistet ihr auch gelegentlich beim Schnapstrinken Gesellschaft. Mit ihren Krankenschwestern, die ab sofort ihr Leben teilen, ist sie ebenfalls befreundet. Frida Kahlo malt weiter, trotz der ständig schlimmer werdenden Schmerzen, trotz der vielen Mittel und des erhöhten Alkoholkonsums malt sie weiter. Es ist wie ein Aufbäumen, ein Anmalen gegen den immer rasanter werdenden Verfall ihrer Physis. Zwar wird ihre Palette aggressiver, wird ihr Strich fahriger, aber sie malt, und das bleibt zu bewundern. Auch ihr politisches Engagement ist ungebrochen, fast stärker jetzt als in den Jahren relativer Gesundheit. Sie setzt sich für die Internationale Friedensbewegung ein, sammelt Unterschriften, hebt die Hand, ja, was früher nicht vorkam, sie versucht, ihre Bilder auch zu politischen Botschaften umzufunktionieren, indem sie eindeutige Symbole wie eine Fahne oder eine Friedenstaube etwa einem Melonenstillleben einfügt.

Die Malerin, die ihre letzten Lebensjahre fast ausschließlich im Bett verbringt, ist, anders als in den Jahren zuvor, jetzt

in der Regel von Frauen umgeben, Wärterinnen, Hausangestellten, aber auch von den Schwestern, Freundinnen und
Besucherinnen. Es ist die archaisch-weibliche Welt des
Leids, die manchem Mann, der zu Besuch kommt, unerträglich ist in ihrer Beredsamkeit, ihrer sorgenden Betulichkeit
oder auch wegen der erotischen Spannung, die Frida wohl bis
zuletzt um sich her aufbauen wollte, womöglich musste. Und
immer noch erregen Diegos Verhaltensweisen Fridas Eifersucht, versucht sie, die Gebrechliche, im Innersten verletzt,
sich des Nachts am Betthimmel zu erhängen, versucht, Signale zu senden, ihn eifersüchtig zu machen, zu treffen – ein
allzu eingefahrenes Programm wird abgespult.

1952 erfährt auch Diego Rivera schlagartig, wie endlich
sein eigenes Leben ist – ein Karzinom am Penis schreckt
ihn, kann jedoch mit einer Chemotherapie erfolgreich bekämpft werden.

Ein letzter großer Erfolg wartet noch auf Frida Kahlo, die
bedeutendste Malerin Mexikos im 20. Jahrhundert, die erste, die die Stationen weiblichen Leids darzustellen imstande
war: eine große Retrospektive ihres Werks in der Galerie
von Lola Alvarez Bravo in Mexiko-Stadt. Eine für Frida, die
alle Einladungen von Hand heftet, berauschende Aussicht,
die Genugtuung verschafft, wenngleich bis zur letzten Mi-
nute unsicher bleibt, ob ihr äußerst prekärer Gesundheitszustand einen Transport zur Vernissage in die Galerie zu-
lässt. Doch ihr Wille, dieser schon dem kleinen Mädchen,
dem jungen Mädchen, der jungen Frau so eingeschriebene,
fast übermenschliche Wille, zu genießen, zu erleben, was es
da zu erleben gibt, insbesondere das Gute, das Positive, das
den Sinnen sich Offenbarende, erlaubt ihr auch diesen letzten Triumph:

Im Krankenbett, von der Ambulanz mit Blaulicht in die

Galerie gefahren, nimmt sie die Cour der Gratulanten, der Freunde, Bekannten und Kunstsinnigen ihres Landes entgegen, hört das Gedicht, das Carlos Pellicer, der Lyriker, auf sie verfasst hat, singt mit den Freunden die geliebten volkstümlichen «corridos».

Was hernach folgt, ist ein Sturz ins Bodenlose, wie nach einem letzten Aufschwung oft ein umso grauenvollerer Niedergang erfolgt. In kurzen Stichworten hier die Stationen des Leidenswegs dieser gottlosen Märtyrerin ohne Gott und selbst ernannten Heiligen Frida Kahlo:

Im August 1953 erfolgt die Amputation des rechten Unterschenkels bis unterhalb des Knies.

Schwere Depressionen sind die Folge, dann aber wieder auch Wut, denn Diego hat eine neue Geliebte, Emma Hurtado, gleichzeitig seine Agentin, die bereits in der «casa azúl» schaltet und waltet, als wäre es ihr Zuhause. Frida versucht noch einmal, sich umzubringen. Ohne Erfolg. Rivera lässt Emma Hurtado daraufhin ausziehen. Nach anfänglicher Ablehnung der Beinprothese macht Frida schließlich doch Gehversuche. Nach außen sieht alles nach Besserung aus.

Februar 1954 – erneut malt Frida, schmiedet Pläne, will ein Kind adoptieren und freut sich auf die silberne Hochzeit mit Diego am 21. August. Ende Juni dann wirft sie eine Lungenentzündung wiederum auf das Lager. Trotzdem – und gegen den Rat der Ärzte – nimmt sie an einer antiamerikanischen Demonstration am 2. Juli 1954 teil, die Lungenentzündung kehrt prompt zurück.

Noch einmal feiert Frida Kahlo Geburtstag. Am 6. Juli, sie liegt todkrank im Bett, speisen die Gäste ihr zu Ehren in ihrem Haus – ein vorgezogener Leichenschmaus.

In der Nacht vom 12. auf den 13. Juli stirbt sie im Alter von 47 Jahren.

Diego kann es nicht glauben, urplötzlich ist er um Jahrzehnte gealtert. In seiner Autobiographie wird er schreiben: «Zu spät erkannte ich, dass die Liebe zu ihr der wunderbarste Teil meines Lebens gewesen war.»

Frida Kahlos Liebe zum Leben, aber auch ihre tiefinnerliche Beziehung zum menschlichen Leid machen die Malerin und die Bilder ihrer selbst unverwechselbar. Sie wollte schon immer anders sein. In ihren Bildern lebt sie weiter.

Liza Dalby
Geisha
(rororo 22732)
Der Erlebnisbericht einer Amerikanerin, die sich in Japan zur Geisha ausbilden ließ, beschert uns einen Einblick in eine faszinierende fremde Welt.

Janice Deaner
Als der Blues begann Roman
(rororo 13707)
«Janice Deaner ist mit ihrem ersten Roman etwas ganz besonderes gelungen: eine spannende, zärtliche Geschichte aus der Sicht eines zehnjährigen Mädchens zu erzählen.»
Münchner Merkur

Joolz Denby
Im Herzen der Dunkelheit
Roman
(rororo 22870)
Ein faszinierender Psychothriller der vom furiosen Anfang bis zum erschütternden Ende niemanden loslässt.

Jane Hamilton
Die kurze Geschichte eines Prinzen Roman
(rororo 22903)

Susan Minot
Ein neues Leben Roman
(rororo 22905)

Ruth Picardie
Es wird mir fehlen, das Leben
(rororo 22777)
«Ein aufrichtiges, oft komisches und ungeheuer anrührendes Abschiedsbuch, geschrieben mit herzbewegender Leidenschaft und wacher Selbstwahrnehmung, ohne einen falschen Ton.»
Der Spiegel

RUTH PICARDIE
Es wird mir fehlen, das Leben

Asta Scheib
Eine Zierde in ihrem Hause *Die Geschichte der Ottilie von Faber-Castell*
(rororo 22744)
Asta Scheibs Romanbiographie erzählt die Geschichte einer ungewöhnlichen Frau, die gegen alle gesellschaftlichen Zwänge schließlich die Freiheit gewinnt, ihr eigenes Leben zu leben.

Grit Poppe
Andere Umstände *Roman*
(rororo 22554)
«*Andere Umstände* ist ein erstaunliches Debüt und taugt zum Bestseller.» *Stern*